纪 念 改 革 开 放 40 周 年
推 动 者 系 列

筑牢大国根基

刘未鸣／主编

杜润生　陈锡文等／著

中国文史出版社

图书在版编目（CIP）数据

筑牢大国根基 / 杜润生等著 . —北京：中国文史出版社，2018.5
（纪念改革开放 40 周年·推动者系列）
ISBN 978-7-5205-0246-7

Ⅰ .①筑…　Ⅱ .①杜…　Ⅲ .①农业经济发展—中国—文集
Ⅳ .① F323-53

中国版本图书馆 CIP 数据核字（2018）第 088737 号

责任编辑：孙　裕

出版发行：　**中国文史出版社**
社　　址：　北京市西城区太平桥大街 23 号　邮编：100811
电　　话：　010-66173572　66168268　66192736（发行部）
传　　真：　010-66192703
印　　装：　北京温林源印刷有限公司
经　　销：　全国新华书店
开　　本：　787×1092　　　1/16
印　　张：　21.75
字　　数：　310 千字
版　　次：　2018 年 6 月北京第 1 版
印　　次：　2018 年 6 月第 1 次印刷
定　　价：　66.00 元

纪念改革开放 40 周年·推动者系列

总策划、主编：刘未鸣

策划、副主编：张剑荆　詹红旗

编　　　委：王文运　张春霞　马合省　窦忠如　金　硕

历史将记住这个名字

刘未鸣

我们为这套丛书取名"推动者"。

因为，中国改革开放 40 年是中国人的奋斗史，也是思想史。13 亿中国人是改革开放的参与者，也是推动者。

而曾经活跃或正活跃在改革开放舞台上的各领域的标志性人物，以其深刻的思想、艰苦的求索和卓越的成就，成为推动者的代表，他们的名字将连同那些标志性的事件写进中国改革开放的历史。

中国的改革开放发轫于农村。只要谈及农村的改革，就自然会想到小岗村，想到严俊昌，正是这位村领头人的勇敢，小岗村的包产到户才成为农村家庭承包责任制的序曲；就自然会想到被誉为"中国农村改革之父"的杜润生、"杂交水稻之父"的袁隆平、"中国农民伟人"的吴仁宝，以及含泪给朱镕基总理写信直言农民疾苦的乡官李昌平。

中国改革开放的纵深地带在经济领域。只要谈到经济领域的改革，就自然会想到于光远，作为中国改革开放的重要参与者和见证人，于光远为转型中国所提出的真知灼见，影响深远；就自然会想到董辅礽、高尚全、吴敬琏、厉以宁、萧灼基、周其仁，以及林毅夫、钱颖一和李稻葵，他们的名字与经济领域的重大改革举措息息关连。

经过 40 年的洗礼，科技引领未来、教育改变中国的观念已根植人心，也因此这些名字被越来越多的人所熟知：吴良镛、孙家栋、金怡濂、屠呦呦、戚发轫、胡启恒、潘建伟，李希贵、柳斌、刘道玉、朱永新、陶西平，以及俞敏洪、徐永光。

经过 40 年的洗礼，依法治国、依法行政、依法经商、做守法公民的观念日渐深入人心。而在驶向法治中国的进程中，王铁崖、高铭暄、郭道晖、许崇德、巫昌祯、江平、李步云、应松年、王利明这些名字将会被人们牢牢记住，这些法学家们以他们的家国情怀和专业精神，推动着法制改革。

40 年改革开放，中国大地上孕育出许多新的群体，农民工、律师、会计师、北漂、白领、海归，而企业家无疑是这些群体中十分耀眼的一个，这个群体中的佼佼者如柳传志、任正非、鲁冠球、曹德旺、张瑞敏、马蔚华、刘永好，以及许家印、李书福、马化腾等，以敢为天下先的改革、创新精神和义利兼顾的情怀诠释了中国当代企业家的精神。

40 年间，不论物质生活的方式如何变化与创新，人们对精神生活的追求、对传统文化的眷念从来没有中止过，而侯仁之、吴冠中、张君秋、谢晋、李学勤、王蒙、傅庚辰、冯骥才、刘心武、叶小钢等，则无疑是我们精神家园的守望者，他们关于文化大国建设的思考、对于文化自信与自觉的探求，启迪亦感动了无数人。

40年间，即便在一些地方为追求经济高速发展而不惜过度消耗资源、伤及生态环境的时候，依然有人执著于青山绿水的守护。曲格平、梁从诚、李文华、张新时、牛文元、解振华、廖晓义、王文彪，他们不仅让世界了解了中国传统文化中"人与自然和谐共生"的价值观，也让国际社会看到了当代中国人为实现这一价值观所做出的不懈努力。

……

这套丛书收录了80位改革开放的标志性人物和他们深刻思考改革开放、艰难探索发展路径的精品力作。我们深知，中国的改革开放是全方位的，涉及所有领域、所有群体，但限于时间和精力，我们只选择了7个领域和1个群体。我们同样深知，所选7个领域和1个群体中改革开放的标志性人物远不止丛书所列举的这80位，还有很多如告别铅与火的王选、中国第一商贩年广久、国企改革试水者步鑫生，以及以一首《致橡树》开启诗歌新流派的舒婷、问鼎诺贝尔文学奖的莫言，等等，因为篇幅等原因，未能收录进来，我们谨在此向他们致敬。

我们相信，历史将记住这80个名字。

历史也将记住更多的名字。

更重要的是，历史将记住这个名字：推动者。

目 录

李昌平

杜润生

　　杜润生（1913～2015），男，山西太谷人。1936 年夏加入中国共产党。党内最资深的农村问题专家之一，农村改革重大决策参与者和亲历者，被誉为"中国农村改革之父"。他多次向中央建言，主张农村实行家庭承包责任制。从 1982 年到 1986 年连续 5 年参与主持起草了著名的五个"中央一号文件"，对于家庭承包责任制在中国农村的推广和巩固发挥了重要作用。十一届三中全会后曾任国家农业委员会副主任，中共中央书记处农村政策研究室主任，国务院农村发展研究中心主任。

农村工作的历史性转变

党的十一届三中全会后，党中央胜利地组织了历史性转变，其中也包括农村工作的转变。现在我只就这个问题讲点感受。

胡耀邦同志在党的十二大报告中指出：拿经济工作来说，十一届三中全会首先抓住农业这一环，着重克服过去指导上长期存在的"左"倾错误，从而使农业面貌很快发生显著变化，由原来的停滞不前变得欣欣向荣。这个估计是完全符合事实的。

1. 农业战线上"左"的错误已延续了 20 多年，表现在许多问题上。有些问题，大家都已感觉到了，如瞎指挥、高征购、工农产品交换的剪刀差、取消小自由等，这些比较容易取得一致看法。有些问题则不然，如社队的经营管理形式，也就是所说的责任制问题，由于长期以来曾把"左"的东西说成正确的，正确的东西反而说成右的，在这些问题上明确区分是非正误是不容易的。在这个问题上彻底纠正"左"的错误，真正打开局面，实际上是近两年多的事。粉碎"四人帮"的头两年，强调的是继续提倡学大寨运动和 1980 年基本实现农业机械化，把这些当作解决农业问题的根本途径，而建立生产责任制这个关键问题未受到应有的重视。当时，虽然提倡责任制，却不准包产到户。而从这几年经历的事实来看，包产到户正是打破农业上"左"的坚冰最有力的一击。在这个问题上，凝聚着深厚的"左"的传统。多年来，"三自一包"成了农村工作上修正主义的同义语。党的十一届三中全会以后，有些地方在推行责任制时，群众喜欢包产到户，感到"联产比不联好，到户比到组好"。这被一些地方的领导发现，并得到邓小平同志等几位中央领导同志的支持，先在一些地方试验。哪里试验哪里增产。中央根据群众实践的经验，在1980年10月间制定了75号文件，提倡推行多种形式的责任制，允许群众自愿选择联产承包制（按当时的说法，叫作包产到户，联产承包制是各种责任制形式的总称）。集中了群众正确要求的政策，乃是最有威力的、最能动员群众的政策。多年来受压抑的农民群众的生产积极性迸发出来了。过去搞的一批农业基本建设、水利、化肥等，得以发挥出更大的效益。农业生产长期停滞的局面，从此改变了。而最主要的是党取得8亿农民的热忱拥护，党在农村的政治基础得到加强。党中央在这个问题上所表现的彻底的群众路线、彻底的实事求是精神，勇于坚持真理、修正错误的革命胆略，理所当然地受到全党和全国人民的赞扬与信任。

2. 农民为什么拥护联产承包责任制？因为这种形式在两个问题上满足了农民的要求：一是照顾到他们个人的物质利益，能公私利益相结合，改变吃"大锅饭"的弊病；二是有了自主权，可以直接管理生产与分配，防止由少数人专断包办，瞎指挥，不公正和其他不正之风。上述两点产生一种新的经济动力，在发展商品生产、培养各种人才、积累资金等方面，发挥重大功能。生产发展，收入增加，农民当然高兴。包干到户有待完善，对农民的社会主义的前途教育必须加强，党的领导方针必须坚持，但上述两条绝不可丢掉，否则就会走回头路，回头路是走不得的。

我国农村人均2亩地左右，不搞精耕细作，是吃不饱饭的。如能普遍精耕细作，并利用一些适用的科学技术，不但能吃饱，还可以吃好。过去自留地到处都种得很好。联产承包制推动群众用种自留地的精神去种承包田，中产、低产田普遍增产。这几年连年大灾，仍能保产或增产，道理就在这里。

多种经营是我国农业的传统，剩余劳动力利用，山水资源开发，农业资金积累均有待于此。以往农民想多搞点副业，竟然用"割资本主义尾巴"的办法加以限制。单一经营结构，引来收入减少、资金短缺、商品率下降的后果。我国城市工业大发展，市场容量大扩充，在这种条件下，农村自给式的自然经济向商品经济转化的过程必须相应加快，也是可以加快的。

现在农民有了自主权，可以有效利用劳动力和农余时间搞家庭副业，其收入占家庭总收入的 1/3 ~ 1/2。在此基础上还出现了大批专业户，经营者都是一些能工巧匠、技术能手、回乡知青、转业军人、离职干部。他们技术上或经营上有专长，周围的群众也信得过他们。以这些人为核心，自愿结成联合体，基本办法是资金、劳力、技术按比例分配收入，新扩大的固定资产属公有。这种专业户和联合体，将成为农业走向专业化、社会化的雏形。

3. 当前农民迫切、恳切的呼声是政策稳定下来好好干下去。我们党必须满足他们这个要求。胡耀邦同志在报告中宣布，生产责任制要坚持下去。决不能违背群众意愿轻易变动，更不能走回头路。这将鼓舞农民更放心更用心地去发展生产。

全党在责任制问题上认识的一致，是正确政策的稳定性和连续性的保证。至今还有少数同志对联产承包制，特别是包干到户这种形式有疑问，认为它不像社会主义的集体经济。

社会主义的集体经济究竟是什么模式，在马、恩著作中并没有具体描述。他们只是说过：在小农众多、经济落后的国家，在工人阶级取得政权后，可通过合作制的道路引导农民过渡到社会主义；无论如何不能剥夺农民的私有财产，必须坚持自愿原则。国家应当从社会资金中抽拨贷款，购置机器、肥料等，以便逐步取代旧式生产手段，扩大再生产的规模，用这种实际事例去说服农民。列宁在去世前的著作《论合作制》中还讲过，在俄国无产阶级专政条件下，可利用供销合作社形式引导农民过渡到社会主义，这只能在照顾他们的个人利益基础上实现。

邓小平同志在这次大会的开幕词中说：中国的事情要按照中国的情况来办。只能如此，也应该如此去做。我国面积这样广大，经济发展又很不平衡，工业与文化水平很低。根据我们已有的历史实践，对农业的社会主义改造必然是一个长期的逐步过渡的过程，必然是一个多种多样的合作形式交替发展的过程。很具体的做法要经过反复实践、探索才能明确。死板地从抽象原则出发，拟定一个模式或从外边搬运一个模式结构，固定不变地应用于全国一切地方，是行不通的，也会失败的。因此，一切有利于组织农民走向社会主义的过渡形式，都应当利用而不应排斥。现在的家庭承包责任制就是中国式社会主义道路的一个发展阶段。它适应我国大部分地区的生产力水平，有利于推动生产的发展。这是亿万群众实践的产物，它的出现、存在和发展是历史的必然性。

还有的同志担心，家庭承包制妨碍现代化。对这个看法，我们将进行解释，实践也正在给予回答。家庭承包制，是将公有的土地交给农户承包经营，完成上缴和提留后，余下归自己。宜统则统，宜分则分。这和过去的小私有经济是不同的。仍然以手工劳动为主的地方，土地由农户分散使用，这比并在一起，集中劳动会更有效益。摆上一个大生产架子，等待机械化，没有化为大生产，却化为"大锅饭"。这是图虚名而得实祸。将来以户为基础，联合而成大生产，也须以社会生产力进一步发展为前提，人为地拔高是不行的。农业生产是动植物、微生物等生命物质的再生产。经营者和生产者的统一，尽管规模小，却能有好的效益。一个生产组织中，几十、几百人甚至上千人，听命于一两个人指挥，不能自主自动，肯定会误事的。在这两年水旱灾害中，可以看到实行承包责任制、群策群力的好处。

我国合作化运动已有 30 年历史，国家对合作经济的财政支援规模也不断扩大。让各种合作经济形式并存发展，相互比较，存利去弊，融合、淘汰、完善，这样走下去，可以预料，"我国农村在不太遥远的将来，一定会出现有利于因地制宜地发扬优势，有利于大规模采用先进生产措施，形式多样的更加完善的合作经济"，[①] 也一定会加速农业的发展，胜利实现党的十二大所规定的任务，在 20 世纪末达到小康水平。

（此文系作者 1982 年 9 月在党的十二大会议期间小组讨论会上的发言）

---

① 胡耀邦：《全面开创社会主义现代化建设的新局面》，1982 年 9 月 1 日在中国共产党第十二次全国代表大会上的报告。

家庭联产承包制是农村合作经济的新发展

在我国农村，以推行生产责任制为中心的经济体制改革，已经进行了四年多的时间。实践证明：联产承包责任制具有最大的适应性，显示出很好的经济效益，受到农民的热烈欢迎。有些同志曾抱有疑问：这种形式是否符合社会主义原则？是否符合农业现代化的目标？根据这几年的实践经验，可以就这些问题做出比较明确的解释了。

联产承包责任制在哪些方面完善了合作制

1. 把集中经营和分散经营适当结合起来。联产承包制，是将公有土地及其他生产项目，按照共同约定的条件，由农户或小组分别承包经营：一家一户或小组办不到的事，合作组织统一办理。有统有分，通过"包"把统和分结合起来。这就把高级社的优点吸取了，缺点改正了，又把家庭经济的局限性突破了，把它的长处保留了。公有化的优越性与农民自主的灵活性、主动性同时得到发挥。

2. 专业化和经济联合。随着商品经济的发展，生产的专业化也必然相应发展起来，有了社会分工，必然产生社会联合，包括生产的联合和生产前生产后服务环节的联合。这种联合，可以是公有化程度较高的联合，也可以是不触动所有权的联合。以各种生产者的基层劳动联合为基础，自下而上地既向纵深方向，也向横广方向发展，形成多层次联合。这就形成了多样化合作经济结构，并通过它们和整个国家的社会主义经济体系联结起来。

3.统一核算和包干分配相结合。与上述趋势相适应，在合作经济内部，专业化分工越发展，越要考虑不同部门的生产者的收益如何保持平衡，以保证在同一单位内成员间体现多劳多得、少劳少得的原则。另外，在消费和积累之间以及国家、集体、个人之间的分配也需要统筹兼顾。这就要求在既定的范围内保持不同程度的统一核算。与此同时，为了能直接体现权、责、利的联系，鼓励农民关心生产，又对每个承包单位采取了包干分配的办法。包干分配，用农民的语言说，就是："保证国家的（缴售任务），留够集体的（公共提留），下余都是自己的。"省掉天天派工和评工记分，"利益直接，责任明确，方法简便"。这是今天的合作经济更主要的分配制度。当然，也有些无法包干的项目，可以用其他办法。

从以上可以看到，实行以联产承包责任制为特征的统一经营和分散经营相结合的合作经济，是继承了以往合作化的积极成果，否定它以往存在的一些弊病，使合作制度完善化。它无可争辩地属于社会主义性质。如果单纯地从家庭承包的分散劳动方式、从它和个体经济在表面上相似这点上去观察，而不是从整个合作经济的结构上、从它和整个国民经济的联系上去观察，从而怀疑它的社会主义性质，显然是不正确的。

现阶段家庭式经营的性质及其作用

在合作化过程中，如何正确地对待家庭式经营，是一个具有重要意义的问题。家庭式小规模经营在我国有很长的历史。我国历史上的封建制度，不同于某些国家的大庄园制度。在我国，地主经济把土地分割成小块租给农民耕种，叫佃农。与此并存的还有一批拥有小块土地的自耕农。这两种农民的共同特点，是经营者和生产者统一于一个家庭。这种分散细小的农业经济，构成封建统治的基础。它长期地停滞在落后的自然经济水平上，生产力很少发展，农民长期陷于贫困。不过从总体上说，它具有在十分不利的条件下挣扎求生的顽强性。长期以来，它承受着连绵不断的天灾人祸、苛捐杂税，在千百次地承受摧残之后又千百次地复苏过来。

解放后，结束了这种悲惨历史，完成土地改革，解除了封建束缚，小农经济获得纯粹的小私有制形式，进入自由发展的天地。但小私有制，按其本性是和农业向现代化发展的趋势不相适应的。在商品经济的条件下，把小私有制永远保存下去的愿望，只不过是小生产者向后看的幻想。它或者被资本主义经济所消灭，或者在工人阶级领导下通过合作制过渡到社会主义，或者在新的条件下扩大经营规模，进入现代化经营。历史决定了我国农民选择非资本主义道路。合作化乃是一个客观的历史过程。它是由一种经济形式过渡到另一种经济形式，逐步实现劳动社会化和生产资料社会化的过程。这个过程的长短，要由多方面的条件决定，不是经过一次性变革就可以终结的。在我国经济发展不平衡的状况下，合作制这种新的生产方式，如何从原有的生产方式中产生并形成，一定要经历长期的多样的成长阶段。在这个过程中，家庭式的经营不可能一个早上废除掉，有必要在一定时期内利用它的形式而改革它的内容，利用它的潜力。这样做，可以充分发挥分散在各个家庭的大批生产资料和长期积累在民间的传统技术效用，调动直接经营者的主动性和积极性。马克思主义的一个原理是，"所有制关系中的每一次变革，都是同旧的所有制关系不再相适应的新生产力发展的必然结果"[1]。一种旧生产关系，在它所容纳的生产力未充分发挥以前，其作用是不会自行消失的。家庭式经营也是这样。

在社会主义阶段，在一个很长的历史时期内，至少要保留一定数量的家庭经济作为社会主义的补充。在现时我国农民群众还要求在集体经济内部利用家庭式经营。50年代末期的包产到户，就是群众为实现这个愿望而创造的一个办法。从当时看来，这个办法自不免有许多缺陷，但经过多年的实践，它终于在联产承包制中找到体现自身的合理形式。其所以合理，就在于它扬弃了小私有制的狭窄性，为今后引用科学技术留下发展余地，又保留了

---

[1]《马克思恩格斯选集》第1卷，人民出版社1972年版，第218页。

家庭经营的优势。今天的家庭经营，其性质已发生了根本变化。它是在土地公有化条件下的家庭经营，在许多方面受集体经济的制约，是合作经济中的一个经营层次，也是整个社会主义经济的有机组成部分。它既不是土改后的个体经济，更不是旧社会的小农经济，而是一种新型的家庭经济。在商品生产进一步发展起来之后，还会有少量的个体经营者，从原来的集体经济中分离出来，但他们仍要和社会主义经济保持联系，或将重新结成经济联合。因此，这些个体经营者也不是旧日原来意义上的小私有个体户了。

家庭式联产承包责任制会不会妨碍农业现代化

根据历来的观念，家庭式经营似乎是与现代化大生产不相容的。这里，首先要弄明白一个概念，即农业现代化和耕地经营规模的关系。

什么是农业现代化？就是要用现代化科学技术武装农业，实行高度集约化经营和高度社会化生产。现代化和土地经营规模之间有一定的依存关系，大生产要利用机械和其他自然力代替人力，必然要求相适应的规模，这是无疑问的。不论是资本主义大生产还是社会主义大生产，都比小农经济优越，这也是一般规律。但生产规模的大小，不能只看土地面积。列宁曾经说过："在农业集约化的过程中，农户土地的减少往往不是意味着生产规模的缩小，而是意味着生产规模的扩大……"他又说："资本主义农业发展的主要路线就是按土地面积计算仍然是小规模的小经济，变成按生产的规模、畜牧业的发展、使用肥料的数量、采用机器的程度等计算的大经济。"[1] 由此可见，生产规模不等于土地规模，关键是资本有机构成程度和经营集约化程度。当代世界的经验也表明，现代工业提供了可供农户分散使用的耕作机械和化肥等农用工业投入品，并在生产过程高度专业化社会化的条件下，从 1 公顷到上千公顷，从家庭经营到雇工经营或集体经营，都可以实行现代化。家庭经营

---

[1]《列宁全集》第 22 卷，人民出版社 1958 年版，第 58～59 页。

和现代化并不是互不相容的。当然在不同地区，什么样的规模可以取得最好的经济效益，却有不同的最佳值。不是越大越好，也不是越小越好。要因地制宜。

根据我国的情况，预测将来我国农业的经营方式可能是：既非大面积粗放经营，也非大面积集约经营，而将是相对小面积集约经营。从个别看是小规模的，从总体看是大规模的。我国人口多耕地少区域广，经济发展地区差异很大，实现全面的农业技术改造，要经过一个比较长的时间。能源问题、交通问题、剩余劳动力问题，是一些制约因素。我国有大量的山地丘陵，地貌多变的水田，而且耕作制度和耕作技术复杂，有三熟制、两熟制、间作、套种等。综合多方面因素看，必须走集约经营的路子，把提高土地生产率放在第一位，因而当前就必须发挥小规模经营的精耕细作效益。将来劳动力大量转移，机械化程度提高，耕地经营规模会适当扩大，但不同地区，不同的机械组合，也将有不同的服务范围。如人少田多的大平原，经营的规模可能大一些，另一些地方会小一些。至于土地集中的方式和机械服务方式，都有赖于群众在实践中创造。可以肯定，集体所有制对于配置机械组合和服务范围来讲，是一个根本性的优越条件。可以排除日本和西欧国家由于土地私有制所引起的矛盾。目前出现在各地的土地经营专业户、专业组和机械服务承包联合，给我们一些有益的启示，按合理的土地规划来联合配置机械，土地仍实行承包管理，这并非是不现实的设想。

人们担心，家庭式承包经济会助长农民的私有保守观念。这不能说毫无依据。但必须看到事物的另一方面，而且是主导的方面。今天的农民已不同于过去。他们已经成为社会主义合作制下的新型劳动者。农民接受承包制，是要摆脱"大锅饭""瞎指挥"，而建立一种更好、更完善的社会主义经营形式。同时享受国家工业化和财政支持，改善农业发展条件，提高收入水平和文化水平。今天的农民已经生活在日益壮大起来的社会主义环境当中，这是过去无从得到的环境条件，也是一个决定其行为动向的基本条件。

我们国家社会主义经济成分已占绝对优势。尽管我国农业新的先进技术还不雄厚，但经过 30 多年来的努力建设，在农村已创立了一定的社会生产力的物质前提，使农民的眼界打开了。他们亲眼看见和实际体会到，一些新的生产资料、新的耕作技术、新的科学知识等能帮助他们提高生产。从华北平原地区说，过去 1 亩地产 100 公斤叫高产，现在不到 200 公斤就是低产。他们也体会到，很多事情不是一家一户所能办到的，需要相互联合，走合作化道路。所以，他们一致拥护中央提出的：坚持土地等生产资料公有制和保留社队必要的统一经营的职能这两项根本政策。有极少数农民甚至干部曾一度产生误会，以为责任制就是分田单干，但一经解释，就明白过来了。现在可以看到，像共同兴办水利、繁育良种、防治病虫害、统一耕作制度和种植计划、提留公积金等，这些事情群众都乐意去办，并用合同形式固定下来。看来，必要的统一经营，同样是农民的共同利益所在。群众"愿包干，怕单干"，这是真实情况。农民要求有分有统，"统"是合乎经济要求的正确的"统"，怕的是统到"大锅饭"上去。党的十二大的报告中提到绝不能再走回头路，正反映了群众这个愿望。

将来分工分业发展了，大量的劳动力从土地上转移了，土地的经营相对集中了，资金积累多了，机械化不但在技术上过了关，在经济上变得很合算了，那时群众会要求承包制适应这种变化而完善本身的形式。今天，有一些现代化、集约化程度较高的社队，在选择责任制形式时，已经注意并做到保持和发挥已有的大型生产设施的效用，如采用"统一经营、专业承包、家庭承包、包干分配"相结合办法，这是好的。全国农用机械总动力已达 2 亿马力，水利设施已形成很大规模，社队三级财产也超过 1000 亿元。对这些东西必须加倍爱护，善于利用。改革必须照顾不同社队的特点，不可一刀切，但也不能因此而不进行改革。改革是为了解决农民积极性的问题。有了积极性，才能充分发挥先进技术的作用，否则，虽有先进技术也推广不开，有了先进技术也不等于就有了先进生产。

总之，我们要区别于"小农经济优越"论，不主张把小农经济永远固定下来，我们是主张走向现代化大生产的，但应当把小农经济和由家庭承包经营区别开来。小农经济的特点是个体的封闭性的自然经济，我们的合作经济的承包单位规模虽小，但只要利用现代科学技术，实行集约经营，并在分工分业基础上实现了生产社会化，那就同样算现代化大经济。

包干分配、资金分红等办法，违背生产资料公有制和按劳分配的原则吗

公有制和按劳分配的社会主义原则是社会主义理想，但不能拘泥于想象中的"合理"模式，而脱离当时当地经济发展状况和具体的物质条件。实现公有制和按劳分配的原则，在不同国家将经历不同的历史的经济的自然发展过程，不可能任凭人们按自己的意志去安排。在不发达国家的社会主义初级阶段，经济生活各方面都不免在不同程度上遗留有旧的社会关系的痕迹。例如公有制，现在我国就有全民、集体（合作）之分，此外还保留个体所有制，而集体所有制又有多种形式。一个国家的社会制度的性质，通常只是由占统治地位、主导地位的经济形式决定的。全国经济成分不是纯而又纯只限于某一种，而是多种成分有主有辅，占主导地位的形式支配着其他一切形式。党的十二大明确地提出，坚持以国营经济为主导，多种经济形式同时并存。这是适合我国国情的基本体制。过去片面追求"一大二公"的实践已经告诉我们，切不可强求丰富的实践服从抽象的概念和图式。

恩格斯在《法德农民问题》中论及无产阶级夺取政权后如何对待小农时写道："首先是把他们的私人生产和私人占有变为合作社的生产和占有，但不是采用暴力，而是通过示范和为此提供社会帮助。"他在论述具体合作形式时，介绍丹麦社会党人曾提出的计划："一个村庄或教区的农民……应当把自己的土地结合为一个大田庄，共同出力耕种，并按入股土地、预付资金和所出劳力的比例分配收入。"① 这里，土地、资金仍然保持私有权，但恩格斯并

---

① 《马克思恩格斯选集》第 4 卷，人民出版社 1972 年版，第 310 页。

没有因此而拒绝利用这种形式，而是把这种合作社作为现实形式予以介绍。我国 50 年代的初级合作社就是按类似的办法组织的。在当时党中央制定的互助合作文件中也确认了它在合作化运动中的积极作用。

今天，我们是在土地和其他基本生产资料公有制的基础上实行联产承包制。农民可在土地上投资，还可购置一部分生产资料。生产资料有的是公有公用，有的是公有私用，有的是私有私用，有的是私有公用，这种似乎是"不纯粹"的所有制结构，但农民却乐于接受，并发挥出很好的经济效益，有利于提高社会生产力。这有什么不好？

同样的道理也适用于按劳分配。按劳分配的本意是，按等量劳动支取等量报酬。但由于种种原因，不可能高度精确地按等量劳动支付等量报酬，只能做到大体相符合。从这点讲，我们必须教育农民不可斤斤计较。可是，绝不可把这种教育和现行政策混同起来。一定不能提倡平均主义。平均主义是违背按劳分配原则的。像人民公社时期那样实行类似平均配给制，懒人得益，勤奋者受害，显然是失败的。按劳动定额计酬，理论上说得通，实际上从定额到检查计算，存在许多难题。劳动定额只可以有个参考标准，不可能准确，坚持下来的不多。实际上是普遍实行评工记分办法，按人定分，按分计酬，多劳者不多得，多得者并不多劳，仍然摆脱不了平均主义的根本缺陷。而且大家都靠挣工分生活，时间长了，影响劳动力的合理流动，助长了农村生产单一化倾向，影响开创农民自谋就业机会，堵塞了致富道路。今天的联产承包制，实行包干分配："保证国家的，留够集体的，下余都是自己的。"这里所说的"下余"部分，也包括自投资金的报酬。从形式上看，固然不能说它是最纯粹意义上的按劳分配，但多劳动，多投入，可以多得，而投入依然是本人劳动的物化，也不同于剥夺他人的剩余劳动。从实际结果看，比起那种平均主义的分配办法来，这是更接近按劳分配原则的，是更适合我国农村现阶段生产力水平的一种劳动报酬制度。

合作经济发展趋向

正如五届人大第五次会议的报告中所指出的：目前联产承包责任制已从少数地区扩展到全国大多数地区，从农村扩展到城镇，从农业扩展到其他领域。……这证明它是现阶段在农村发挥我国社会主义经济制度优越性的一种十分有效的形式。多种形式的联产承包责任制，现已遍布于全国绝大部分地区。当前的任务是集中力量做好有关的各项完善工作。正确处理好统一与分散、专业与联合的关系，是各地面临的一个重要的问题。就全国大多数社队来说，现时努力重点还应放在调动分散发展方面的积极性。要稳定现行政策让农田承包户、专业承包户、自营专业户，敢于放手发展生产，努力劳动致富。只有这样，才能使生产力有一个新发展，然后在新的物质基础上逐步加强集体经营和实现经济联合。也只有这样做，才有利于解决吃"大锅饭"的矛盾，使各方面尚受抑制的经济动力启动起来，促使农业从自给半自给向大规模商品生产转化，从传统农业向现代农业转化。生产发展了，技术提高了，农村合作经济将通过群众自己的愿望，通过经济本身的运动向前发展，从而避免单纯依靠行政手段所带来的不良后果。

现在农村多种经营出现了迅速发展的新势头，并且涌现了一批专业户。社队办企业也有新发展。当他们所经营的生产有进一步发展时，就一定会提出改善经营条件，扩大经营规模，在生产、供销、运输、加工、科技服务等方面实行联合的要求，这在一些经济发达地区目前就有了一定程度的发展。但这在全国大部分地区，还只是一些新萌发的幼芽，还需要具备一定的条件才会成长壮大起来。我们必须热情地支持帮助，创造条件，使其健全发展，但不可急于求成，拔苗助长。

政社合一的体制，应改为政社分设制。基层政权应依宪法规定来建设。原来社队的基本核算单位实行联产承包责任制后，还须负责发包土地、管理水利、公共积累、签订合同等，并要开展各种必要的服务工作。其规模可能和土地耕作的自然区域相适应。将来随着商品经济的发展，各个基本合作单位之间、不同性质合作单位之间，还会组成更高层次的联合，形成农工商经济联合体。商品经济需要有城镇，也会创建城镇。因此，乡村某些中心集镇将成为二、三产业的聚集点，同时又是城乡经济网络的联结点。此外，还会有其他各种辅助形式不断涌现。以上是对合作经济发展前景的轮廓性预测。在商品生产和商品交换发展的过程中，社会上必然出现生产诸要素的多向流动和多形式组合，这是合乎规律的现象，应因势利导而不可人为地阻止或撮合。

一个大规模的改革正在进行，存在的问题是很多的，旧的矛盾解决了，新的矛盾还会产生。但不论什么矛盾都可以依靠掌握政权的人民自身的力量自觉地进行调整解决。这在资本主义社会是不可能的。我们是满怀信心地走向未来的。我们工作的一个基本准则是：始终一贯地坚持群众路线，坚持群众自愿原则。客观经济要求，会直接间接地透过群众意志表现出来。当我们违背大多数群众意志时，同时也就背离了客观经济规律。在进行改革时，不能没有一些设想，但切忌把我们的一些设想，当作不容改变的东西，强加给群众。相反，我们应当向群众学习，尊重群众的首创精神，尊重实践经验，不断修改自己的见解。

一阵风、一哄而起、一刀切的错误做法是和群众路线不相容的。这次改革中，中央不主张强制任何人，批判任何人，给人扣什么帽子。相反，一直是强调调查研究，一切从实际出发，强调因地制宜，强调多种形式，强调群众民主选择，强调通过试点，取得经验，注意防止一阵风、一刀切。各地同志都根据中央指示，坚持了因地制宜、分类指导、试点先行、有领导有步骤地前进的方法。这种方法看来慢一点，但可以使干部与群众有时间根据自身实践经验来提高认识，鉴别是非，把事情办得既实在而又有效益。这是成功的经验，今后要继续前进，解决更复杂的任务，仍应坚持这些方法。

（此文系作者 1982 年 11 月在全国农业书记会议上的讲话，此处为节录）

改革目标：在社会主义条件下建立市场经济体制

　　不管一个国家的制度如何，从农业社会向工业社会过渡是由贫困走向富裕、从不发达走向发达的前提。截至 50 年代，中国经历了几千年的历史发展过程，始终是一个农业国。我国由农业社会转化为工业社会，需要经历一系列产业结构的变化：第一产业和第二、三产业所占比重有升有降，资源利用方式随产业结构变化进行不断更新，由劳动密集到资本密集再到技术密集。20 世纪末实现小康目标，需要达到一系列具体指标，这些指标的实现就是上述产业结构变更过程的一个阶段性成果。

　　产业结构变更是否成功，取决于资源配置方式的优劣。任何一国都存在资源稀缺问题。资源投入产出率的高低，表示国民生产的效益大小，也决定国民真实所得多少。任何一个国家不能不谋求优化资源配置，实现低消耗高效益这样一种经济目标。如何配置资源，当代有两种模式可供选择：计划经济或是市场经济。当然，事实上，纯粹的计划经济或纯粹的市场模式都是没有的，可供选择的是以计划经济为主体还是以市场经济为主体，即主体的选择。

　　传统的认识是，既然是社会主义国家，那就应当也只可以选择计划经济；选择市场经济等于选择资本主义。换句话说，市场经济和社会主义是不相容的。社会主义已成为全球人类近 1/3 居民的实践。因之，市场与社会主义的有无相容性已经越出纯理论的探讨，变成一个国家经济决策的现实问题。这可以依据当代人类大规模的历史实践资料进行验证，得出结论，用于指导行动。我国作为社会主义国家选择计划经济运行模式，积累了丰富的实践经验。恩格斯说过："伟大的阶级，正如伟大的民族一样，无论从哪方面学习都不如从自己所犯错误的后果中学习来得快。"[①] 因此回顾一下我国历史经验是有好处的。

一

回顾了历史，可以看清计划经济体制引起的经济运行僵化与扭曲，阻碍经济持续发展。接着，我们应问，市场经济是否就是必要的选择呢？

在我们这样一个欠发达国家建立起社会主义结构，是不成熟的和不完全的，自身发展尚处于社会主义的初级阶段。国内经济成分，除公有制之外，尚有相当数量个体劳动者和私有经济、合作经济，国家与这些经济成分之间，他们彼此之间，进行产品交换，只能是商品货币关系，等价交换关系。像对待国有制那样计划调拨产品方式，各方都不会自愿接受。事实证明，即便是国有制也不可能长期接受违背价值法则的产品调拨制度和全国统收统支的财政管理制度。这种削平经营好坏差别、吃大锅饭的办法，是会压制生产者的积极性的。

现代经济，产业结构、资本技术结构、产品结构，随科学进步而日趋复杂。产品交换实质上是劳动交换。交换前提条件是将不同量、不同质、不同手段的劳动，抽象为社会必要劳动，取得价值形态以便实现平等交换。对于计划经济体制来讲，这简直是一个无法操作的巨大工程。靠市场经济体制则可由交换各方依据自然形成的价格信号来求得解决。政府可以也有必要运用经济为主的调控手段影响市场，但无法代替市场。政府对市场的调控，必须符合市场本身固有的规律，而不能违背它。

---

① 《马克思恩格斯选集》第 4 卷，人民出版社 1972 年版，第 285 页。

市场有较好的调配资源的职能。一切产品的自由交换，把一切经济组织引向开放状态，使各种生产要素都能自由让渡，并形成多样化的制度安排，以满足经营者对投入产出的高效益的追求，做到人尽其才、地尽其力、物尽其用；整合各方面个体效益成为全社会效益，调集各个方面的资源比较优势为整体配置优势，这是计划经济难以做到的。

市场和一切事物一样，其功能的发挥是有条件的，它也面临某些制约条件，它处在不断发育成长完善的过程中。不能认为有了市场经济就有了一切，并足以满足一切，它绝不是万能的。某些社会共同要求，某些社会所追求的长远目标，某些必须共同协议共同遵守的规则秩序，还必须由政府或某种社会组织出面干预调节。像调节人与自然关系、社会分配过分悬殊问题等，这一类问题的解决，市场几乎无能为力。向市场过渡，是不是会引起难以预测的后果，支付很大的代价，甚至引起巨大的震荡，威胁国家的安全？我国改革从农村启动，并超前于城市近 10 年时间。这 10 年当中，农村与沿海开放区同时开拓了一个市场经济生长发育的空间。就在这里，不仅实行了农业家庭经营，使 1.7 亿农户成为独立自主的商品生产者，而且发育出一支产业生力军——乡镇企业，并使一度消失的个体经济、私人企业、外资企业乘机成长起来，取得如今的新发展。这一切变化都是改革开放唤起的，都是在市场经济背景下的产物。它将有利于顺利转换体制，赢得起飞机会，避免或减轻在体制转换过程中惯常出现的大批失业和高度通货膨胀的后果。

现在到了全面地向市场经济过渡的时候了，城乡经济都面临着争取效益问题。原有国有企业要推向市场，实行自主经营；农村要求改变生产与市场需求脱节的弊病，废除残留的统购统销办法；乡镇企业适应激烈竞争的挑战，加快技术改造，扩大经营规模，加入国际市场竞争；国家财政要求开源节流，进行新的制度安排。这一切，都要求进一步发育产品市场，建立新的价格形成机制，增强市场调节功能；发育生产要素市场，便于经营者不失时机地在市场上取得资金、劳力、土地，取得各种服务，用于调整生产结构。此时，如果仍固守双轨制、推迟深化改革的进程，那就不可避免地引发种种不利后果，使经济停滞不前，甚至向后倒退。

政府转化职能与市场发育是体制转换中必须同时并举的两个方面，不可忽略其一。借口市场发育不够，政府或揽权不放，或一放了之，连必要的宏观调控也一并放弃，都是片面的理解和错误的做法。

向社会主义市场经济过渡，近期的目标是：

1. 发育产品市场，改变价格形成机制。目前，消费品过剩，某些初级产品也有积压，说明需求不足，而后者的变化，要依赖国民所得增加。从各方面看，居民收入的提高还要经历一些时间。居民储蓄倾向大于消费倾向，此时放开价格是一个有利时机。因为可以利用买方市场加快更新产业结构与产品结构过程，迫使企业生产由数量型向效益型转化。就农村说，粮食价格放开，粮产区农民按市场价格售粮，按当年每亩投入产出率，仍然有利可图，还可利用剩余时间搞多种经营，创造新的收入，补充所得。

2. 发育要素市场。一定要重视加速银行的改革，启动金融市场。资本流通加速，乃是经济发达的前提。为控制通货膨胀，必须控制贷款规模，而利率浮动和活跃资金融通，不失为比较有效的实现手段。目前，试办证券市场，既可满足储蓄意愿，又可推进产权社会化，实现投资主体多元化，资金投放多样化，平衡积累与消费比例，可收一举多得之效。证券市场现时条件还不宜大规模推开，但决不可出现一点流弊就加以制止。为进一步提高劳动生产率，农村种植业和乡镇企业，有待于扩大经营规模，资金来源主要取之于市场。因此，应发展合作金融等各类金融组织。推行股份制，势在必行，特别要提倡法人控股，以鼓励横向联合，打破地缘封闭，整合资本投入方向，防止久禁不止的"重复建设"。

劳动力流动，科技人才流动，在我国已初具规模，但未形成法律规范。农民在地区之间可以流动了，但城乡之间仍受限制。几大城市控制户口还有必要，但中小城市应该逐步放开。还应允许农民自费办开发区、工业区、小集镇。农民流动，是农村封闭社会向开放社会转化、区域间资源交换的发展方式之一，也是由一部分人先富再达到共同富裕的途径之一。这利大于弊，应当支持而不应当阻止。

土地作为工业建设的要素，业已形成初级交易市场，但还极不规范，主要是土地权属关系不明确。农村耕地归集体所有，由农户承包经营，承包期限应当延长，以强化政策稳定性。耕地使用权应当通过流动，使有偿转让形成市场价格，这不单使投资者获得补偿，也有助于促进社会分工和耕地经营规模化。

3. 政府在市场经济中的职能。政府应大胆彻底放弃直接经营企业，实行政企分离，所有权与经营权分离，应代表整个社会，执行调控经济运行职能，制定共同遵守的竞争规则。首先建立产权法，保护各类经济主体的权益不受侵犯，因权属明确，可减少交易费用。还应诱导市场交易有利于社会共同利益与长远利益，为此目的，应建立有效的税收制度和国民收入的再分配政策。倡导与支持社会协商选择适宜的制度安排。承担可供共同利用的、方便市场交换的大规模设施，如交通、通信、水利、银行等项建设，为全国统一市场的形成创造条件。

4. 发展第三产业，发展城市。经济现代化，首先要生产要素高度开放和流动，其次要求有可供共同利用的服务机构和设施，并从生产中分离出来，形成越来越发达的第三产业。我国第三产业还处于落后状态，到"八五"计划末，应争取达到国民经济40％左右的份额，是必要的，也是可能的。为使第三产业便于各生产部门共同地利用，节约成本消耗，必须以城市为载体。我国大城市膨胀并不标志城市发展程度过高，从总体上衡量，城市化程度是过低而非过高。

5. 不失时机地走向世界市场。我们要向市场经济过渡，就要适应整个世界市场变化的需要。第二次世界大战后，世界发生了重大变化，经济一体化趋势加强，在世界范围内按比较优势和比较成本原则进行分工分业，相互依存又相互竞争。和平时期与战争时期不同，战时要把国家的安全和战争的胜利放在第一位，由国家直接控制并集中经济权力是必要的。和平时期，市场作用范围超越国界，不断扩大。在市场作用下，谁的优势强、成本低，谁就能扮演重要角色。而过去是两极走向：资本主义搞工业，第三世界搞农业。一个得利，一个吃亏；一个文明，一个落后。现在，第三世界可利用土地、劳力等优势去发展工业，参与世界经济分工。因此，才出现"四小龙"现象。我们不仅要对内开放，而且要对外开放，开放得越早越有利。沿海开放地区的经济发展，证明这条道路是正确的。

二

中国经济改革的最重要的经验是把改革与发展结合起来，注意发挥两者的整合效应，即通过改革求发展，边改革边发展。

历史证明，想制定一个完整的计划，在短期内一次性地完成改革，那是不现实的，而且搞不好就会引起经济停滞甚至陷入混乱状态。苏联和东欧的改革在这方面是有教训可以借鉴的。从另一方面看，只讲发展，只提出各种发展的任务，如调整结构、增长效益、加快速度，而不以改革为先导，还是靠旧体制所提供的手段去执行这些任务，其结果和过去一样，只能依赖外延的扩张，实行投资拉动的数量型发展模式，免不了周期性波动。这种思路和做法也是不成功的。

如前所述，我国的改革是从农村开始的——首先建立了新的微观经济主体，在此基础上引进市场机制，不但发展了农业，也发展了工业，还创造了乡镇企业的大群体。这个群体，利用开放的机遇，首先在沿海地区取得了一个大发展的机会。到 1991 年底，乡镇企业总产值占全国社会总产值的 1/4，占全国农村社会总产值近 60%，其工业产值占全国工业产值的 1/3，即所谓"三分天下有其一"。乡镇企业确是功不可没：一是解决了就业问题，在其中就业的劳力已占全国农村总劳力的 22%；二是校正了我国重工业太重、轻工业太轻、大工业太大、小工业太小的格局，有利于轻重工业的均衡发展；三是乡镇企业的发展使一种新的机制正在孕育成长壮大起来，这种机制不是吃大锅饭、捧铁饭碗的机制，而是靠自我积累、自我增值、自我发展、自我约束、自担风险，具有充分的自主权，可以接受竞争的优胜劣汰的法则。它和国有企业并肩竞争，形成国有企业不能不改革的外在压力。

在我国原有的体制中，造成一种固定化程度很高的利益结构，形成了既得利益群体，他们优先得到铁饭碗、福利保障、就业保障……这些，一方面助长了一部分人的依赖性，不利于发展经济，但另一方面又给大家带来一种安全感，不必担心生活，从生到死都有保障。在改革旧体制时，如果不照顾这种既得利益，简单地取消这一切，那就会激化社会矛盾。必须使改革同经济发展结合起来，采取渐进办法，重视发展经济，生长新的经济力量，作为可供分配的增量资产，支持改造旧的经济。城市大中型企业的改造必然面临多余人员的安置问题。大锅饭理应废除，但必须保证人们有饭吃，而且必须提高企业效益，必须相应提高劳动者个人所得。居民收入提高，必须保证消费品供应，否则必然引起一部分人的不满。如果我们在改造旧经济体制的同时，发展一部分新的经济实体，不断改善人们的物质生活条件，扩充就业规模，就可以避免或减缓改革引发的失业和通货膨胀集中爆发的风险。

改革可以通过市场交换把经济导入开放状态，打破过去的封闭系统，使生产要素活跃起来，得以随市场需求改变其组合方式，把稀缺资源配置到有效利用的位置上，取得综合平衡效益。回顾人类社会经济的发展，就是由封闭走向开放的过程。最初人类封闭在自然地域和血缘关系的氏族社会里；到奴隶社会，变为奴隶对奴隶主的人身依附关系；到封建社会，劳动者则依附于封建地主的土地上。资本主义所以走向发达，是因为出现了雇佣经济，劳动力成为商品，与资本交换，加上资本的加速流动，生产要素全部呈现活跃和开放状态。但是，这种资本私有制也是一个相对封闭的体系，存在着生产的社会化和资本主义私人占有之间的矛盾。社会主义社会实行公有制，正是为了解决这一矛盾，使经济发展进入更加开放状态。但是，我们现在仍处于实践探索的过程，还没有找到合理的公有制实现形式。工业领域，公有制变成了国有制，权、责、利不明确，群众无法参与，职工既是雇员又是主人，两种身份如何体现在企业结构中？企业对资产所有者负责，又要保持独立经营的权利,这二者如何协调?这些难题,还没有得到答案。而计划经济又限制了它的自主权,至今仍维持着只有纵向管理而缺少横向联系的封闭系统,谈不上资产的有效利用。

农村把小农经济变成集体经济,统一经营,统一调配劳力,这种体制类似于工业。可是,农业不同于工业,土地在空间上是分散的,供给能源的阳光是分散的,不可能像工厂那样,密集于厂房内进行生产。不从农业生产的特点出发,把组织工业生产的办法用于组织农业生产,既实现不了规模效益,又把农民家庭分散决策的好处丢掉了。同时,统一调配劳动力也和我国人多地少的资源状况不相适应。统一调配的结果把多种经营的机会也丢掉了,这方面的损失又无法从集体得到补偿报酬。我们一直主张执行按劳分配原则,但由于传统农业的技术、工具、劳力、素质都不统一,差别较大,很难找到测量劳动质量的标准。30年的集体化,还是"死分活评",摆不脱收入分配中的平均主义弊端,从而压制了劳动者的积极性,直接影响了生产的发展。这样,农民一方面投入劳动不能得到相对应的报酬,另一方面劳动力是封闭的,堵塞了农业外部就业的机会,丢掉了为数可观的多种经营收入,也推迟了社会生产分工分业的进程。农业不能从中分化出第二、第三产业,也就不能从自给半自给经济转上发达的商品生产。

我们要建立的社会主义经济应当是高度开放的经济,应当是劳动社会化、产权社会化的现代市场经济。这个前景,只有通过改革开放才能实现。我们探索具有中国特色的社会主义道路,经过十几年来改革开放的伟大历程,这个光明的前景已经呈现于大家的视线之内了。

(此文系作者1992年10月在一次研讨会上的发言,此处为节录)

建议给农民免税

农民的税费在 2500 亿 ~ 3000 亿元这个数。

在党的十六大召开之际，向党中央提一条建议：希望中央明令免除农民赋税 5 年，5 年过后，农村也实行个人所得税制度。理由如下：

1. 在解放战争中，农民贡献了几十万人的生命，换来新中国的建立。新中国成立后，又努力生产，通过统购统销，每年低价出售 800 亿 ~ 1000 亿斤粮食，供应农外人口消费，发展工业化。做了这些贡献后，农民现在应该享受一点工业化的红利，从过去以农补工，转变为以工补农。

现在看来，完成这个转变，还要继续一段时间。现在农民处境艰难，需要党和政府及时给予照顾。

2. 我们国家资源禀赋是人多地少，不足 20 亿亩耕地（1.3 亿公顷），由近 8 亿农民经营，人均 2.2 亩耕地，一个农户 10 亩多耕地，不足 1 公顷。农业是弱质产业，它承受自然变化风险，又承受市场变化风险，经常处于不确定状态。土地的生产率不是可以无限增长的。因此，农民靠这 2 亩多土地，解决温饱还可以，走上小康就困难了。农民还必须在农外寻找谋生之路，或者在本地办乡镇企业，或者在农外打工，农业问题需要到农外解决，减少农民，富裕农民。但是让大量农民变成市民，这是涉及很重大的一种制度变迁，受到经济发展的制约，需要较长的时间。

3. 从农民和政府的关系这个角度来考虑，除了国家收购粮食价格和其他工农产品交换的剪刀差之外，农民上缴的税费，包括土地占用税、农牧业特产税和屠宰税，再加上"三提五统"和其他摊派，计算下来大约有 2500

亿～3000 亿元。那么每个农民一年上交的税费是 314～377 元，农民的年收入是 2366 元，税费平均占到 13%～16%。如果扣除下一年投资所用，农民真正可用于日常的生活消费，也就是 1500 元。

4. 城市居民年收入是 6859 元，城乡居民收入之比，名义上为 1 : 2.9，实际上可能达到 1 : 5，城乡差别不是缩小，而是在扩大。根据世界银行对 36 个国家进行的分析，城乡居民收入差距一般低于 1 : 1.5，很少有超过 2 的。我们必须采取措施，向缩小城乡差别方向努力，取得进步。

5. 以上事实表明，城乡差距更加值得党和政府的关注。有必要对整体处于低收入的农民群体予以照顾。

建议给农民免税 5 年，向农民传达一个信息：党中央除了领导全国发展经济，从总体上改善人民生活外，还将在国民收入再分配中，对农民这个低收入群体，给予更多的关怀。从减轻负担入手，是一项比较现实的措施。

考察全世界的国家，一般都没有向农民收取职业税，相反，还给予农业补贴。我们国家也给一些农业补贴，每年 300 亿～400 亿元，但大都用于大江大河的治理。因为中国农民太多，像发达国家那样直接补贴农民，我们补不起。所以，减轻农民负担，也就等于增加农民收入。中央提出，农村费改税，现正初见成效，就是例证。

6. 我们国家财政收入在 16000 亿元以上，还有预算外收入，可达到 30000 亿元，农民的税费 2500 亿～3000 亿元（统计局口径：1050 亿元），按此数免交 5 年，国家财政是承担得起的。"三提五统"（约 552 亿元），可以保留，其数额由各省规定上限，不得超过。地方收入减收，可由中央转移支付。5 年中，应制定出农村实行个人所得税施行办法。

（此文系作者 2002 年 11 月在党的第十六次代表大会时向党中央提出的建议）

民营经济是民有民营民受益的经济

民营经济,是民有、民营、民受益的经济;区别于国有经济,它是以民为本,自力更生,自己创业,自己经营,自己发展,人们称之为民本经济。

它在历史上长期存在,古已有之,具有顽强的生命力,50年代在社会主义改造时被改造为公有。80年代,"似曾相识燕归来"。

民营经济包括城乡个体经济、私人企业、合伙经营、合作经济,前三项都是新的经济增量。其中:私人企业的经济按其社会性质,属于资本主义。据统计:1989年有90581户,1997年达到960726户,年均增长34.3%。从业人员由164万人增至1349万人,产值由97亿元增至36923亿元,已占GDP的1/3以上。这是值得关注的经济变量。

总体上看,私人企业大多是家族经济,虽在用人方面受血缘关系的局限,但其具有无可取代的优点。当前我国经济的结构是混合经济,家族经济也是必要的组成部分,将长期存在。其中,有些企业为了扩大收益,又有条件扩充企业规模,也可走出家族治理,进到现代企业制度,实现所有权和经营权两权的分离。以便"五湖四海",引进人才,特别是引进职业化经理人才。民营经济大多是中小企业,它们可以利用社会闲置的小额资本起家。中小企业,固定资产存量较小,船小好掉头,易于与时俱进,更新设备和产品,启动社会内需,改进自身经营,提高市场竞争力。我国中小企业,在工商局注册的数字已达800万户,工业产值占全国60%,它提供了75%的就业机会。

目前,国营企业还处于改革过程,民营经济有机会进入原来由行政垄断现今开放准入的产业部门。获国家批准，还可以进入风险创业领域。适应这个变化，必须扩大联合，聚集资本，确立民主监督民主制衡机制。

现在要回答的问题是：为什么社会主义国家，要改变原来的全面公有制，进而扶持包括个体和私人经济性质的民营经济？我们回答很简单：发展民营经济，乃是适应客观形势发展做出的必要选择。

人类的经济生活是受客观规律制约的，某一个社会制度当它还能容纳生产力发展时，是不会退出历史舞台的。小业主经济和私人企业都是雇工经营，有剥削，属于资本主义性质。马克思讲过：剥削是罪恶，但又是一个时代（资本主义）发展动力。民营经济可以满足人民生活多样化需求。还可以大量吸收农村剩余劳动力在农外就业。而为城乡劳动力创造就业机会在中国始终是重要而又急迫的历史课题。此外民营经济产权明晰，在经济激励、自我约束、自担风险等方面具有比较优势，具有很强的创业能力。民营经济产权多样化，资本社会化，可吸引大量公民参与，体现机会平等，提高资本运作能力。当代欧美发达国家，也无不制定政策、设置管理机构扶持民营中小企业发展。我国是发展中国家，正在推进工业化，为发达的社会主义准备生产力。私人部门这种供给能力有必要充分利用。人们应当从"姓社姓资"的思维定式中解放出来，充分认识：社会主义国家必须具备超越资本主义的生产力，才能最终取代资本主义。正确处理资本主义和社会主义关系，这正是我们面对的一个重要课题。

有人对私人企业主收入过高提出质疑。这要做具体分析，私人企业主剥削工人剩余价值是不容置疑的事实。但它却为繁荣国民经济做出贡献。此外，他们所从事的经营管理是一项复杂劳动，它作为人力资本应该得到相应的报酬，他们投入货币资本和知识专利，承担市场风险、支付机会成本，这些也应有回报，所以将它纳入个人所得，有其合理性。

国家应对民营经济给予高度关注，扶持民营经济顺利成长。要在各方面支持民营经营在市场中的平等竞争地位，平等地进入各个生产领域，平等使用资本劳动成本等要素。政府应转变功能，理顺与企业间的关系，从专事审批、管理转向提供服务，立规矩、立规章，为民营企业发展创造适宜环境。民营企业发展的一个主要问题是资本短缺。国营银行有惜贷倾向，居民储蓄倾向强于投资愿望。这是由于存在体制障碍而引起的暂时现象。银行应调整贷存结构，贷款向民营企业适度倾斜。政府应以一定财力兴办贷款担保体系，提倡诚信交往，建立个人资信档案。还可试办民营金融机构，完善税收制度，节省交易费用，活化资本市场融资功能。

据一位学者估计，我国全社会资产 32 万亿～ 35 万亿元，其中：私人储蓄约占 11 万亿元。这一笔闲置资金，可以开发利用，使之转化为生产资本，经过一段实践过程，在股市健全的条件下可启动具备一定条件的民营企业进入股市。为民营企业提供融资机会。80 年代初，乡镇企业异军突起是靠银行信贷支持，取得较好的经济效果，也值得借鉴。

民营经济。不仅在城市范围有新发展。乡村拥有 20 亿亩耕地，交由农民承包经营，还有一大批乡镇企业并肩发展，这是更大规模的民营经济。我国农民在党的领导下，在新中国成立后已打了两次翻身仗：第一次是土地改革，废除地主对土地的垄断，免交 700 亿斤粮食地租；第二次是废除人民公社制度，实行集体公有土地家庭承包，解决了温饱，丰年尚有一定剩余。但受人多地少这种资源禀赋约束，人均收入只相当于城市 1/5。现在农民面临第三次翻身，应着重改变就业结构，有序地组织农民到城市参与城市工业化建设。在 21 世纪中期，争取有 1.5 亿人转到农外就业。为此必须发展民营工商业，创造就业机会，这既有利于城市发展，更有利于缓解农村人地紧张关系；适度扩充耕地经营规模。提高土地生产率，增加务农户收入，促进农业现代化。

历史经验提示我们，社会主义初级阶段不适宜实行单一的公有制，要以国有经济为主导，多种经济成分并存。公有制当中的国有经济还是国家赖以调节国民收入的一项不可缺失的工具，国家有必要举办一定数量的公营事业。生产一定的公共用品，否则会削弱政权合法性。公民上缴税收，就为了支付社会公众的福利和国家安全设施费用，包括国防、基础建设、文化教育及其他私人无力承办或不愿承办的事业。但国家税收有限，公营事业不能没有，也不能过多，其数量以满足保持对国民经济的主导作用和影响力为准。让出某些竞争性行业，有利于集中资本投向，举办大事。

国有经济要解决的主要问题是所有者缺位。为探索公有制条件下所有者缺位问题，全国各地正在推行股份公司制：把权利义务落实到自然人和特定法人，并由在中央和地方分别设立控股公司和资产管理机构，监督资本运行，提出处置建议。可以预期，国有经济经过改革，会成为可盈利产业，决不可任意废除。

我们国家与时俱进，一方面应完善政策法律体系，降低市场准入门槛。鼓励支持发展民营经济，作为市场经济必要组成部分；另一方面用股份制改造现有的国有企业和集体企业，确立并完善以公有制为主多种所有制共同发展的经济体制。20年来事实证明：这种中国特色社会主义的经济格局，已取得巨大成绩，发展前景十分广阔，是可以肯定的。

（此文发表在2002年11月11日《中华工商时报》，此处为节录）

对话杜润生：伟大的创造

马国川

是阳关道，还是独木桥

记者：看史料，编制长期规划会议一个月后，邓小平终于对安徽的包产到户明确表态予以支持。

杜润生：那是在跟万里的一次谈话中，邓小平赞扬了安徽肥西县的包产到户和凤阳的大包干，他说，"农村政策放宽以后，一些适宜搞包产到户的地方搞了包产到户，效果很好，变化很快"，"有的同志担心，这样搞会不会影响集体经济。我看这种担心是不必要的。我们总的方向是发展集体经济。实行包产到户的地方……只要生产发展了，农村的社会分工和商品经济发展了，低水平的集体化就会发展到高水平的集体化"。他还说，"现在农村工作中的主要问题还是思想不够解放"。邓小平的讲话态度鲜明，对消除一些人的疑虑、统一认识发挥了非常关键的作用。大约就在这一时期，在我参加一个会后，邓小平和我谈了几句话，他说：看来我们农村经济的形式可以多样化一点，像贫困区过去不是有个包产到户吗，可以试试嘛！将来要改还可以改，先吃饱饭要紧。我说：中央农业文件写上了"不要"包产到户，人们受到一点约束，应当解放。邓小平说：贫困地区以外其他地区，看看再说，情况终归是要有变化的。

记者：邓小平的支持，标志着包产到户可能成为中国经济改革的一个突破口。

　　杜润生：是呀。但就是这样，事情仍不能一锤定音。6月，当时的国务院总理在陕西米脂县孟家坪的考察中，发现专业承包的责任制。村里20个劳动力，12个专包农业，2个放羊，其余的组织基建队，按评工计分的办法包下去。他给中央写了一封信，提出专业承包在经济分工比较发展的地方也可以用，贫困地区将来也可以朝这个方向发展。他主张包产到户可以多种多样。目前全国不论什么地方，群众选择什么就算什么，不搞包产到户的可以不搞，但搞了的就不要再反对。我向耀邦建议，将此信转发到全党。这封信转发下去，传达了中央对包产到户放宽一步的新信息。

　　记者：后来在农村改革问题上还是发生了"阳关道与独木桥"的争议。

　　杜润生：争论发生在1980年9月中央召开的省市区第一书记座谈会上。会议专门讨论农业生产责任制问题，由胡耀邦主持，华国锋到会。由我起草的会议文件草稿提出：要遵从群众意愿，不禁止自愿选择家庭承包。草稿拿到农委会议上讨论，意想不到的是，多数与会者不同意提出只要群众要求就允许包产到户这条原则。他们主张划一个界限，即贫困区可以，其他地区则明确不准包产到户。发言反对包产到户的，有福建、江苏、黑龙江几省的省委书记。支持的，有贵州省委书记池必卿、内蒙古自治区党委书记周惠、辽宁省委书记任仲夷等。在会下，我征求北京、广东、广西、湖南、湖北、吉林、辽宁、山西、河北等省领导人的意见，很多人都认为党的十一届三中全会肯定集体化取得了伟大胜利，有错误已经纠正了，希望在非贫困地区设个"闸门"，以免包产到户自由蔓延。参加会议的人，很多都是跟毛主席共同战斗过的老同志，其中有一位同志在会议休息时间特别拉住我说：包产到户，关系晚节，我们有意见不能不提，留个记录也好。

　　记者：旧的观念仍然纠缠着人们的头脑。

　　杜润生：争论一开始就存在。在万里进京担任副总理前，"农口"有位长期从事农村工作的老干部，为了解包产到户问题专程去安徽调查，结果和万里发生了争论。那个老干部说：包干到户不宜普遍推广，因为它离开了社会主义方向，不是走共同富裕道路。万里说："包干到户，是群众要求，群众不过是为了吃饱肚子，有什么不符合社会主义，为什么不可行？"万里还问道："社会主义和人民群众，你要什么？"老干部说："我要社会主义！"万里说："我要群众！"

记者：真是针锋相对。

杜润生：这次各省市区第一书记座谈会，因意见不一已很难开下去了。为了解决这一难题，在会议闭幕之前，我和耀邦、万里商量处理办法，两次改写了文件，最终形成中央《关于进一步加强和完善农业生产责任制的几个问题》的纪要，即1980年75号文件。最主要的变化是前边加了一段话：集体经济是我国农业向现代化前进的不可动摇的基础；但过去人民公社脱离人民群众的一些做法必须改革。提出"在一般地区，集体经济比较稳定，生产有所发展，现行的生产责任制群众满意或经过改进可以使群众满意的，就不要搞包产到户"，愿意选择家庭承包的也不要硬纠；对那些边远山区和贫困落后的地区，"群众对集体丧失信心，因而要求包产到户的，应当支持群众的要求，可以包产到户，也可以包干到户，并在一个较长的时间内保持稳定"。

记者：这个文件只承认"包产到户"是依存于社会主义的，没有回答"包产到户"本身究竟是姓"社"还是姓"资"的问题。

杜润生：75号文件是个妥协的文件，是大家争论的结果。会上当黑龙江省委书记杨易辰讲话时，贵州省委书记池必卿插话：你走你的阳关道，我走我的独木桥，我们贫困区就是独木桥也得过。这成为概括会议气氛的名言。

记者：新华社记者吴象还在《人民日报》发表了一篇文章《阳关道与独木桥》。

杜润生：75号文件实际上把十一届三中全会决议中关于生产责任制的规定推进了一步。它肯定包产到户是一种为解决温饱问题的必要措施，应承认群众自由选择的权利，不能自上而下用一个模式强迫群众。这是在农业政策上对"两个凡是"的破除。说集体经济是方向，并没有把集体化定义为苏联式的集体农庄；相反，明确指出现行公社体制必须改革。我们搞包产到户，也不是主张把个体经济的一切方面都一成不变地固定下来，在分权的基础上，会产生联合。联合的条件和实现形式，则需要在实践中创新。北京市委书记段君毅在会下说：这样写法，是各得其所，各省按自己情况说怎么试就怎么试。不然，原稿有那么多人反对，恐怕没有办法收场。

正式肯定土地承包制

记者：正式肯定土地的家庭承包经营制度，是在什么时候？

杜润生：1981 年冬，中央召开了全国农村工作会议。会后不久，国务院领导到东北考察，写回一封信，建议不要再强调不同地区不同形式了，让群众自愿选择，选上啥就算啥，领导不要硬堵了。我们就根据这个精神起草了《全国农村工作会议纪要》，这就是 1982 年的中央"一号文件"，后来人们习惯称为"第一个一号文件"。

记者：这个"一号文件"的主要内容是什么？

杜润生：第一个"一号文件"的主要内容，是肯定多种形式的责任制，特别是包干到户、包产到户，深受群众欢迎，现在应进入总结、完善、稳定的阶段。所有的责任制形式，包括包产到组、包干到户、包产到户，都是社会主义制度的自我完善，同一制度的实现形式，它不同于过去的单干，更不能当作资本主义去反对。土地等生产资料的公有制是长期不变的，责任制也是长期不变的。

记者：有农民形象地说，这个文件是给"包产到户"正了名，上了姓"社"的户口。那么，为什么强调长期不变？

杜润生：那时候许多地方的农民都担心共产党的政策多变。广东农民说他们怕"一年放，二年收，三年不认账"，也有农民听说包产到户只有"三靠"地区才可以搞，有"稳住中间地带，不要滑向包产到户"等提法，担心它又是一个"权宜之计"，所以"长期不变"这句话最能打动人心。"一号文件"让农民吃了颗"定心丸"。有个农民听了文件传达后说，"这会儿上级说得在理，合乎庄稼人心意"，当天到城里书店要买本"包产到户政策书"。连一直批判资本主义思想的昔阳县也在 1982 年底实行了包产到户。起初在北京的陈永贵表示犹豫，说："咱大寨人能愿意干吗？"出乎他预料，大寨的多数群众愿意干。可见党的政策只要代表人民利益，就会取得群众，顺利地推开。

文件的另一要点是尊重群众的选择，不同地区，不同条件，允许群众自由选择。为什么强调这点？这是鉴于一个稳定性制度的形成必定是群众选择的过程。这过程，包括不同方面按本身利益要求和政治追求，相互对话，协调整合。我们既要让群众自由选择，就暂时先不要把它变成国家的法律。法律应当作已有社会实践选择的结果。所以要划出一两年时间在社会推行，然后成为国家的法令。为表明包产到户具有的兼容性，吸纳公有制和个体经营双重优势，正式定名为"家庭联产承包责任制"。尽管第一个"一号文件"内容很多，但最重要的是第一次以中央的名义肯定了包产到户，尊重群众的选择，并宣布长期不变。这个文件报送给中央，邓小平看了以后说："完全同意"。陈云看后叫秘书打来电话，说：这个文件我已看了，这是个好文件，可以得到干部和群众的拥护。他还亲自参加政治局会议，听取了说明，最后说：文件好，说明也好，所提问题，我赞成。

记者：第一个"一号文件"结束了包产到户 30 年的争论。

杜润生：因此，1982 年中央一号文件下达后，土地承包制以排山倒海之势席卷全国，特别是经济发达一些的地区，进展尤为迅速，"发达地区不能搞包产到户""不适于搞家庭承包"的"紧箍咒"也被打破了。胡耀邦高兴地说：农村工作方面，每年搞一个战略性文件，下次还要排"一号"。此后五年，每年的中央"一号文件"都是谈农业问题。1983 年的中央一号文件称家庭联产承包责任制是"在党的领导下我国农民的伟大创造，是马克思主义农业合作化理论在我国实践中的新发展"。文件下发后，家庭联产承包责任制迅速在许多原以为不适合推行的地方推行开了。最后一个观望达四年之久的省和个别固执反对包产到户而"比输了"的地、县，不得不敞开大门。1984年的一号文件提出延长土地承包期到十五年以上，帮助农民在家庭经营的基础上扩大经济规模，提高经济效益。

记者：我们看资料，从1982年开始连续三年出现了粮食的超速增长。1984年粮食产量达到了4000亿公斤。全社会库存粮食1984年比1978年净增加750亿公斤，出现了我国近代以来第一次基本农产品的"仓容危机"。

杜润生：有经济学家说过大致这样的话：只要政策正确，土地里也能长出黄金。新中国成立以来，中国的农村经济走过了一段曲折发展的历程。从1957年到1978年，农民家庭人均收入每年平均增加2.9元，年递增率为2.5%，扣除物价因素，年递增率仅为1.4%。1984年全国农民人均收入在扣除物价上涨因素后，比1978年增长1.4倍。农村改革的成功，既为全国改革提供了经验，也提供了改革的物质基础，其意义是难以估量的。

记者：继1983年"仓容危机"以后，各地出现了卖粮难和"打白条"现象。当时的主要问题是什么？

杜润生：我随胡耀邦下乡察看，得出的结论是，谷贱伤农，靠现有的农业生产结构，不可能实现收入翻番任务，需要一个新的结构。当时的主要问题是，农产品统派购制度的改革滞后于农村经济发展的新要求。统购制已成为鼓励各省保省内自给或自给率的一项政策。这就迫使各省一定要下计划保证粮食播种面积，因而影响了因地制宜安排种植业。农产品统派购制度行之已久，派生出分配问题和利益调整问题，惯性很强，改变甚难。

1982年调查之后，中国农村发展研究组的几位年轻研究人员从国民经济总体结构的角度，提出了改革统购统销制度的问题，并逐步着手具体改革方案的设计和试点。做出了1985年改变统购统销制度的选择。1984年夏天，国务院在北戴河开会时，我汇报了农村问题。我说现在卖粮难，反映在市场上是"供过于求"，这不是说整个粮食问题已过了关。由于居民食品结构还没有大的变化，现在只是低水平消费的过剩。改革粮食购销体制和价格形成机制，现在是有利时机，应该抓住机会。对此，姚依林、田纪云等人都赞成。因此，1984 年的农村工作会议，就把改革统派购制度、调整产业结构，作为 1985 年农村改革的中心课题。围绕这个中心，还提出发展林业，兴办交通，支持乡镇企业，鼓励技术进步、人才交流，放活金融市场，完善农村合作制，加强小城镇建设，发展外向型经济等项任务，这就是第四个"一号文件"的主要内容。

记者： 但是改革统派购制度似乎没有什么成效，"卖粮难"问题 1985 年、1986 年就发展成为粮食生产下降。

杜润生： 问题就出在城乡的利益分配关系上。提高粮食收购价格，而没有相应提高对于城市居民的粮食销售价格。这样，粮食增产越多，财政补贴越多。到达峰顶的粮食产量及相应的交售量，尤其是大量的超购加价粮食，使得国家财政不堪重负。这时，国家按"惯性"维持原有的利益分配格局，为了保持城市非农集团的现有收益水平，就以降低农民的贸易优惠来减轻财政负担。具体措施是，取消了原先的超购加价 50% 的规定，将所有粮食按平均价收购。虽然从静态看，"朝三暮四"与"朝四暮三"没有区别，但是从动态看，大大减弱了对潜在的粮食增产激励。本来，超购加价是能够有效抵消土地报酬递减趋势，能够激励原先征购基数低、机会成本低的新的粮食主产区农民的粮食生产积极性的。尤其是几年来农业种植结构有了很大的调整，粮食播种面积已有下降，当平均价没有能够随通货膨胀率及时调整的时候，种粮务农的比较利益低下，使得已经摆脱集体束缚的农民更加不愿务农种粮。河北的农民说：种一亩小麦还不如赶一趟好集；"两户"（专业户、重点户）惹不起"三户"（工商、税务、公安）。不少农民进城打工，跑买卖，农田粗放经营，加之当年气候不利，南涝北旱，东北早霜，农民利益受损迅即反映在对粮食和其他农产品供应的减少上，自此出现了农业尤其是粮食生产的连年徘徊。

记者： 在解释为什么出现粮食生产连年徘徊的原因上，人们的分歧很多。

杜润生： 有的人认为，包产到户潜力枯竭，该有新动力了；有的说是这个制度造成粮食徘徊，提倡一部分人先富起来，忘了共同富裕；也有的说对形势估计不足，自满了。1985年年底的农村工作部署强调"摆正农业在国民经济中的地位"。会议形成的1986年中央"一号文件"，决定从"七五"计划开始，增加对农业投资、水利投资，加强对农业和乡镇企业的技术支持，建立一批商品粮基地和出口商品基地，等等。就在1986年，中央还责成中央农村政策研究室、农牧渔业部、林业部、水利电力部、国务院农村发展研究中心等五家单位共同提出了今后十年增强农业后劲的政策内容，包括调整价格政策，缩小工农产品剪刀差，保证生产者有利可得等8项建议。

记者：可是这些建议似乎并没有得到贯彻执行，其中原因何在？

杜润生：中国农业的进一步改革，受制于城市国有经济改革和政治体制改革。用当时的一句话来讲，就是对于中国农村改革，一切"便宜"的项目已经出台，不触动深层结构，再不能前进一步了。像"一号文件"这种形式的文件应该结束了，因为政策语言、号召性的东西已经不起作用，今后需要的是专业的、操作性的甚至是专门的法律法令了。正是这个原因，农村改革一系列"一号文件"的历史使命告一段落。经过几年的改革，农村经济新的框架已经建立起来了。但中国农村改革并未终结，还须从国民经济全局改革中寻找前进道路。理论上揭示不等于实际上解决问题，尤其当问题涉及重大的利益调整时。至今这一问题仍然如此。不过，从历史学家的眼光来看，历史上这种粮政的改革都不是短时期可以实现的，统购统销制度的改革虽然有过一段曲折，但不到十年也都完成了。

记者：我们再回过头来看，1982～1986连续五年，每年第一个文件都是关于农村改革的，这五个"一号文件"是如何出台的？

杜润生：五个"一号文件"，从始至终是一个集体创作的过程。每年初布置调查题目，到秋季总结，其间多次酝酿、探讨，冬天起草文件，次年初发出。当时农研室还为探讨农村工作办了一个内部刊物《农村问题论坛》，发表多种意见，为起草中央文件做铺垫。每年农村调查，由中央和有各省"农口"的党政部门和研究机构共同组织。随后是农村工作会议（由各省主管农业的书记和省农委主任参加）展开讨论。开会讨论时，既找刚从美国回来的像林毅夫这样的，也要找那些到现在为止还依然坚持"人民公社是正确的"老同志。讨论后由起草小组归纳执笔，然后再一起讨论，共同议定上报稿。如果一个文件组都是一个声音，那就要出大麻烦。有人在旁边唱反调，可以提醒你，让你考虑得更加周到、更加完善。

记者：在十年农村改革时期，身处中央"农口"的领导地位，你做了大量工作。

杜润生：我主要是做两件事。一是说服、鼓吹，做了些推动改革的思想工作。二是联系上下内外、淡化矛盾，保证改革顺利、平滑地进行，因为农村改革的最大阻力来自意识形态，来自人们的思想。

记者：现在人们很难理解，为什么在农村改革的许多文件中有那么多名词，包括"家庭联产承包责任制"啊，"双层经营"啊，很费解。

杜润生：1982年有一位年轻同志也这样问我，我告诉他："小青年啊，不知道厉害，不说双层经营这句话，是要掉脑袋的。"那时必须照顾到几十年培养的集体经济模式观念，初期改革要和这个挂钩，不能离历史太远。新制度是从旧制度逐步演化而来的，它带有旧制度的痕迹。我们不但要承认这一点，也要利用这一点，事情才能顺利进行。

记者：因为你20世纪80年代在推动农村改革上的贡献，人们也把你称为"经济学家"。

杜润生：我不是什么经济学家。我一生都重视调查，大部分时间都是在颠簸的路上度过。实践是一个大学校。我的思想从来是在农民的自发行为、地方的选择和历史经验的教育下逐步形成和变化的，绝非先知先觉的"一贯正确"。我在农村问题上有一条原则：尊重农民，让农民真正解放。"农口"有一个好的传统，有一支好的团队，有老年、青年，一大批战斗力较强的人才，王岐山、陈锡文、王小强、周其仁等年轻人组建了农村发展研究所。我们和其他部委关系也很好，相互配合得很好。省一级同样协同一致。我们这个团队，自上而下，人员众多，容易取得共同语言：就是大家都愿意为农民服务，做农民的代言人。如果说，过去农村工作还搞得不错，首先是有中央的领导，依靠我们这个团队。我不过是这个团队的一个"符号"，人们说你对农业战线有贡献，实际是指大家的贡献，个人还能做多少事？人们表扬我，实际上是表扬这支团队，我自己心里明白，不过当这个"符号"我也很高兴。

（原文刊载于 2008 年 12 月《经济观察报》）

吴 象

　　吴象，男，1922年生，安徽休宁人。1938年参加革命，1939年入党。曾任抗日军政大学教员，新华社、《人民日报》记者和编辑，1948年奉调筹备《山西日报》，后任《山西日报》总编辑，1980年任中共中央书记处研究室室务委员，1982年任国务院农村发展研究中心副主任。曾担任万里的秘书，是协助万里在安徽推动改革的著名农村经济学家和"三农"问题资深专家之一，不遗余力地推进中国农村改革，为我国农村改革做出过有益的贡献。

阳关道与独木桥

利弊

为什么一部分地区的农民强烈要求搞包产到户呢？一句话，它适合那些地区群众增加生产、改善生活的需要。

两年来，在三中全会精神鼓舞下，全国各地农村干部和社员群众从实际出发，解放思想，大胆探索，建立了多种形式的生产责任制。总起来可分为两类：一类是小段包工，定额计酬；一类是包工包产，联产计酬。各种形式的责任制，对于纠正主观主义和平均主义都有作用，因此都能调动社员的积极性。但是比较起来，联系产量的责任制比不联系产量的责任制更能调动社员的积极性；而在那些长期落后贫困的社队，包产到户或包产到劳又比包产到组效果更为显著。道理很简单，目前集体经济的物质技术基础还很薄弱，农业生产一般仍以手工劳动为主，社员积极性的高低，对能否增产作用极大，联产计酬，把社员的劳动报酬同他们劳动的数量、质量更直接地联系起来了，"联产如联心，谁联谁操心"。它能更好地体现按劳分配的原则，所以能在更大程度上提高社员的责任心和积极性，取得更好的经济效果。

包产到户或包产到劳的具体做法一般是"三包""三统"：包工、包产、包费用。生产队统一计划、统一核算、统一分配。双方签订合同，超产者奖，欠产者罚。这种办法对改变落后队、贫困队的面貌，具有特别显著的作用。这一点已经在实践中得到证明，不仅在某些社队而且在县的范围内得到充分证明。

安徽肥西县位于江淮丘陵，经常受旱受涝，生产条件较差，目前已有97%的队实行包产到户，1978年秋种时，山南区首先试行包产到户，第二年夏粮大丰收，迅速扩展到全县。1979年战胜各种自然灾害，全县粮食总达到7.54亿斤，比上一年增长13.6%。向国家交售的粮食扣除回销数，纯贡献2.53亿斤，比1978年增长近3倍，超过历史上贡献最多的1976年36.9%。今年以来，虽然遇到干旱、低温、多雨等自然灾害，夏粮总产仍比去年增长14.7%；油菜籽总产比去年增长1.33倍，向国家交售的油料已达2487万斤，一季的交售量就超过全年油料统购任务的5.9倍。社员喜气洋洋，集体积累增加，全县面貌大变。

河南省兰考县，就是焦裕禄曾经工作过的那个有名的穷县，由于林彪、"四人帮"的破坏，前几年逃荒要饭的更多了。去年以来，大部分生产队实行包产到户、包产到劳、"口粮田"或"大包干"，逃荒要饭和外流劳力大部返乡归田，全县增产粮食4500万斤，购销相抵，净向国家贡献345万斤，议购粮700多万斤，一举结束了23年吃统销粮的历史。今年夏季又比去年增产一成多。

山东东明县可以说是山东省最穷的县，这个县50万人，合作化时有138万亩地，后碱化52万亩，撂荒25万亩，亩产长期只有一二百斤，1978一年人均分配28元，口粮65斤。从1958年起21年全县净吃国家统销粮6.9亿斤，花救济款3224万元。大队和生产队两级的固定资产共2700万元，而欠国家贷款却有3400万元（已豁免1200万元），还债都不够。三中全会以来，较普遍地推行了不同形式的包产到户，加上引黄灌溉、扩种大豆等有力措施，生产上得很快，去年总产粮食2.36亿斤，比1978年增长18%，创历史最高水平，棉花、花生及林、牧、副业也都大发展。去年购销相抵，净交售粮975万斤（另议购大豆2400万斤），交售棉112万斤，花生240万斤，芝麻51万斤，结束了吃返销粮的历史。今年小麦遇到严重干旱，总产仍相当于大丰收的去年。

甘肃是个比较贫瘠的省份，全省集体分配人均 40 元以下的队占 48%，口粮 300 斤以下的队占 52%。29 个最困难的县，有的地方连碗都买不起。去年以来放宽政策，在困难社队实行包产到户，面貌迅速大变，定西地区最突出。全地区今年夏粮增长 50% 以上，其中最穷的陇西县，增长 156%，比去年夏秋两季总产量还多 2000 万斤。通渭县今年夏粮翻了一番。会宁县增长 70%，大批原来"吃粮靠返销"的队都不再要国家供应粮食了。

今年六七月间，国家农委曾组织有关部门的理论工作者和实际工作者分组到十几个省进行调查。尽管对包产到户的利弊各有不同的看法，但是，在长期落后贫困的社队，包产到户经济效果最显著，可以迅速改变面貌，这一点却是公认的。从大量的调查材料看，联系产量责任制尤其是包产到户之所以更能调动社员积极性，主要由于它有以下几点好处：

一、能有效地贯彻按劳分配原则，保证社员的物质利益。不仅包产部分能分到合理的一份，而且超产归己，劳动越多，报酬越高，因此社员愿意把自己潜在的劳动能量最大限度地发挥出来。

二、能有效地抵制瞎指挥，真正实现民主办社。过去大呼隆干活，干部往往只对国家计划和上级任务负责，管得太宽、太细、太死，压制社员的积极性、主动性。现在社员对产品产量承担了经济责任，就有理由抵制瞎指挥，也有权力用最小代价（成本，包括活劳动）取得最大效果，保证增产增收。

三、能有效地抵制平调和多吃多占，平调和多吃多占，给农民增加了沉重负担，极大地挫伤了农民的劳动热情。实行了联产责任制，超产部分无法平调，包产部分社员心里有数，除国家规定的征购任务和该留给集体者外，再搞平调不容易了，农民劳动不白搭，心情舒畅了。

四、能有效地促进经济核算，降低成本，提高劳动生产率。过去集体经济农具损坏、丢失严重，浪费多，开支大，成本高，是个普遍现象。现在种田责任明确，农民可以因地制宜，灵活掌握，处处精打细算，力求节约成本。"尖头户站，滑头户看，老实户气得不愿干"的现象没有了，"干到腊月二十九，吃了饺子就动手"的一年到头打疲劳战的现象也没有了。由于工效提高，还可以腾出时间发展家庭副业，增加更多的现金收入。

应当指出，各种形式的责任制都只能适应一定的条件，也都有待于完善和提高，包产到户更是如此。落后贫困的社队采取这种责任制，增产效果特别显著，但也带来了许多新的矛盾。有的地方把这些矛盾归结为"十大不利"：不利于大型农机具的购置、使用、维修、管理，不利于统一管水，合理用水；不利于保护耕牛；不利于防病灭虫，不利于试验和推广科学种田；不利于统一指挥，集中力量抗灾；不利于统一规划，调配劳力进行农业基本建设；不利于发展社、队企业，发展多种经营；不利于水土保持；不利于照顾四属户、五保户。大量的调查材料证明，所有这些方面确实都出现了新的矛盾，其中有些是由于分散经营造成的，但大部分属于工作上的问题，管理上的问题，又往往发生在刚搞包产到户而领导放任自流的地方，通过做好工作，是可以逐步解决的，并非包产到户必然的结果。比如，安徽省六安县许小河公社，在搞包产到户时，部分生产队私分储备粮 20 万斤，造成耕牛死亡事故三起，公社党委及时作了处理，进一步建立健全了各项制度，情况迅速好转，今年以来，全公社各大队和生产队新购买耕牛 27 头，拖拉机一台，汽车一部，榨油机一部，喷雾器 35 件，大型农具 122 件，全公社计划夏季上交积累 4 万元，实际完成 52900 元；还贷款任务 12400 元，实际完成 23000 元。生产队存款 43000 元，社员存款 23000 元，这是近几年来所没有的，由于生产发展，生产队公益金增加，对四属户、困难户的照顾也比过去更好了。事实证明，在落后贫困的社队，最突出的矛盾是社员没有积极性，生产上不去。包产到户调动了社员的积极性，生产发展了，社员吃穿有了保证，这是个根本问题。这个问题得到解决，其他问题都比较容易解决。现在的新矛盾尽管形形色色，但比生产发展不起来因而造成的重重矛盾，应该说都是枝节问题。生产不发展，集体化的程度再高、再"纯"，分配再"平等"，也只能造成大家普遍贫困；反之，集体化程度不那么高，不那么"纯"，但因为它适应于当地生产力的状况，尽管说起来不那么动听，人们的收入也有差距，但是到头来，必然随着生产的发展，大家都富起来。我们应当权衡利弊，不可因噎废食。不管什么样的责任制，都要加强领导，及时解决问题，不断完善、提高。如果放任自流，好办法也可能会得出坏结果。

性质

既然包产到户利大于弊，对改变穷队的面貌有显著作用，已为大量的客观事实所证明，为什么至今还存在广泛的争论呢？这主要是由于对包产到户的性质认识上有分歧：有的同志认为它是多种多样的联系产量责任制的一种，而且是必不可少的重要的一种；有的同志却认为它把集体经营变为个体经营，背离了社会主义的道路，本质上倒退为单干，是方向性的错误。

按照列宁的说法，社会主义的基本特征，主要是公有制和按劳分配，私有制是产生剥削关系的基础。公有制则是对剥削制度的否定。公有制才能按劳分配；按劳分配是公有制的一种实现形式。这是一个问题的两个方面，只要坚持这两条，就坚持了社会主义的方向和道路，就同资本主义和一切剥削制度有了根本的区别。至于经营管理方式、劳动组织规模以及计酬方法等等，可以多种多样，应该根据实际情况适当变通，不能硬说哪一种是社会主义，哪一种不是社会主义。遗憾的是，多年来由于反复批判"三自一包"，在理论上思想上造成了严重的混乱，把破坏按劳分配的假社会主义当作社会主义的唯一模式，把符合实际需要、体现按劳分配的好办法当作复辟资本主义。久而久之，似乎包产到户就是分田单干，而分田单干就是搞资本主义，看见"包"字比遇到瘟疫还要害怕。其实，分田单干并不等于搞资本主义，小农经济在资本主义条件下可能向资本主义发展；在社会主义条件下一般不可能发展到资本主义去，何况包产到户还不等于分田单干。在这里，不妨把包产到户和分田单干略作对比：

一、分田单干与集体经济已割断联系，对集体经济没有权利也没有义务。包产到户则是集体经济内部的一种经济关系。它以承认生产队的存在为前提，经济主体是"生产队"，承包者是"户"。"生产队"用"包"这个纽带同"户"联系起来，加强"户"的管理责任。两者各有权、责。社员个人是集体经济的一个成员，对集体经济有权利也有义务。

二、分田单干生产资料完全归个人，是以私有制为基础的。包产到户生产资料仍然归集体所有，社员对土地只有使用权没有所有权，生产队可以定期或不定期进行必要的调整。耕牛和大农具的所有权也是集体的，经过评价后交给社员户使用或几户共同使用，使用者在必要时间内，应对照原定价向生产队补足消耗部分。

三、分田单干是单独经营，自负盈亏，自食其力。包产到户仍然坚持生产队是基本核算单位，包产部分的产品，归生产队统一分配。生产队在分配这部分产品时，首先要扣除生产成本、管理费用、公积金、公益金等，然后再分配给社员个人。超产部分是社员付出超额劳动的成果，奖给社员，这正好进一步体现了按劳分配的原则。

从以上对比可以看出，包产到户与分田单干有本质的区别，它是在集体所有的基础上，按照统一计划、统一核算的原则，在生产过程中采取的一种组织管理方法，一种责任制。它与工业上的计件工资制相类似，是比较便于考核劳动成果，比较直接体现按劳分配原则的一种管理方法或核算方法。

现在的包产到户，不像三年困难时期形式较为单一，而是多种多样的，各有其地区适应性的，但基本上可分为三种：第一种是部分作物包产到户或到劳；第二种是全部土地包产到户或到劳，坚持统一核算、统一分配；第三种是全部土地包产到户或到劳，社员承包的产量，除上交给国家（征购）和集体（集体积累和社会负担）的部分以外，本人所得部分不再由生产队重新统一分配。即所谓"大包干"或"包干到户"：这种形式简单、省事，为群众所欢迎，但是没有统一核算、统一分配，生产队内容易涣散，滑向单干。因此，对包产到户特别是包干到户的社队，应当经过工作，通过社员讨论，做到以下几点：（1）要保护集体财产，不可拆毁平分，迅速确定林权，禁止乱砍林木；（2）重申不准买卖土地，不准雇工，不准放高利贷；（3）对军烈属、五保户和其他困难户，要有妥善的照顾办法；（4）原有为群众欢迎，经济效果好的某些集体经营的生产项目要尽可能保留；（5）生产队和社员要严格履行各自承担的各项义务，债务债权要认真清理；必须保持生产队的组织，加强基层党组织的核心作用。只要努力做到以上各点，各种形式的包产到户都可以进一步发挥积极作用，有利于巩固和发展集体经济。因此，包产到户并不是什么独木桥，它同各种形式的责任制一样，是集体经济的阳关大道。如果一定要把它比喻为独木桥，那可以说居住在深山沟中，不走独木桥就无法行动，无法前进，就无法到平坦宽阔的阳关大道上去。在这种情况下，走独木桥正是为了走阳关道。前一段有些地方，社员强烈要求包产到户，因为可以提高产量，吃饱肚子；有些干部坚决反对包产到户，认为方向不对，怕受批判，发生了所谓方向与产量的矛盾。其实，方向和产量应该是一致的，不能提高产量，还有什么正确的方向？《西游记》中，唐僧一念紧箍咒，孙悟空就头疼，现在要求建立各种生产责任制，落后贫困的社队还要求包产到户，有些同志也觉得头疼，生怕"右了""倒退了""犯方向性错误"。这说明我们头上还有紧箍咒，思想还没有解放。我们应当明确认识，对边远山区和贫困落后的地区来说，实行包产到户，是联系群众、发展生产、解决温饱问题的一种必要的措施。从全国来说，在社会主义工业、社会主义商业和集体农业占绝对优势的情况下，在生产队领导下实行包产到户，是不会脱离社会主义轨道的，没有什么复辟资本主义的危险，因而并不可怕。

前景

我国地域辽阔，经济落后，发展又很不平衡，加上农业生产不同于工业生产，多方面受着自然条件的制约。这就要求农业生产必须坚持因地制宜的方针，在经营管理上要有更大的适应性和更多的灵活性。在不同的地方，不同的社队以至在同一个生产队，都应从实际需要和实际情况出发，允许有多种经营形式、多种劳动组织、多种计酬办法同时存在。凡有利于鼓励生产者最大限度地关心集体生产，有利于增加生产、增加收入、增加商品的责任制形式，都是好的和可行的，都应加以支持，而不可拘泥于一种模式，搞一刀切。

在那些生产力水平很低、群众生活十分困难的边远山区和贫困落后的地区，群众要求包产到户的，可以包产到户，也可以包干到户，并在一个较长时间内保持稳定。

在一般地区，集体经济比较巩固，生产有所发展，就不要搞包产到户。领导的主要精力应当放在如何把集体经济进一步巩固和发展。小段包工，定额计酬，只要定额合理，验收认真，也可以比较切合实际地测定劳动的数量和质量，为按劳分配提供比较可靠的依据，这种责任制比死分死记、死分活评要科学得多，适用于干部管理水平较高的地方。有些地方实行包产到组，联产计酬，群众满意或者经过改进可以使群众满意的，应当稳定下来，继续完善、提高。

目前全国搞包产到户的队约占20%。有需要搞而没有搞的，也有不应搞或可以不搞而搞了的，对后一种社队，要允许它试验一下，搞它两年，让实践来做结论。不好，只是极少数地方。好，可能摸索出一些新的经验。

经济水平、管理水平属于中间状态的社队，在全国占一半以上。这些社队内部不稳定的因素很多，容易接受外部影响，只有加强对这类社队的工作，才能稳定全局，促进整个农业生产的发展。这种类型的社队，现行的责任制形式，凡是群众满意或者经过改进可以使群众满意的，都应当稳定下来，继续完善、提高，决不可再轻易变来变去。

随着农业生产的发展，生产力水平的提高，责任制的形式也会有相应的发展变化。这种变化不是自上而下的，不是行政命令，而是生产发展本身必然提出的要求。最近在许多地方先后出现的专业承包、联产计酬责任制，就是一种大有发展前途的责任制。其具体做法是，在生产队统一领导、统一经营的条件下，分工协作，擅长农业的劳动力，按能力大小分包耕地；擅长林、牧、副、渔、工、商各业的劳动力，按能力大小分包各业；各业的包产，根据方便生产、有利经营的原则，分别到组，到劳力，到户；生产过程的各项作业，生产队宜统则统，宜分则分；包产部分统一分配，超产或减产分别奖罚；以合同形式确定下来当年或几年不变。比如陕西省米脂县孟家坪生产队、山西省吉县东庄生产队、内蒙古自治区杭锦后旗红星大队、湖南省零陵县赵家生产队都由于采用这种办法取得前所未有的进展。从这些典型材料中可以看出，这种责任制较之一般的、"小而全"的包产到户或其他形式的责任制有个突出的优点，就是它既能满足社员联产计酬的要求，调动其个人生产积极性，又能发挥集体经济统一经营、分工协作的优越性，把两方面结合起来、统一起来了，有利于发展多种经营；有利于推广科学种田和促进商品生产；有利于人尽其才，物尽其用，地尽其力；有利于社员照顾家庭副业，对四属户和困难户的生产和生活作适当的安排。这种形式，既适用于现在的困难地区，也能随着生产力的提高和生产项目的增加，向更有社会化特点的更高级的专业分工责任制发展。

还有一些从事农业的生产队，在原来田间管理、责任到人的基础上，发展为联系产量计算奖赔，也具有专业承包联产计酬责任制的某些优点，干部、群众比较熟悉，乐于接受。

在江、浙、东北等省区以及大城市郊区的一些社队，多种经营比较发达，机械化水平较高，有的已突破生产队范围，以生产大队甚至公社为单位实行专业承包联产计酬责任制。这是个新的发展。辽宁省锦州市郊区西郊公社，今年对580户社员实行专业承包联产计酬责任制，推动了农、牧、副业的大发展。如唐庄子大队四队五头奶牛，去年队里两个人饲养，共产奶8200斤，总收入1500元，除去工分、饲料，队里赔1000元。今年包给任忠善一家，全年产奶两万斤，收入4600元。同去年比，向国家多交11000斤奶，集体多收入2500元，个人纯收入1600元，杨兴三队女社员金凤梅包了四亩豇豆，现已拉秧结账，总收入2500元，集体收入1925元，比去年多1125元，个人得包产工分1400分（折210元），加上超产得奖575

元，三个月收入 785 元，平均每月 260 元。

在建立生产责任制的过程中，出现了两个可喜的新事物。一个是包产合同。1978 年少数社队由于推行大包干式的联系产量责任制的需要开始试用，曾被讥为"假戏真唱"，但是实践证明效果很好，已有较多的社队积极推行并逐步摸索到比较系统的经验，它把单靠行政命令办事的老习惯变为用经济办法领导经济，发展下去可能为农村工作打开新的局面。另一个是专业承包联系计酬责任制，它把发挥集体经济的优越性同调动社员的积极性主动性结合起来，统一起来了，因而具有强大的生命力，可能发展成为农业生产责任中占统治地位的形式，为集体经济的经营管理以至中国农业的现代化闯出一条新路。

自从生产资料所有制的社会主义改造基本完成以来，我们长期一直认为，我国的经济结构问题已经完全解决了，就是两种社会主义公有制并存，全民所有制只需要一个模式，集体所有制也只需要一个模式，非常简单，这显然不符合我国生产力发展的实际情况。这种教条主义的认识，不但不能发挥社会主义的优越性，而且破坏社会主义的优越性，我们应该打破框框，解放思想，大胆探索，在生产资料公有制占绝对优势的前提下，允许一定数量的其他补充成分，采取多种多样的经营形式，开展竞争，发展商品经济，没有高度发展的商品生产，就没有社会化大生产。而社会主义是建立在社会化大生产高度发展的基础上的。因此，不论是独木桥、木板桥、石板桥、铁索桥，只要是能走人的，我们统统要加以利用，加以改造，加以发展，这样才能走出沟壑纵横的深山，来到平坦广阔的原野，踏上金光灿烂的阳关大道。

（此文发表在 1980 年 11 月 5 日《人民日报》，略有删节）

农村改革的深化和面临的新问题

农村改革的两个阶段

我国的农村改革，以党的十一届三中全会提出关于农业问题的决定为起点，迄今已近 8 年。改革的进程可分两大阶段：从 1979 年到 1984 年为第一阶段，特点是体制上的大突破带来了农村经济的大发展；从 1985 年粮食统购改为合同定购开始，进入第二阶段，特点是改革转向纵深发展，经济由超常规增长转向常规性稳定增长。这两个方面的变化对整个农村工作提出了新的更高的要求，但是，人们已习惯于前一阶段超常规的大发展，期望这种高速增长能够持续下去，往往用老眼光看新问题。当 1985 年粮食出现较大幅度减产的时候，一度全国议论纷纷，莫衷一是；1986 年粮食有所增长，而其他各个方面的增长速度又明显放慢，有的地方改革回潮，若干产品乍放又收，出现地区封锁，部门垄断，供求波动，市场震荡，不少的人对农村改革的前景感到困惑和忧虑。这主要是由于对阶段性转折缺乏应有的思想准备，由于对转折过程中难免要出现的问题不理解，因此有必要对农村改革两个阶段的不同特点作一番再认识。

第一阶段的大发展来源于体制上的大突破，是特定历史条件的产物。多年的实践证明，高度集中的僵化的公社体制，不适合社会主义初级阶段的中国国情，使广大农村陷入"贫穷社会主义"的困境找不到出路。在党的十一届三中全会路线的指引下，家庭联产承包责任制应运而生，两三年内席卷全国，农民长期受到严重压抑的生产积极性由此迸发出来，有如江河决口，奔腾而下，形成势不可当的潮流。粮、棉、油等农产品连年大幅度增长，一次再次刷新纪录。多种经营、农工商综合发展，使农民的货币收入也连年大幅度增长。5 年期间，全国农业总产值年增长率近 10%，农民人均收入年增长率达 10% 以上。这是我国历史上罕见的高速度，为世界所瞩目。

但是，这种高速增长是长期受压抑的生产力集中迸发的结果，带有恢复性和补偿性。促成第一阶段超常规增长的因素很多，包括大幅度提高农产品价格、多年积累的物质条件、潜在的市场容量等等。但是，所有这些，如果没有农民的积极性，都不能充分有效地发挥作用。改革初期，人们还不大信服联产承包制激发出来的农民积极性的关键作用，往往把农业大幅度增产归功于其他条件，特别是气候条件。但是从中国农业的历史看，5 年中一般只有两个丰年，其余是平年和灾年，5 年连续大幅度增产，关键显然不在气候。后来，家庭联产承包制的威力越来越明显，人们又逐渐低估其他条件的作用，无视超常规增长带有恢复性和补偿性，似乎一包产到户，什么问题都解决了，高速增长可以一直自然而然地持续下去，殊不知特定的经济条件发生变化，发展速度也必然随之发生变化。前几年全国上下的注意力集中于联产承包制的建立、推广和巩固，农业发展的物质基础不仅没有得到必要的及时的补充和应有的增强，有些方面反而削弱了，尤其是水利设施老化失修、灌溉面积减少，土壤肥力减退更为严重。等到问题暴露出来，有些同志又怀疑是否原来对联产承包制的作用估计过高了。我们认为，这两种片面性的认识都不利于顺利实现阶段性转折，不利于把改革引向深入。

应当明确，常规性稳定增长并不是慢速增长，更不意味着回到改革以前那种近于停滞的状态，有些地方可以快一些，应该快一些。因为，从整个农村经济发展的潜力看，我国农产品的消费水平和供给水平都还很低，市场的需求量不断扩大，必将给农村经济的发展以更大的推动，无疑还是一个方兴未艾的局面。1986 年的实践已经证明了这一点。这一年，农业总产值达 3947 亿元，比上年增长 3.5%；全国农民人均纯收入为 424 元，扣除物价上涨因素，比上年增长 3.2%。增长速度比前几年下降了，但是，综合反映农村经济发展水平的农村社会总产值，这一年却达 7429 亿元，按可比价格计算，比上年增长 11.6%，速度并不慢。为什么会出现这种情况，主要原因有三：一是农村非农产业继续以较快的速度发展。原来经济水平较高、非农产业较发达的东部沿海地区，仍然保持快速发展的势头；起步晚、有潜力的西部地区，也因地制宜，积极创造条件努力发展；善于经营管理的个体企业和联办企业的发展速度快于村办和乡办企业；各种产前、产中、产后服务的项目逐步兴起，全年农村工业、建筑业、运输业、商业产值达到 3482 亿元，比上年增长 22.3%。二是农村产业结构有了新的调整；在农村社会总产值中，发展速度较快的农村工业、建筑业、运输业和商业产值所占比重，由上年的 42.9% 上升到 46.9%；农业总产值则由 57.1% 下降为 53.1%。在农业总产值中，林牧副渔业产值所占比重由上年的 37% 上升到 37.6%；种植业的比重则由 63% 下降为 62.4%，粮食作物与经济作物的配置也渐趋合理。三是农村商品经济进一步发展。这一年全国国营和供销合作商业农副产品收购总额达 1070 亿元，比上年增长 10% 左右；农民对非农业居民零售额增长 28.9%；集市贸易成交额快速增长，农副产品商品率继续有所提高。这些都不是 1986 年独有的现象。而是今后越来越明显的发展趋势。

总之，农村第二阶段改革，是突破旧体制取得成功后向纵深发展的更艰苦的战役。由于城乡改革融为一体，农村改革的深化，有赖于城市经济体制改革和政治体制改革的配套，这就加深了它的复杂性和艰巨性，不应该期望再出现前几年那种直线式的前进，普遍大幅度的上升，而必须扎扎实实地做好巩固、充实、提高的工作，着重渐进的、点滴的积累。我国资源分布不均匀，经济发展不平衡，即使在常规性增长阶段，有些地区、有些项目仍然可以而且应当保持超高速的发展。这样的地区和项目越多，越有利于把改革引向深入，创造新的发展条件，争取农村经济全面持续稳定增长。事在人为，我们不赞成盲目乐观，但持悲观论点也是没有根据的。

改革的主要成果和面临的新问题

改革是社会主义制度的自我改善和发展。有的同志把改革只看作是"放"，并简单地理解为破除那些旧的东西，这个观念不够准确、完整。当然，改革首先要放开，冲破束缚生产力发展的某些老框框，但不能光破不立，而必须有破有立，以有利于生产力发展的新体制来取代旧体制。农村第一阶段改革，打破了"三级所有、队为基础"的僵化体制，实行了统分结合、双层经营的联产承包制，极大地促进了农村社会生产力的发展，最突出的有两点：一是粮食由6000亿斤左右连上两个台阶，达到8000亿斤以上，人均占有近800斤，基本上解决了温饱问题，扭转了长期粮食紧缺的被动局面；二是乡镇企业的勃兴，总产值由1978年的493亿元猛增到1986年的3500多亿元，占全国工农业总产值的1/5左右，占农村社会总产值的一半以上，成为整个国民经济中一支重要的活跃力量。但是，判断改革的成果，不能仅仅看数字的变化，而应着重体制、制度的创新和完善。农村改革的主要成果，集中体现在一个有中国特点的社会主义农村经济新体制的框架正在初步显现出来：农民已成为相对独立的商品生产者和经营者；计划指导下的市场体系正在逐步建立之中；单一经营和城乡分割的产业结构正转向多部门综合经营；一个以公有制为主导，多种经济成分、多种经营形式并存的经济格局正在逐步形成；宏观经济的调节机制正在逐步建立和完善。上述五个方面，组成了农村经济新体制的框架，但这个框架只是初步显示粗略的轮廓，远未发展成完善的体系。旧体制虽然已被突破，但在不少方面仍在发挥作用，有时甚至发挥主要作用。新旧体制同时并存，互相交错，必然发生摩擦，引出各种各样的新矛盾、新问题。

下面，让我们作些比较具体的分析。

联产承包制使农民取得了充分的自主权，成为自负盈亏的商品生产者和经营者，这为农村商品经济的发展创造了最重要的前提，也是随后一系列振奋人心的变化的生长点。农村原来就没有"铁饭碗",经过改革又彻底取消了"大锅饭",分散经营的承包农户比城市国营企业自主权更大,可以按价值规律办事,按市场需求组织生产。但是,农民没有搞商品生产的经验,一家一户分散经营,没有中间组织的连接就难以进入市场。小生产面对大市场,农民反映市场风险太大,利益流失太多,这就是新矛盾、新问题。这说明联产承包制虽然已经普遍建立,但还很不完善。大部分地区统一经营这个层次还很薄弱,必须逐步加强。一方面要强调家庭经营长期稳定不变,继续充分发挥其活力;另一方面要通过完善合同制明确承包、发包双方的权利和义务,强调发包者有义务组织社会化服务,搞好产前产后服务。一家一户办不到的事,要引导他们联合起来办,以利于农村商品经济的发展。

独家垄断经营的封闭式市场,已开始变为国家、集体、个人一齐上的多层次、多渠道的开放式的市场。多数农产品已基本实行市场交换。粮食等实行了合同定购和市场收购并行的"双轨制"。全国乡村集市达6万多个,专业市场有5000多个,这一大批农村商品市场,在拓宽农村商品经济渠道、活跃整个农村流通方面日益发挥出重要的作用。但是全国很不平衡,在一些比较发达地区,商品市场能较快地形成并不断扩大自己的辐射范围,大部地区商品市场的形成和发育却相当缓慢。随着商品市场的发展,劳力、资金、技术等也开始横向流动,但生产要素的市场尚未形成。目前国营商业和合作供销社的体制改革进展不快,价格体系的改革步履维艰。实行了30多年的统购统销不仅仅是个分配制度,而且体现着一种利益结构,渗透到生产、流通、分配各个环节。每一步改革都会牵动生产者、经营者、消费者、地方、国家各个方面的利益,出现许多复杂的矛盾。对这些人民内部的矛盾要慎重对待,妥善处理。当国家还没有足够财力解决一切问题的时候,只能选择一些过渡的、间接的办法,以维持各方面利益的平衡,减少改革的阻力和震荡,不能只顾这一头,不顾那一头。

单一经营、城乡分割的产业结构已被突破,广大农村程度不同地实行了由单一的粮食种植业向粮食作物和经济作物、其他作物综合发展转移;整个农业由单一的种植业向农林牧副渔五业并举的大农业转移；农村经济由单一搞农业向工、建、交、邮、商、服务等农村第二、第三产业综合发展转移。这就改变了"家家粮棉油、户户少而全"的格局，真正开始了向生产的深度和广度进军，越来越多的劳动力正在由种植粮食转向经济作物，转向林牧副渔各业，转向非农产业。到 1986 年底止，"离土不离乡、进厂不进城"的劳动力已达 7000 万人，占农业总劳力的 19%。城市搞工业、农村搞农业的"二元结构"，已开始逐步为多部类经济综合经营所取代。农业人口向生产效率高的非农产业转移，是农村商品经济发展的必然趋势，是一种历史性的进步。当前的新问题是，经济利益的差别推动着农村第二、第三产业快速发展，却不利于稳定农民种粮的积极性，不利于稳定粮田面积和促进粮食的持续增长，还有许多地方，温饱问题初步解决之后，农民想挣钱，想富裕，但缺少资源、资金和技术，找不到门路，产业结构的调整遇到困难，贫困状况不易摆脱。

近几年，我国农村中已出现多种经济成分、多种经营形式的经济结构。不但有全民所有制，有集体所有制，还有个体所有制和由个体所有制发展起来的私人企业，有双层经营、承包经营、租赁经营、合伙经营、股份经营等多种经营形式，体现了生产资料所有权和使用权既统一又分离，这是解决"大锅饭"问题的有效途径。人们越来越清楚地认识到，农业联产承包制并不等于分散的家庭经营，更不是过去的单干，而是在土地公有制基础上统分结合、双层经营的新体制。只要完善双层经营，必将使农业合作化发展到一个充满活力的新阶段，这也给全民所有制企业的改革提供了有益的启示。近年来日益普遍的横向联合，促进了不同所有制之间交叉融合的趋向，集体经济、合作经济出现了多种形式的混合体，互相取长补短，发挥出"杂交"优势。承包农户的家庭经济，可以说是农民集体所有制和个体所有制并存的经济。随着商品经济的发展，有些农户转为经营非农产业的专业户，个体所有制的成分就增加了。家庭经营、个体经济，具有规模小、扩散快、活力大、效益高的特点，善于以"土办法""穷办法"取胜，把过去的"小而全"变为"小而专""小而联"，已成为社会化专业分工与协作的重要组成部分。越是集体经济基础差的不发达地区，家庭经济的作用越是重要。家庭经济有的经过联合发展为新型的合作经济，有的则发展为私人企业。在农村商品经济发展过程中，出现少量私人企业是不可避免的，利大于弊的，并具有某种好控性与可塑性。但这个问题特别敏感，人们的疑虑较多，而且往往被排斥在社会主义之外。其实它是社会主义经济一种有益的补充形式，只要按"允许存在、加强管理、兴利抑弊、逐步引导"的方针去对待，就可以在以公有制为主导的前提下，使其对农村商品经济的发展发挥积极作用。

社会主义商品经济是有计划的商品经济，国家可通过价格、税收、信贷、法规等手段进行调节。目前这些调节机制正在逐步建立，但还很不完善，因此它对农村商品经济的保护和促进的作用尚未为人们所充分认识。我们认为，有中国特色的社会主义，从经济上可以说就是微观经济的多样与宏观经济的统一相结合。微观上允许多种经济成分、经济形式、经营方式并存，有利于开放、搞活，发展商品经济，也带来了先富和后富的区别，收入差的扩大，生产资料占有的不均等，但这并不意味着放弃共同富裕的目标，因为我们可以依靠统一的宏观经济进行调节。宏观经济的职能，除了平衡总需求与总供给，制定发展战略，还要对收入差别加以调节，特别对非劳动收入，可以通过征收企业所得税、个人所得税使其逐渐合理化，不违背社会公平的原则。对私人企业，税是要收的，但绝不能没收；而且相反，要鼓励投资，鼓励扩大固定资产。为什么必须这样做呢？因为我国至今还是一个不发达国家，一个发展中的社会主义国家，也就是说，仍然处在摆脱贫困的阶段，还没有能够从根本上摆脱一百多年来半殖民地半封建社会留给我们贫穷落后的遗产。正反两方面的历史经验揭示了一条深刻的真理：社会主义要消灭贫穷，不能把贫穷当作社会主义。在社会主义初级阶段；决不能搞直接调拨的产品经济，只能搞市场交换的商品经济；决不能搞纯而又纯的公有制，只能搞以公有制为主导，多种经济成分，多种经济形式并存。党的十一届三中全会以来的路线，是从实际出发，建设有中国特色的社会主义。基本点是两条，一是坚持四项基本原则，一是坚持改革、开放、搞活。这两方面构成了党的路线的完整内容，决不能截然分开，更不能互相对立，两者互相联系、互相渗透，唇齿相依，缺一不可，统一于建设有中国特色的社会主义的实践，统一于发展社会生产力。改革、开放、搞活决不仅仅是具体政策，而是总方针、总政策。明确了这一点，我们就能更自觉地理直气壮地执行十一届三中全会以来的路线和一系列农村政策，不断深化改革，建立和完善能保护和促进农村商品经济发展的宏观调节机制。

第二阶段改革的中心任务

农村改革转入第二阶段以后，主要应当抓什么，怎么抓？曾经有过一些不同的看法，但都是围绕着如何使自给半自给的农村经济转向大规模的商品经济这个根本问题提出来的，只是侧重点各有不同而已。1986 年冬召开的全国农村工作会议研究了这个问题，会后经中央政治局讨论通过的文件指出，逐步改革农产品的统派购制度，建立并完善农产品市场体系，是农村第二步改革的中心任务。

为什么要把建立和完善市场体系作为中心任务呢？因为第二步改革的主要目标是使农村的生产商品化，提高生产力，提高商品率，发展新商品。商品生产的发展必然要求扩大商品流通，没有流通交换，产品不能变成商品，自给半自给的自然经济也就无法转化为商品经济。抓住了流通，就抓住了商品生产的"牛鼻子"和启动器。如果说第一步改革通过破除"大锅饭"，调动了劳动者的生产积极性；那么，在第二步改革中，有了劳动者的积极性，也难以大规模地发展商品生产，还要依靠市场机制去调节生产结构，搞好劳力、土地、资金、技术等生产要素的合理流动和最佳组合，才能进一步推动农村商品经济的迅速发展。社会主义不能建立在自然经济的基础上，也不能建立在小商品经济的基础上，而必须建立在社会化大生产的基础上；而建立和完善农产品的市场体系，正是促使自给半自给的农村经济向大规模商品经济转化、向社会化分工和协作的大生产转化的强大推动力量。流通作为社会再生产的一个中心环节，涉及全社会各个部门，不能仅仅在商业、供销体制本身做文章，它是个复杂的系统工程，而且必须有一个较长的发育过程。

过去我们照搬外国高度集中的计划管理模式，从限制商品经济发展着眼，对粮、棉、油、肉、禽、蛋等农产品采取征购、统购、派购和在城市中进行凭票定量供应的办法。结果，几乎所有计划供应的产品，生产增长都十分困难，国家每年要为此付出巨额的财政补贴。近几年来，逐步取消计划收购、计划供应的办法，实行放开价格，敞开供应，尽管开始人们不大习惯，出过一些这样那样的问题，但结果是促进了生产发展，丰富了市场供应。这一对比说明，在社会主义初级阶段，没有发展商品交换的自由市场，就会阻碍生产力的发展，使整个经济僵化。

为了深化改革，建立并完善市场体系，上上下下都必须总结历史经验，通过实践不断提高对商品经济的认识，不能老是生产什么消费什么，剩余什么出售什么；只注意产品的使用价值和数量，不去追求产品向商品的转化，追求价值的实现和经济效益；只懂得组织现有资源、拼凑生产条件，而不去开发市场、创造产品的市场需求；只重视产前的准备，不重视产后的服务。总之，要把"产—供—销"的老路子改为"销—供—产"的新路子，以市场需求为目标组织生产。

近年来，随着农产品的开放和农村集市的发展，越来越多的农民进入了流通领域，逐步形成了一支代表和保护农村生产者利益的购销队伍。在建立和完善市场体系的过程中，这是一支不可忽视但又亟须提高的重要力量。农民购销员开始往往缺乏长期打算，有"捞一把就走"的倾向，不断更动经营项目、经营场所和收入投向，给市场的涨落加进了大量不稳定的因素。但是，他们的经营行为正逐渐转向正常，经营水平、服务质量和对市场的应变能力不断提高，由小本摊贩转向门点铺面，再转向贩运批发。而且正在逐步组织起来，形式有的是乡村贸易货栈；有的是专业农产品销售组织；有的是运输服务组织；有的是购销大户与其周围农民购销户之间不固定的松散的联系。这些农民流通组织的牵头人，多数是农村中的能人，他们掌握较多的市场信息，了解有关的经济法规和政策，有一定的谈判能力，在产销两方中建立了信誉，有利于在产销之间实现相对的平衡和稳定，给生产者和消费者带来更多的利益，也有利于促进国营商业和供销社的改革。

实践证明，哪个地方、哪种产品农民购销比较活跃，组织程度比较高，哪里就没有"买难""卖难"的问题。流通领域改革的深入，势必提出向农民全面开放市场的要求，鼓励多家竞争，允许农民进入多种渠道和多个层次的流通，国家、合作社部门应通过改善自己的经营、管理发挥主导作用，不应当干预农民的正当合法经营。否则，建立和完善市场体系就是一句空话。当然，粮食在我国有它的特殊性。它不仅要保证 10 亿人民的食用和城市工业发展的需要，还有保障政治安定、社会安定和社会平等的职能，现在和今后较长的一段时间内，不可能完全商品化。当前合同定购粮的价格，明显低于市价，不采取有效措施，难以调动农民种粮的积极性；把定购价提高到接近市场价，则又超过国家财政的负担能力。因此，完全按价值规律办事暂时还有困难，无视粮价过低也不行，只能按国家承受能力逐步解决，也就是实行"双轨制"：一部分实行计划收购和销售，另一部分实行市场购销。计划收购部分由国家和地方政府下达收购任务，国家规定收购价格，农民要作为计划任务完成；销售部分由国家和地方政府核定数量，主要用于保证城镇居民口粮，价格也由国家规定。其他用粮放开渠道和价格，由市场调节。这可说是"稳住一块、放活一块"，逐步缩小合同定购、扩大市场议购的方针。如果情况好一些，步子就大一点，情况差一些，步子就小一点。应当看到，粮食流通体制的改革任务十分艰巨。过去的统购统销是建立在高度集中的政社合一的公社体制的基础之上的，是一种持续了 30 年之久的行政管理型体制，既得利益和习惯势力的影响极大。现在生产和出售粮食的又是亿万分散承包的农户，两者之间存在着难以解决的内在矛盾，采取"双轨制"可以使矛盾得到缓和，逐步形成一种比较稳定的粮食流通组织方式，但是，要从根本上解决粮食供求的稳定性，第一，必须坚决而有步骤地压缩统销；第二，建立农村各级公共储粮系统，积蓄力量，通过吞吐来稳定市场；第三，建立全国性的和跨省的调节方式，对不同地区要实行不同的政策，使种粮的农民得到优惠待遇，有种粮的积极性，使调出粮食的地区有利可图，有售粮的积极性。

发展商品经济，不仅要有产品市场，还要有要素市场，尤其是资金市场。资金是国民经济的血脉，血脉流畅机体才能健壮，资金融通经济才能繁荣。现在全国50%的购买力在农村，60%的现金存量在农村，社会零售商品总额的50%以上销往农村。但许多地方农民有了钱，主要用于盖房子、办红白喜事等消费性开支。为了引导农民把收入转移到生产投入，就要消除农民对政策的疑虑，使投资能获得经济效益，使农民感到投资扩大生产，比盖房子、存银行更有好处。进行农村金融体制的改革，除了扩大农业银行基层银行的自主权、加快信用社改革的步伐，更要大力发展民间多样化的横向资金融通形式。今年以来，这方面比较活跃。最常见的是投资入股，收益分成。凡经营规模较大，需要资金较多，大都采取这种方式。在商品经济比较发达的地区，私人间的自由借贷比较多，利率浮动幅度也比较大。在亲朋好友或经营上互有关系的人之间，互助性的借贷较多，这种借贷以友情为主，也有适当的补偿。有些地区"切会"形式相当普遍，由缺少资金的经营户出面请会，并得第一次会钱，第二次就由要用钱的人将应得的会钱切去一些作为利息，谁付利息多谁先得。有些地区开始出现了类似小钱庄的转手放贷，利率一般高于信用社一倍左右，虽然为数很少，也已经有了。江西省有些农村成立了基金会，入会自由，集股自愿，按股分红，年终兑现。安徽省天长县汉涧镇，一些工商专业户在银行帮助下今年1月集股3万元成立了金融服务所，到4月资金已发展到42万元，存入贷出的营业额共达180万元，面广、额小、期短，对解决专业户、小企业的资金困难，扶植生产，促进小集镇的繁荣，作用极大。滁县地区4月间在此专门召集了小集镇会议，指出这是建设小集镇，活跃农村商品经济，使农民进得来、站得住、富得快的重要措施之一。

农村发展的一个根本性问题

如何认识农业的基础地位，如何处理好农业与非农产业的关系，是农村发展战略中一个根本性的问题。农业的增长率在很大程度上决定着整个国民经济的增长率。当农业丰收，提供了较多的食品和工业原料时，工业增长的速度就加快，市场就稳定和繁荣；反过来也是如此。温饱问题初步解决之后，我国国民经济开始从低收入国水平向中等收入国水平前进，农业在整个国民经济中的比重降低了，但是农业的基础地位仍然必须高度重视，不断加强。如果城市与农村都以自己的需求拉动对方的生产，工农业就能互相促进，国民经济就能走向繁荣。如果城乡分割，城市自我循环，农村自给自足，城乡收入的差距就会扩大，国民经济就会趋于停滞。从长远看，我国工业的发展只能立足于国内市场，而 8 亿人口的农村市场是个大头，必须在农村创造市场需要，提高农民的收入，培育不断增长的购买力。农村发展的总目标是，到 20 世纪末，把广大农村建设成为有中国特色的社会主义新农村；保证人均占有 800 斤粮食和农民收入接近城市居民的水平，则是其中两项最重要的具体目标。为了实现这两个互相联系的战略目标，必须处理好农业与非农业的关系。不高度重视农业的基础地位，不大力加强农业生产的后劲，就不能实现前一个目标。不大力发展第二、第三产业，调整产业结构，就不能把大量农业劳动力转移出去，从多方面增加农民的收入，也就不能实现后一个目标。

粮食是人类社会一切活动的不可替代的物质基础。但是，多年来单一经营粮食，经营农业，费了那么大的劲，粮食并没有抓上去。恰恰相反，把单一经营改为多部门综合经营，农村商品经济发展了，粮食也大幅度增长了。当前的问题是，随着农村商品经济和分工分业的迅速发展，农民务农种粮的比较利益日趋降低，加之农业生产资料涨价以及农产品流通渠道不畅，更影响农民务农种粮的积极性。在一些经济比较发达的地区，农业生产的兼业化、副业化和务农人员的老年化、妇女化已相当突出，造成农业生产投入（包括物质技术投入和劳动投入）减少，耕作粗放，地力衰退，产量降低等一系列问题，有些地方甚至出现了土地抛荒的现象。我们认为，我国人多地少，商品经济不发达，一定时期内农业的兼业化是不可避免的，而且有利于农村劳动力和劳动时间的合理配置，从而降低生产成本。但是，兼业化的小规模农业经营会妨害农业劳动生产率的进一步增长，成为采用现代化先进科学技术的限制因素，加深小生产与大市场的矛盾，使由联产承包制激发起来的农民生产积极性逐渐消失。解决这个问题，是一个相当长的历史过程，不能操之过急，不能把农业和非农产业各部门收入水平强行拉平，只能通过技术改造和适当扩大经营规模，提高农业劳动生产率。在这方面，北京市郊区、苏南地区以及北方土地资源比较丰富地区的一些农村，都做了不少有益的尝试，形式各有不同，有的是种植专业户，有的是机械化家庭农场，有的是机械化合作农场，有的是农工一体化的农业车间，大部办得比较成功，使务农种粮的收入相当或略高于非农产业的收入水平，使农业不断增强自我积累自我更新的能力，逐渐成为具有强大吸引力的独立产业部门，从自给性的传统农业转变为商品化的现代农业。这些地方发展适度的规模经营的经验，有两条特别值得重视：一是不断改善农业生产条件，提高机械化水平和建立健全农业生产的社会化服务体系。这能有效地解决农民种田难的问题，能显著地提高较大规模农户的规模效益，促使有经营能力的农民愿意承包土地。二是以工补农。这是国民经济宏观关系尚未理顺、工农产品交换存在剪刀差的情况下所采取的微观措施。实质是在集体经济内部，运用自己的经济力量，以补国家财力之不足，达到发展农业、协调农村中农副工各业发展的目的。对平衡、协调农村农、工、商各业的收入水平，以调动农民务农种粮的积极性，巩固农业这一国民经济的基础，作用非常明显。一般开始是分配性的补助，现在有些地方逐步转为生产投资，搞农田基本建设、农业基础设施和农业科学技术的推广应用。目前各种形式的农业规模经营虽然为数不多，时间还短，但都代表了农业现代化的方向，很需要在发展中完善，在完善中发展。

无农不稳是对的，无工不富、无商不活也是对的，不能用牺牲非农产业的办法来保住农业，只能用发展非农产业的办法来积累资金，增加投入，从而促进农业的现代化。8亿农民搞饭吃，是我国贫穷落后的总根子，只有大力发展非农的第二、第三产业，多多开辟就业门路，把大量剩余的农业劳动力转移到非农产业上去，农村的商品经济才能大规模发展起来，走向富裕之路，传统农业的现代化，也才有真正实现的可能。加强农业后劲并逐步现代化与发展非农产业并不矛盾，而是相辅相成的。乡镇企业，是中国农民继联产承包制之后又一伟大创造，是具有中国特色的社会主义的新生事物。但是，尽管乡镇企业的勃兴已经以无可辩驳的事实充分显示它强大的生命力和深远的战略意义，还有不少人以乡镇企业设备旧、技术低为理由，指责它的发展造成了对生产力和资源的大浪费，不利于社会主义工业化。他们想等城市工业发展到某种程度，再回头来帮助农村实现农业现代化。因此，发展乡镇企业，首先要解决这个认识问题，强调乡镇企业是扶持农业的经济支柱，农村劳动力和人口转移的巨大吸收器，增加农民收入的基本途径，缩小城乡差别、实现农村现代化的巨大动力。总之，发展乡镇企业是振兴农村经济的必由之路，通过发展乡镇企业来促进农村经济的发展、集镇的建设和改变农村面貌，是我国农村发展上的重大创造和基本特点，可以避免重走资本主义国家农民盲目涌入城市带来种种弊端的老路。

乡镇企业的前身，重要部分是社队企业，经过近几年的发展，已进入多层次、多形式、集体经济与个体经济、合作经济（各种形式的联合体）同时并存、相互促进的新阶段，跳出单一经营农业或工业的框子，实行了农、工、副综合经营，成为一支十分重要的充满活力的经济力量。乡镇企业作为农村企业，与城市国营工业相比，有三个基本特征：一是能充分利用当地资源，扬长避短，发挥优势；二是企业面向群众，可充分利用农村的人力资源，把分散在各户的劳力、资金、技术、设备、场地等生产要素结合起来，促进农村产业结构的调整和生产力的发展；三是投资少、见效快、经营活、效益高、易转产。特别是户办和户联办企业，紧紧围绕社会需要，利用少量投资，见缝插针、拾遗补阙，生产那些大中企业不便生产、市场又紧缺的不起眼产品。许多同类产品，国营或集体经营亏本，而农民经营却有利可图，得到迅速发展。目前全国乡镇企业可分两大类：一类是乡镇企业不够发达或刚刚起步，面临的主要问题是资金不足；能源不足；技术人才缺乏；信息不灵，有盲目性；职工素质差；经营水平低；设备陈旧等。另一类是乡镇企业基础较好、较发达的地方，面临的主要问题是，经济效益有逐渐下降的趋势；销售利润率下降；产品库存量增加；设备更新缓慢；社会负担太重等。这些问题应引起重视，不可掉以轻心，但一定要认清这些都是前进中的问题，只有通过深化改革，积极发展乡镇企业，才能逐步得到解决。

建设有中国特色的社会主义是一个相当长的探索前进的过程，没有任何现成的模式可以遵循，农村第一步改革已经为建设有中国特色的社会主义作出贡献。我们相信，这场改革必将在党的路线方针的指引下深入下去，不断地战胜困难，克服矛盾，解决前进道路上新的问题，创造新的经验，作出新的贡献。

（此文发表在 1987 年第 6 期《教学与研究》）

深化农村改革必须明确的一个问题

　　农村改革十年来取得了有目共睹的历史性成就，又面临着新的问题和困难。前五年的第一步改革，主要成果是统分结合、双层经营的联产承包制取代了一大二公的公社体制。这种简称包产到户、包干到户或大包干的新型农业体制，使农民取得了主动权，极大地提高了积极性，五年内粮食生产连上两个台阶，从 3000 亿公斤左右增长到 4000 亿公斤，棉、油、肉等主要农产品的产量和销售量成倍增长，基本上解决了长期未能解决的温饱问题。农业的迅猛发展促进了农村经济的全面发展，特别是乡镇企业异军突起，标志着农民开始进入国家工业化的历史进程；农村产业结构出现了重大变化，非农产业的产值超过了农业产值，已有 8000 多万劳动力从农业分离出来；农村社会总产值从 2000 多亿元增加到 9000 多亿元，农民收入提高近两倍半，有了一定的资金积累，开始形成初步的自我发展的能力。可以说，农村改革推动了城乡全面经济体制的改革，支持了整个国民经济的发展，促成了第一个翻番的实现。但是，1985 年后出现了新的情况：粮食总产量四年徘徊不前，棉花和其他一些农产品生产波动较大。由于人口自然增长和经济建设的发展，人民生活消费需求、加工原料需求、外贸出口需求不断增长，农产品供求矛盾在新的水平上日益突出。因此，对联产承包制的怀疑与非议又重新抬头。有的说大包干不是长效药，小生产难以提高生产力；有的认为家庭经营潜力已经用完，主张用规模经营来代替。很明显，对联产承包制应当采取什么态度，是继续完善还是根本否定，已成为深化农村改革中必须明确的一个问题。

其实，这并不是什么新问题。在农村第一步改革中，对包产到户的性质问题，就曾有过广泛而激烈的争论。当时不少人坚持家庭经营是倒退，等于分田单干，把集体农业退到合作化前的个体经济。后来，实践的发展对此作出了众所周知的结论，但思想问题并没有完全解决。在当前新的情况下，老问题又提出来了，只是角度和重点有些变化，不再强调家庭经营是倒退，而强调它潜力已经用完，应由规模经营来取代，并振振有词地说："早知今日，何必当初？"我们的看法恰恰相反，如果不是当初实行以家庭经营为主的联产承包制，就没有如今农村商品经济的发展和产业结构的调整，也就谈不到什么规模经营和农业的现代化。这实质上是如何巩固改革成果和继续深化改革的问题，离开了改革的目标、改革的实践，任何具体问题都是难以讲清楚的。

农村改革最深刻的历史内容，是使自给半自给的农村经济转向大规模的商品经济。联产承包制的实行，是这个历史性转变迈出的决定性的最初一步。

长期以来，我们对社会主义存在着不少糊涂观念，总认为社会主义与商品经济是互相对立、互相排斥的。与此相联系，也总是把高度集中的集体农业当作社会主义农业唯一正确的模式。为什么这种模式看来似乎规模很大，劳动效率与商品率却很低呢？主要原因是脱离了社会主义初级阶段农业生产力水平，不适当地完全否定家庭经营，农民没有主动权，积极性不高。实践证明，家庭作为生产组织，不仅在生产力落后的自然经济的条件下长期存在，而且在生产力发达的现代农业中仍然具有旺盛的生命力。它能适应农业生产分散、多变的特点及时作出对策，对农作物进行灵活、周到的管理；作为分配单位，它能利用家庭成员的血缘关系和利益的一致性，较好地解决所劳与所得的矛盾。联产承包制不能简单地等同于家庭经营，但它确实是在新的历史条件下把家庭这个古老的组织引进到社会主义合作经济中来了。农民作为承包的一方，既有责任完成包产任务，也有权利使用集体包给他的土地，增产越多自己收入就越多，权、责、利紧密结合，积极性就高了，就能以最小的劳动消耗去争取最大的经济效益。亿万农民从单纯的受支配的劳动力变成独立的自负盈亏的商品生产者和经营者，为农村商品经济的发展创造了最重要的前提条件，是农村第一步改革带来的根本性变化。

联产承包制不同于分田单干，主要在于农业最基本的生产资料——土地仍然是公有的。但是通过承包把所有权和经营权分离了，把土地公有和分户经营结合起来了，从而打破了过去那种单一的公有化程度过高的集体所有制，创造了一种适合于社会主义初级阶段生产力水平的所有制形式——劳动群众共同所有、分散使用经营的集体与个体共有的新型公有制。

统分结合、双层经营的联产承包制是新型的合作经济。在这种新型合作经济中，家庭经营是第一个层次，是基础，是主体。但是，在分散的家庭经营之上，仍然要保留和发展"统"或联合的这个层次，来解决一家一户从事商品化、专业化、社会化生产需要解决又解决不了的许多问题，向各个农户提供产前、产中、产后的服务，在国家计划指导下，进行必要的管理和协调，以便在微观效益的基础上取得更好的宏观效益，保证农民的根本利益和长远利益。联产承包制的主要特点是统分结合、双层经营。统与分之间互相联系、互相促进，宜统则统，宜分则分，弹性很大，可以适应各类不同地区和各种不同条件。农村改革初期，有些地方干部对包产到户思想不通，与农民"顶牛"，后来顶不住了，又变成"放羊"，撒手不管，迁就了一部分农民平分财产的思想，把不该分的集体财产分掉了，该统的却没有统起来，该管的也不愿管或不敢管，结果造成只分不统，或统的层次非常薄弱。这不是联产承包制本身的问题，而是工作的问题，也是今后深化改革的课题。随着农村商品经济的发展，越来越需要完善联产承包制，加强双层经营，特别是统的这个层次，但决不能再采取过去那种行政命令的办法，而只能靠经济的吸引，有效的服务，自愿的联合。

从商品经济的观点看，联产承包制的深远意义，不仅在于大大提高了农业劳动生产率和土地的出产率，更重要的是促进了生产要素的流动和优化组合，为社会主义商品经济的大发展打通了大步向前迈进的通道。因为在这种体制下，农民有充分的自主权，只要完成了承包劳动，就拥有更多的剩余时间，去寻找、创造新的劳动机会，表现多方面的才能，获取更多的财富。劳动效率最高、剩余时间最多或有专门技艺的能人最容易流动。人才的流动必然带动其他要素全面流动，重新组合，一连串的连锁反应便不可遏止地发生了，蕴藏在亿万农民中的巨大能量，从此打开闸门被释放出来了。新型的经济形式带来新的运行机制，加快了自给半自给的农村经济向大规模商品经济转化的步伐。党中央 1983 年一号文件指出，联产承包制是在党的领导下中国农民的伟大创造，是马克思主义合作化理论在我国实践中的新发展。这是十分正确的科学论断，我们必须坚持这一科学论断，深化农村改革，继续完善联产承包制，使之在建设有中国特色的社会主义的进程中发挥更大的作用。

对近几年粮棉生产的波动应作具体分析：第一，我国土地资源紧缺，粮棉种植面积不可能有大的增加，要想在已有生产水平上进一步提高粮棉总产量，必须增加能源和现代物质技术的投入，以提高单产。但实际上投入增加不多，农业生产条件没有多少改善。第二，近几年工业品特别是农业生产资料价格大幅度上涨，而粮棉等农产品收购价格没有相应提高，使一度缩小了的工农业产品"剪刀差"又趋扩大，打击了农民种植粮棉的积极性。由于价格体系没有理顺，有限的资源偏向高收入的产品和产业流动，十分不利于比较利益低的粮棉生产。第三，商品生产要求生产、交换、流通、消费各个环节互相衔接，加工、储藏、信息、交通等服务体系能够配套，而目前这一新的体制尚未建立起来，政府宏观调控手段也不健全，都影响着粮棉生产的稳定增长。

应当看到，农民只是种植粮棉的积极性不高，而发展商品生产的积极性却一直很高。这同改革前的状况是不可同日而语的。从某一方面来说，农民有了商品意识，按价值规律办事，是个不可忽视的进步。只要治理环境，整顿秩序，为发展粮棉生产创造一些必要的外部条件，情况是可以改变的。当然，我国人口已经很多还要更多，耕地已经很少还要更少，粮食将来也不会宽裕，决不能盲目乐观。但是，目前我国高产田只占近 1/3，2/3 以上是中、低产田，只要上上下下真正重视，增加投入，改善生产条件，推广适用的科学技术，还是大有潜力可挖的，完全不必悲观。大包干故乡安徽省滁县地区坚持改革，深化改革，不断完善联产承包制，十年来全地区七个县的农业生产，一直大幅度、持续增长，带动着农村经济的全面发展，保持了经久不衰的好势头，怎么能说家庭经营的潜力已经用完了呢？

实行联产承包制后土地的经营规模更趋平均化、细小化、分散化，独立经营的能力和抗御自然灾害的能力都弱，不利于农业生产的商品化、社会化、现代化。因此，逐步建立土地有偿使用和土地使用权有偿转让的制度，促进地块相对集中和适度规模经营，乃是农村商品经济进一步发展的必然趋势。但是，实现适度规模经营，前提是当地非农产业发达，绝大部分劳动力已经转移，非农的收入比重大而且稳定；集体农业机械化水平较高，兴办了为农业服务的设施；许多农户因转营他业已把农业作为副业，越来越感到是一种负担而愿意转让出去。我国大部分地区目前都没有这样的经济基础、技术基础和思想基础，所以不具备土地规模经营的条件。即使在某些大城市郊区、沿海发达地区和内地工矿区，有条件搞土地规模经营的，形式也应该多种多样，可以是由专业队（组）承包的农场，更可以仍然以家庭经营为基础。事实上，规模经营同家庭经营并不是对立的，而是联产承包在生产力提高的条件下进一步的完善和发展。

1988 年 10 月底，中共中央政治局召开了第 13 次会议，专门讨论农业问题。会议公报指出，进一步完善联产承包制是解决农业问题的根本途径之一。紧接着中共中央、国务院在 11 月间召开了全国农村工作会议，着重研究深化农村改革、大力发展农业、千方百计夺取 1989 年丰收的问题。中央一再重申联产承包制在现阶段的重要地位和作用，是完全正确的，十分必要的。联产承包制虽然走过了近十年的历程，对繁荣农村经济作出了历史性的贡献，但还存在很多不完善之处，特别是统分结合、联合服务这个环节还十分薄弱，影响着家庭经营潜力的发挥。规模经营的目的在于取得规模效益。

土地连片种植、实行统一机耕、植保、灌溉可以取得规模效益，把小规模的分户经营和社会化服务结合起来，同样可以发挥更好的规模效益。与其离开完善联产承包制去奢谈规模效益，不如下功夫花力气去做一些完善的工作，建立多形式、多层次、多渠道的服务体系，把农民与市场联结起来，为农民分担风险，逐步形成适度的规模经营，不断地提高农业的专业化、社会化、商品化水平，把我国农业从传统的生产方式向现代化的方式推进。

（此文发表在 1988 年第 12 期《农村工作通讯》）

我国农业问题的症结和出路

党的十四大确立社会主义市场经济体制为改革的目标模式之后，从1993年9月到1995年3月，在不到两年的时间里，党中央、国务院连续召开了3次全国农村工作会议。这充分表明党中央、国务院对农业、农村和农民问题的高度重视，同时也反映了当前农村工作还存在着诸多亟待解决的现实问题，中央近年出台的诸多政策和措施有不少还没有得到贯彻落实。对这些问题，我们必须认真分析研究其症结所在，积极探寻解决问题的出路和办法。

一

我国是世界上人口最多的发展中国家，号称地大物博，实际上按人均计算，资源并不丰富。最突出的矛盾是人多地少。新中国成立后，由于人口政策出现偏差，人口迅速膨胀；由于经济建设发展，耕地不断减少，使本来已很突出的矛盾更形尖锐。人大代表、原湖北省荆州地区专员徐林茂指出："1979年到1989年这10年间，我国累计减少耕地面积5500万亩，相当于丢了一个山西省；与此同时，人口却增加了1.33亿，相当于冒出来两个江苏省。"问题是这一趋势迄今仍在继续，1993年的"开发区热"，又使一大批数字可观的耕地丧失。1995年统计，我国人均耕地已降到1.24亩，只相当于世界平均数的1/4。长此以往，我们这个有几千年悠久历史的古国，到下世纪还能给子孙剩下多少耕地？

农村改革以来，农业出现了令人欣慰的历史性转折，有了全面的蓬勃发展，以只占地球仅 7% 的耕地，养活了近 22% 的人口，这是个举世瞩目的成就。但是，作为一个 12 亿人口的大国，在温饱问题基本上解决之后，对农产品的需求量将进一步提高。因此，稳定地发展农业，增加更多更好的粮、棉、油、肉，以满足全社会日益增长的第一需要，乃是一项任何时候不可稍有忽视的艰巨任务。80 年代中期以来，农业发展遇到的困难不断增多，越来越陷入滞后于工业发展的困境，各方面议论纷纷，具体政策摇摆多变，迄今尚未形成一整套切实有效的解决办法。我认为关键是指导思想没有完全摆脱旧体制下形成的习惯性，问题一来，往往头痛医头、脚痛医脚，没有用市场经济的观点去看待和研究农业、农村、农民问题，去统率、指导各方面有关的具体政策。指导思想问题不解决，其他问题就不可能从根本上解决。

农村改革一开始就是市场取向的改革，它之所以取得巨大成果，决定性的因素或因素之一，是家庭承包打破了一统天下的计划经济体制，孕育着一个潜力无穷的市场经济的细胞。但当时连商品经济、市场这些名词本身都是禁忌品，可能做到的只能是朝着选定的方向，"摸着石头过河"。

1985 年到 1988 年粮食生产的波动，引起持续不断的争议和讨论，人们对市场作用的认识普遍有了提高，农村政策也越放越宽，但仍没有形成明确而完整的指导思想。由于种种原因，粮食的统购改为定购，实行"双轨制"。对粮食这一极端重要的产品采取审慎的态度是必要的，当时也已指出，"双轨制"是不得已的过渡的办法，可能成为滋生腐败的温床。但后果如此严重，仍然是出人意料的。

在此期间采取的一些促进农业生产的措施，大多是治标性的行政手段，虽然有效，但也有限，并逐步变为深化改革的障碍性因素。1989 年到 1991 年这三年，粮食生产有所回升和进一步发展，却又出现了"增产不增收"的问题，农民收入的年均增长率仅达 0.3%，比改革前的年份还低。农民在温饱问题基本解决之后，追求的主要是增加货币收入，对此当然不满。社会上要求保护种粮农民的利益，减轻农民负担的呼声颇高，政府却迟迟拿不出有效办法。1993 年秋后，市场粮价刚一上扬，政府的行政干预立即出台，又是限价，又是增加低价收购的数量，又是关闭市场，甚至试着恢复粮食的独家经营。前几年一些地方分头进行的粮食体制改革又都改回去了。市场经济正在发展之中，通货膨胀并未得到有效的紧缩，单单管制粮食市场，事实上等于对粮农实行个别歧视政策，使之单独承受通胀之苦。即使提高粮价，并不能抵消化肥、农药等涨价给农民带来的损失。农民收入增长缓慢，不仅直接影响农民对农业的投入，严重挫伤农民务农种粮的积极性，也会严重制约整个国民经济的增长。现在应当是用市场经济的观点总结农村改革过程中的经验教训，进一步明确农村改革指导思想的时候了。比如，以下几点是必须进一步明确的：

第一，如何认识农村改革与发展的目标？保障农民的物质利益，应当是一切农村政策的根本出发点。过去计划体制下，政府有关部门只知伸手向农民要粮食，要农产品，对如何改善农民生活却很少过问。改革带来的巨大变化之一，是提高农民收入水平，与增加农产品有效供给一样，已在国家计划中并列为农村发展的目标。但仍有第一第二、主要次要之分。在不少领导者心目中，增加农产品有效供给，无论如何是最主要的，必须硬性保证的。殊不知最重要的生产力是人，如果见物不见人，只重视农产品的增加，不更重视农产品背后的人的积极性，"就农业抓农业，就粮食抓粮食"，往往事倍功半。如果反弹琵琶，从保护农民利益入手，从调动农民积极性入手，似乎与增产粮食、增加农产品无关，结果却粮食也有了，农产品也有了。在当前市场经济迅猛发展的条件下，增加农民收入，是综合性最强、多方面关联最大的一项指标，是"牛鼻子"，应列为第一个最主要的目标。

第二，如何理解"无农不稳、无工不富、无商不活、无科不兴"？这几句话是苏南农民从切身体会中概括出来的经验之谈，包含着符合市场经济规律的真理。粮食生产波动的那段时间，有人认为"无工不富"的提法不妥，好劳力都进工厂挣钱去了，影响到农业稳定增产。其实，这几句话是完整的不可分割的，不能把其中一句单独取出片面加以强调。片面强调"无工不富",忽视农业生产,当然应该防止和纠正。孤立地强调"无农不稳",把它与"无工不富"相对立,同样也是片面的,不仅会影响乡镇企业的发展,也无助于农业本身的稳定。在一些乡镇企业发达的地区,实际上不是"无农不稳",而是"无工农不稳"。

改革使城乡融为一体,发展农业和粮食生产,必须政策配套、协调发展,兼顾稳定、改革与发展,兼顾城乡的当前利益与长远利益。

第三,如何看待日益加剧的"民工潮"? 90年代以来,离土离乡,出县出省寻找出路的农村剩余劳动力人数激增,范围扩大,已近7000万人,且由季节性流动转向常年性流动,局部性流动转向全方位流动,影响农业生产,造成城市交通运输堵塞,城市人口膨胀,社会治安管理困难,已引起相当大的忧虑。我们认为,对这些消极面确实应当重视,采取疏导的方针认真解决。但必须指出,所谓"民工潮"是市场经济发展过程中必不可免的现象,农村剩余劳动力的跨区域流动,有助于全国性劳动力市场的形成,促进生产商品化、农村工业化、社会现代化的进程,在历史上的积极作用不可低估,斥之为"盲流"是错误的。现在外出的农民工,就其极大多数来说,是不满足于温饱,继续追求较高的收入,根本不同于过去的"讨饭要饭"。一个劳力除本身消费,每年可寄回2000元以上,"一人做工,全家脱贫"。应该说,"民工潮"是一次新"创业潮",敢于跨区域流动的,大部分是农民中文化较高的青壮年,是一批突破了传统保守性的农民,是一批勤奋耐劳而富于开拓精神的农民。经过磨难挫折将从他们中间锻炼出一批适应市场经济发展的人才,这是中西部广大农村奔小康的希望,应受到珍惜和爱护。

二

农业尤其是粮食生产的根本出路,在于商品化、市场化。也就是说,要完善家庭承包制,促进土地承包经营权的市场化,推广适度规模经营,提高劳动生产率,深化流通领域的改革,使种粮有利可图,成为有效益的产业。

　　进入 90 年代以来，我国粮食生产走出了徘徊，开始低速增长，年递增率为 0.4％。与此同时，消费量却以较快的速度增加，尽管目前基本上尚可满足供应，但从中、长期看，农产品的供应仍然是趋紧的。粮食总量不平衡的矛盾已见端倪，而区域间的不平衡则日益严重。余粮省逐年减少，缺粮省逐年增多，50 年代余粮省有 21 个，到 1994 年只剩下 8 个。小麦主要集中于 31 个地、市，所产小麦占全国的 80％；稻谷主要集中在 45 个地、市，产量占全国的 85％以上。各区域间往返调运，浪费了大量人力、物力、财力，影响到全国粮食问题的平衡，加剧粮价的波动。在粮食价格上涨中，大米涨得最快最多，起牵动作用。这一事实提示，随着从温饱向小康过渡，人们对粮食的消费，数量上的要求缓慢下降，质量上的要求越来越高。因此，在增加粮食总供给的同时，必须重视品质结构问题。国务院 1992 年提出要发展"高产、优质、高效"农业，是适时的，有利于农产品的商品化、市场化。但总的来看，到世纪末要实现粮食总产量达到 5000 亿公斤、人均占400 公斤的目标，还要改善品质结构，则是一个极为艰巨的任务，必须克服影响粮食增产的诸多制约因素。

　　根据我国国情，增产粮食主要的途径，只能是提高单位面积产量。即使如此，面对人口剧增、耕地锐减的趋势，仍须保持一定数量的粮食播种面积。保障粮食生产面积的安全警戒线是不能少于 16.5 亿亩。这个警戒线1994 年已被突破，减为 16.4 亿亩，对此国务院已引起警惕，作了一些必要的规定，问题在于如何认真贯彻落实。

　　比保证播种面积更困难得多、复杂得多的是如何提高农民种粮的积极性。目前在粮食问题上国家、集体与农民的利益矛盾十分突出，集中表现在"国家要粮，农民要钱"。国家从社会稳定的目的出发，追求总产量的增加和商品量的稳定，正所谓"手中有粮，心中不慌"；而农民最关心的是家庭总收入的增长，受本身利益驱使，总想把资金、劳力向高效益的生产项目集中；集体处于两者之间，按情况变化或站在政府方面压农民，或站在农民方面抵制政府。由于利益不一致，目标不一致，矛盾久久难以解决。人人都要吃饭，粮食是生活必需品中最必需的物品，直接关系着人民和国家的安危。但粮食既是商品，又是一种特殊商品。生产粮食既有自然风险，又有市场风险，社会效益大而经济效益小。我国农业人口占80%，粮食62%是农民自我消费，商品率只有36%左右，因粮食提价而增加的收入，也只有36%为农民实际所得，而生产资料涨价的支出，却100%由农民支付。因此，农产品提价，对商品率低的粮农来说，如果不进行特别有效的控制，往往反而会减少收入。分散的农户生产与市场需求严重脱节，粮食生产有一定的封闭性与离散性，农民一遇市场风险往往以自给自足为武器来保护自己，使国家的经济宏观调控措施失效。由于对此估计不足，政府也就放放收收，出现一些不当行为。本意可能是想把农民的余粮按保护价全部收回，结果往往事与愿违，造成粮价波动，失信于民。

粮食生产的特殊性，决定了改变它比较利益低的状况具有长期性、复杂性。推广适度规模经营也好，推进现代化采用新技术也好，提高劳动生产率也好，都不可操之过急。全国农村剩余劳动力是如此之多，几乎超过欧洲几个大国人口的总和，要转移到非农产业中去，使农业变为人数较少而效益较高的现代化产业，真是谈何容易！

为了缓解粮食供求的矛盾，提高粮食生产的效益，必须深化流通领域的改革。粮食不能像其他商品一样，只要推入市场，就可以靠"看不见的手"自动调节消费和生产。国家对这个弱质产业必须大力给予支持，一切宏观上的调控和指导措施，必须符合市场经济的规律，积极创造条件，放开市场，放开价格，不断提高贮存、转化能力，提高粮食市场的发育程度和市场体系的发育程度，完善粮食风险基金制度。深化农村改革的主体力量是农民，加快粮食市场化的进程，必须严格控制中间环节，保护农民的应得利益。只有允许农民参与平等竞争，有一定的定价权，才能形成合理的价格，有利于提高农民种粮的积极性。

三

我国农村经济发展很不平衡，改革以来东部与中部地区差距扩大，农业和粮食生产的发展趋势有了新的变化。因此，必须从实际出发，按不同区域实行分类指导。

10多年来，历史上形成的"南粮北调"的局面开始改变，出现了全国粮食增长中心逐渐"北上"的新趋势。据《人民日报》1995年4月25日的资料，1949～1978年，全国粮食总增长1.7倍，其中55.6%来自南方地区。1978～1984年，南方地区虽仍占据全国粮食生产的主导地位，但地位已逐步下降；而此时东北的粮食生产地位则逐步提高，增产幅度为35%，比全国水平高5个百分点，增加量占全国的比重为18.30%。1984～1989年，全国粮食增长中心继续北移，在南方地区减产的情况下，黄淮地区异军突起，仍增产了15.7%，总产占全国的比重达28.5%，比1984年提高了4个百分点。1989～1993年黄淮与东北地区共同形成了全国粮食增产中心，北移倾向更加明显。全国粮食增产12%，一半来自黄淮，一半来自东北。1993年，这两个地区的粮食总产在全国的比重已达46.3%，比1989年增加了6.3个百分点。此时，南方地区粮食生产急剧萎缩，总产在1989年下降的基础上继续下滑，在全国粮食总产中的比重已跌到46.1%，分别比1978年和1984年下降了10和8.7个百分点。

粮食增长中心的转移，主要由于市场经济影响，受价格、成本、利润等因素的推动，向低成本或高利润地区发展。东南沿海发达地区，农村剩余劳动力大量转移，农民家庭收入结构已发生重大变化，粮食生产的收入已"微不足道"。苏锡常地区1993年农民人均纯收入超过了2000元，户均年收入在万元左右，而粮食生产的收入只有600～700元。中西部经济欠发达地区，近几年虽然也开辟了一些新的收入来源，但从总体结构上看，从事粮食生产仍是主要就业门路，由此获得的纯收入在人均收入中的比重，一般达

1/2 至 2/3，而且比较稳定，仍然是大多数农民收入的主要来源。此外，西部和北部地区耕地资源比较丰富，也是粮食增长中心"北上""西进"的原因之一，1993 年末，黄淮和东北地区人均占有耕地 2.4 亩和 1.35 亩，而东南沿海只有 0.75 亩。北方地区过去是一年一熟，近几年随着新科技的推广，不少地区已形成一年两熟的新型耕作制度，如河南省复种指数 1980 年为 151，1993 年为 175。所有这些，对粮食增长中心的转移，都起了推进作用。

发展粮食生产，不能仅仅以增加总产量为目标。增加粮食总产量，也要根据正在发生的变化，实行区域性分类指导的方针。特别应强调以下几点：

第一，选择粮食商品率高、发展潜力大的地方建立商品粮基地县和范围更大的商品粮基地，作为国家重点扶持的对象，从政策上资金上给予优惠，加强农业基础设施和农田水利基本建设，力争稳产高产，保证完成国家必购粮食的任务，并创造条件为农业现代化先行一步，作出示范。

第二，东南沿海发达地区粮食生产萎缩的趋势应采取措施坚决制止。凡有条件的省应力求做到粮食自给或基本自给。全省做不到或硬要做到不利于整个经济发展的，可对省内不同的地区或县分别提出要求。比如江苏省苏南地区已成为效益很高的城镇群、工业带，重点应为防止继续萎缩，苏北粮食增产潜力尚大，可重点发展。

第三，鼓励缺粮省与邻近的余粮省签订长期性的粮食购销合同，详细讨论购销办法和价格，省以下单位不要直接去搞。这样做有利于粮食稳定增产，防止抢购或封锁引起的粮价波动。

第四，中西部还有部分人口温饱问题尚未解决，主要分布在高山区、深山区、石山区、荒漠区等，国务院已制定《"八七"扶贫攻坚计划》，解决这个问题，应倡导东西合作、优势互补，发动和组织发达地区用资金、技术与这些地区的矿藏资源、水利资源、农业资源、劳力资源结合起来，使之尽快自给、脱贫。

第五，国家通过粮食部门掌握必要的粮食，用于：一、军粮及特种用粮；二、应付灾荒歉收的储备；三、平抑物价的储备；四、储备中推陈储新的缺口，据估算，约相当于目前商品粮的 1/3 即可。

四

发展农业和粮食生产，是一个长期的艰巨任务，决不能"就农业抓农业""就粮食抓粮食"，而必须扩展视野，从各个角度去考虑问题，从各个方面去寻找办法。中国农村最大的特点是人多地少，也就是说劳力便宜土地贵，生产粮食和大宗农产品这类土地密集而非劳力密集的产品，当然没有比较优势。比方一亩麦子，顶多用 15 个工，每工按 10 元算，比一般乡镇企业的工资并不低，但种地全年总共 150 元。全国人均耕地不足 1.3 亩，全家 3 ~ 4 口人，总共才 3 ~ 4 亩来地，就算各两季，才能用多少个工，得到多少收入，摆脱贫困不容易，走上小康就更困难。如果仍然是种地，规模大了，土地多了，每个劳力有效的工作日多了，收入并不一定比进乡镇企业做工低。由此可见，发展农业和粮食生产，根本上是个转移剩余劳动力的问题。凡是能消化劳动力的生产项目和门路，都对发展农业和粮食生产有利。从这个意义上也可以说，改善农村产业结构，全面发展农村经济，实际也就是发展农业和粮食生产。

乡镇企业和小城镇是农村大量剩余劳动力的主要出路，此乃人所共知，不必多说。这里要强调的是大农业的概念，包括农、林、牧、渔，其对象远不止 16 亿多亩耕地，而包含 960 万平方公里的整个国土，消化农业劳动力同样大有可为，而且已有许多榜样可以遵循。无论牧业、养殖业、园艺业、蔬菜业，都可以只用很少一点土地，即可利用大量劳动力，日工资虽然也不过 10 元左右，但每个劳动力每年的有效工作日可达 150 天、200 天甚至300 天，平均每个劳动力的年总收入即可达 1500 元、2000 元、3000 元。农村改革之前，农民在小自留地上搞多种经营，曾吃过不少甜头，但在僵化体制束缚之下，也吃过不少苦头，小打小闹的家庭副业始终无法突破自给半自给的圈子。如今是市场经济的天下，提倡农业商品化、市场化，不少地方把多种经营从家庭副业转化为商品性的庭院经济；变自产自用为商品生产；变"小而全"为"小而专"，变浅层利用为深度开发；变粗放经营为集约经营；变收入补充为致富手段。小舞台上唱大戏，演得有声有色：有专一型的，有综合型的，有立体型的，有循环型的，有加工型的，形式之多，构思之巧，不能不令人对中国农民的经营能力和创造能力赞叹不已。大量的实践证明，利用多种零散土地，围绕市场需求，进行统筹安排，使多种经营向商品化、专业化、基地化方向发展，会给农村经济带来巨大变化。多种经营与户办的小企业很难分开，"一种二养三加工"，可以互相促进，相得益彰。不少搞庭院经济条件较好的地方，农民的实惠比脱离土地从事第二、三产业并不差，而且还有田园之乐，真不可等闲视之。

近年来，一直在谈论农业问题，粮食产量并无显著增加，可是城乡普通人家饮食质量却有所改善。原因何在？主要由于多种开放性农业有了突飞猛进的发展。再问为什么开发性农业能如此突飞猛进，一方面由于它能消化更多的劳力，增加农民的就业收入；另一方面也由于它属放开的农产品，受到行政干预较少，利润驱动，产供销多个环节都能吸引资源投入，很可能形成气候。当然，开发性农业比单一经营粮食更要依赖市场与技术，没有组织创新不行，"公司＋农户"，把上层的大公司和下层的小农户结合起来，使各类农产品基地化、商品化、市场化，就是一种可行的有效的新形式，各地都有自己规模不同的例子，大部分是成功的，也有些不成功的，值得认真加以总结。

向科技要产量、要效益，也是发展农业和粮食生产的一件大事。北京农业大学校长石元春指出，我国农业科技在农业增产中的贡献在30％左右，仅推广杂交水稻一项，20多年来就累计增产粮食近百亿斤。1991年，国务院发展研究中心、农业部和国家科委联合批准建立了一个名为《中国农业科研优先序研究》的国家级课题研究组，由经济学博士林毅夫教授主持，用了3年多的时间，对全国383个地、市进行了全面普查，有400多家省级以上的农业科研机构、2000多位有丰富经验的专家参加了调查研究，对我国主要粮食作物水稻、小麦和玉米从 1980 年到 1990 年共计 11 年间的有关资料和数据，全部输入计算机，经过认真分析和深入研究，在 1995 年春完成了一份长达 30 万字关于我国主要粮食作物单产潜力和增产前景的研究报告。报告指出，水稻、小麦、玉米等作物的单产潜力相当于现有实际单产水平的 2 ~ 3 倍。如果把这些单产潜力挖掘出来，将可满足我国今后 50 年粮食需求增长的需要。报告还提出具有可行性、操作性的对策建议，已送交国家有关部门审定。当然，将这项科研成果转化为现实，用于生产，还要制定一系列有关政策，一定的资金保证，要经过实践的进一步检验，但这毕竟是一个令人鼓舞的信息。

农民是农村改革的主体，民间的活力是经济发展的源泉，依靠广大农民的积极性和民营经济的活力，一定能克服重重困难，创造光明的未来。

（此文发表在 1995 年第 4 期《中国人力资源开发》）

历史在这里拐了一个弯

开创新局面的"一号文件"

1981 年冬天，万里主持召开的全国农村工作会议，是由中央农村政策研究室负责筹备的。各地传来的消息，几乎都是队不如组、组不如户，不包到户稳不住。会议讨论中逐渐取得共识，应当给包产到户上个社会主义的"户口"。会议纪要作为 1982 年一号文件发出，这个文件最引人注目之处，是承认目前实行的多种责任制，都是社会主义集体经济的生产责任制。其中包括小段包工定额计酬，专业承包联产计酬，联产到劳，包产到组，包产到户，包干到组，包干到户。也就是说，包产到户、包干到户终于上了社会主义的"户口"，过去把包产到户视为分田单干显然是个"误解"。

1982 年可以说是大包干总进军的一年。当年的一号文件下达后，包干到户得到中央明确肯定，由贫困地区向其他各类地区迅猛扩展，形成不可阻挡的燎原之势。但是，经济发达地区、水利设施比较完善的灌区、产量高征购任务重的产粮区是不是也可以搞大包干呢？

1982 年一号文件下达后，江苏省在这方面有新的突破和大的进展，增产效果非常明显。无锡县洛阳、武进县雀桥等公社摸索出适合经济发达地区特点的"专业承包、包干分配"的一整套新办法，这个办法得到中央领导同志的肯定与鼓励。广东佛山这类发达地区实行家庭承包责任制后，出现了从未有过的大好形势。于是，"发达地区不能搞家庭承包"这个禁区被冲破了。

80 年代前期是一个重大历史转折时期的开端，历史在这里拐了一个大弯。人们在各方面干的，几乎都是二三十年来反复批判过的、彻底否定了的。关于真理标准的讨论，实质是一场全民性的思想启蒙运动，拨开了"左"的教条和个人崇拜的层层浓雾，人们犹如从梦中惊醒，由困惑转为兴奋。党的十一届三中全会毅然废止"以阶级斗争为纲"的口号，展开全面的拨乱反正，重新确立马克思主义实事求是的思想路线，实行改革开放的新方针，历史走向否定之否定。蕴藏在几千年文化传统中的自强不息、坚韧不拔的民族精神再一次昂扬起来，成为历史前进的巨大动力。

从 1979 年到 1984 年，是中国粮食连续增长幅度最大的时期，是农村经济繁荣发展最蓬勃的时期，是农民收入增长最快的时期。农村改革特别引人瞩目，它使实践是检验真理唯一标准的观点化为亿万农民的行动，由理论变成现实。党的改革开放的新方针在广大农村开始突破，迅速取得重大成果，计划体制向市场体制的转型开始了。

为什么要连续五年发"一号文件"

这个时期最脍炙人口的是党中央、国务院连续五年每年年初发出的一号文件。尽管事隔多年，谁也不大可能随口说出它们的内容，甚至连题目也难记清了。但是，亿万农民对五个一号文件却一直念念不忘，至今仍然怀着亲切而自豪的深情，把五个一号文件同那个辉煌的时期紧密地联系在一起。

按世界各国的常规，在现代化的进程中，乡下人总是被动地跟着城里人转的。但是，中国却把事情倒过来了。农村改革激起了亿万农民空前的主动性和进取精神，成为开创新局面的动力。

为什么要连续五年发一号文件？ 1981 年的 12 月，中央召开全国农村工作会议，会议文件最后审定已到年终，便作为 1982 年的一号文件发出了。这本来是巧合，但因为 1982 年一号文件深受农民拥护，反响特别强烈，中央书记处便决定此后每年年末开会，年初发一号文件，以显示连续性、重要性和权威性，逐渐形成惯例。农民每到年初，就等着传达一号文件。普遍反映，连续几个一号文件，一个比一个"宽"，一个比一个"活"，一个比一个顺民心，使思想"开了窍"，致富"上了道"，吃了"定心丸"。五个一号文件是反映亿万农民意愿、引导亿万农民去开创新局面的强大武器，也是三中全会以后新一届中央领导集体智慧的结晶。

改革开放离不开解放思想、实事求是。五个一号文件同十一届三中全会以后其他的有关农业的文件一样，都是解放思想、实事求是的产物，是从群众中来到群众中去的突出表现。尊重群众的创造，总结群众的实践经验，概括上升为党的政策，又通过亿万农民的改革实践，大力推动改革开放不断向纵深发展。

五个一号文件的最大特色不是作出规定来规范农民行动，而是一步步按照农民的意愿和实践中的创造，完善政策，引导农民向前开拓改革的领域，终于确立和巩固了家庭联产承包责任制。

1979 年，十一届三中全会原则通过、四中全会修改后公布的有关农业的文件，停止了"农业学大寨"的口号，纠正了学大寨中过"左"的错误，恢复了"六十条"中有利于调动农民积极性、发展农业生产力的好政策。但是当时思想还不够解放，留下了"左"的痕迹，"不许""不要"包产到户。1980 年的 75 号文件进一步解放思想，强调了包产到户对改变贫困地区面貌的必要性和重要性，支持广大农民在已攻占的突破口上站稳了脚跟，但仍然没有完全摆脱"左"的影响，没有公开肯定包产到户的社会主义性质。

1982 年的第一个一号文件彻底突破僵化的公社体制"三级所有、队为基础"的框框，明确指出包产到户、包干到户或大包干，"都是社会主义集体经济的生产责任制"，"不同于合作化以前的小私有的个体经济，而是社会主义农业经济的组成部分"。

1983 年的第二个一号文件，对家庭联产承包责任制作出了前所未有的高度评价，赞扬它是"在党的领导下我国农民的伟大创造，是马克思主义农业合作化理论在我国实践中的新发展"。

1984 年第三个一号文件，重点是稳定、完善家庭联产承包责任制，确定承包给农民的土地 15 年不变。允许农民自理口粮进城镇做工、经商、办企业。按此精神，不久转发了农业部的报告，作为当年四号文件，提出社队企业改称为乡镇企业，突破各种限制，大大促进了农村的工业发展，被邓小平誉为"异军突起"。

1985 年第四个一号文件，进一步提出活跃农村经济的十项政策。第一项也是中心一项，是改革统购统销制度。但这一改革已超出农村范围，而同城市改革、城市利益交织在一起，受到各种旧观念和习惯势力的抵制，各方关系错综复杂，任务更加艰巨。几经权衡，最后决定采取折中办法：统购取消，统销保留，成为无可奈何的"双轨制"。

1986 年第五个一号文件，进一步提出摆正农业在国民经济中的地位。以往说农业一靠政策，二靠科学，这次新提出"三靠投入"，而且强调要调整工农城乡关系。同时明确提出个体经济是社会主义经济的必要补充，允许其存在和发展。

五个一号文件，没有公开否定人民公社。但实际上，每次开会制定文件，都在消除"左"的影响，也可以说是一步一步否定人民公社，解除公社体制束缚农民的枷锁。最后终于水到渠成，使统分结合、双层经营的家庭联产承包制取代了人民公社，成为适合全国农村生产力水平的经营管理体制。可以说，家庭联产承包制普及之日，就是人民公社自行瓦解之时。

从人民公社体制到恢复农民家庭经营，历史绕了一个大圈，似乎又回到了原来的起点，其实这是螺旋形地上升了一个层次，对原来僵化的农业经济体制通过渐进式的改革实行了自我完善，使之变为新型的农业体制，一方面坚持作为农业基本生产资料——土地的公有制，另一方面实行所有权和经营权的分离，使亿万农民通过承包掌握了自主权，得到了实惠，得到了自由，农民的生产积极性和农业的劳动生产率大大提高。中国经济开始出现快速增长的局面。

五个一号文件确立并巩固了家庭联产承包责任制，从而缔造了一大批市场主体，使千百万农民开始以市场为中心组织和调整自己的经济活动，成为市场经济体制在农村的微观组织基础。家庭联产承包责任制改革的大潮，又推动着城市乃至全国走上改革开放的道路。

（此文发表在 2004 年第 8 期《新长征》，有删节）

对话吴象：饿肚子是推动改革的最初力量

孟 醒

阳关道与独木桥之辩

记者：1980 年，展开了有关包产到户的全国性辩论，《人民日报》发表了您的文章《阳关道与独木桥》，当时的情况是不是很紧张？

吴象：1980 年"包产到户"由暗到明，由少而多，引起了全国性的大争论。有人说"好得很"，也有人说"糟得很"。尤其在领导干部中间，思想阻力很大，有人甚至将之提高到所谓"保持革命晚节"的地步。

作为农村改革发源地的安徽，在万里 1980 年春调京后也出现了反复，连续召开几个会批"包产到户"。这时候，尝到甜头的农民不干了。干部再这么说他就不听了，他说我要听中央文件的，你这个话不对啊，和中央文件不一致。干部若说这是命令，他也有话说，毛主席有了错误也要改啊。

在争论的关键时刻，邓小平在 5 月 31 日发表了《关于农村政策问题》的讲话，热情地肯定了安徽肥西和凤阳农民的创造，指出对包产到户的担心是不必要的。他还强调："总的来说，现在农村工作中的主要问题还是思想不够解放。"表达了对包产到户的支持态度。

8 月底，经全国人大批准，国务院领导班子进行了调整，万里担任副总理兼农委主任，主管农村工作。万里去找胡耀邦，提出要支持农民的正义行动，给农民出路。

9月14日至22日，新的中央领导班子召集各省、自治区、直辖市党委第一书记对包产到户问题进行专题座谈。一开始，只有少数几个人表示了支持态度，多数表示沉默，会几乎开不下去了。当时，农委副主任杜润生受中央委托，会前精心准备了一个文件，并针对会议争论的问题作了解释说明。他讲话中引用了大量调查材料，做出了比较客观的分析，说服力较强。再经过讨论，基本上达成共识，即认为"包产到户"是必要的，作为解决温饱问题的权宜之计或特殊政策至少可在贫困地区实行，并不存在资本主义复辟的危险。会议最后一致通过了《关于进一步加强和完善农业生产责任制的几个问题》的通知，即"中发1980年75号文件"。

文件强调推广责任制要因地制宜，分类指导，"允许有多种经营形式、多种劳动组织、多种计酬办法同时存在"，"不可拘泥于一种模式，搞一刀切"。对贫困落后地区，包产到户是联系群众、发展生产、解决温饱问题的一种必要措施。

11月中旬，《人民日报》以整版篇幅发表了我阐述"75号文件"精神的长文：《阳关道与独木桥》。文章引起很大反响，受到农民热烈欢迎，但也受到一些没有摆脱"左"倾思想的人强烈反对。有一个省的政法会议上，有人指责此文作者是"教唆犯"，提出要追究其法律责任。长江边有一大城市分管农业的负责人，竟在干部大会上宣布："谁要继续搞'包产到户'，是共产党员的开除党籍，不是党员的开除公职。"

《阳关道与独木桥》一文发表数天以后，中共中央批转了中共山西省委《关于农业学大寨经验教训的初步总结》，"农业学大寨"寿终正寝。

（原文刊载于2012年3月《中国民营科技与经济》）

王郁昭

　　王郁昭（1926～2016），男，山东文登人。1914年2月参加革命，1946年加入中国共产党。改革开放之初，任安徽省滁县地委书记，冒着来自全国的压力，在滁县地区全面推广家庭联产承包责任制，被称为"农村改革的先行官"。曾任安徽省省长，中共中央农村政策研究室副主任，国务院发展研究中心副主任，第七届、第八届全国政协常委，第八届经济委员会副主任等。

顺应民心　积极引导

　　1979年，在安徽省广大农村出现了这样一种局面：一方面，人民公社"一大二公"体制经过20年的实践，已被证明存在着很多弊端，群众对此深感失望和厌倦，强烈要求进行调整，但在政策上尚无这方面的尚方宝剑；另一方面，在党的十一届三中全会以后一年多时间里，群众在实践中摸索出来的多种联产计酬责任制，尤其是包产到户责任制，深受欢迎，也最见成效，但政策上仍属"禁区"。尽管如此，在真理标准问题大讨论的鼓舞下，干部群众的思想越来越解放，农村中各种形式的责任制仍如雨后春笋，层出不穷，成为广大农民热烈向往的一种潮流。面对这股滚滚潮流，是固守原来的框框，站在农民群众的对立面，阻止这股潮流，还是顺应民心，积极引导，这是摆在我们面前的一个必须回答的重大课题。

顺应历史发展的潮流

　　中国共产党是中国工人阶级的先锋队，是全国各族人民利益的忠实代表。全心全意为人民服务，是党的全部工作的根本宗旨。既然如此，党的一切方针、路线、政策必须是代表人民根本利益、体现人民的意志和愿望，也就是说，要顺应民心。尤其中国是一个农村人口占80%以上的国家，在这样一个国家里干革命、搞建设，不能不考虑农民这个大头。

　　历史是最好的教科书。从党的历史来看，对农民的利益和愿望体现程度，不仅决定着革命的成败，也决定着建设的成败。在新民主主义革命阶段，我们党曾不止一次犯过"左"的或右的错误，其中尤以陈独秀为代表的右倾机会主义错误和以王明为代表的"左"倾机会主义错误危害最大。这两次错误有一个共同点，就是他们都不相信也不重视农民在中国革命中的主力军地位。这种忽视农村、轻视农民的错误指导思想，给革命造成了很大损失。以毛泽东同志为代表的中国共产党人，正是总结并纠正了上述错误，坚持走以农村包围城市、最后夺取城市的道路，并相应地制定了一系列体现农民愿望、代表农民利益的政策，从而最大限度地取得了农民的信任和支持，最后夺取了新民主主义革命的伟大胜利。

现在，广大农民都还深深怀念新中国成立初期那几年的农村形势，这是新中国成立后经济建设上的一个"黄金时期"。这个"黄金时期"是怎样出现的呢？它的深厚的群众基础又是什么呢？在自给自足的经济条件下，土地是农民最主要甚至是唯一赖以生存的生产资料，但是，新中国成立前农村的土地大部分集中于地主阶级手里。所以，新中国成立后，进行土地改革，结束两千多年的封建土地占有制，实现了"耕者有其田"。这既是广大农民梦寐以求的愿望，也是发展经济、巩固政权的迫切需要，是民心所向。党及时地领导了土地改革，满足了农民的这个愿望。在土改以后，又顺应了农民的要求，有领导有步骤地发展互助合作，从而极大地调动了农民的生产积极性，创造了人民共和国经济建设史上第一个值得怀念的"黄金时期"。

如果说，1979 年中国农村经济开始发生了令人瞩目的变化的话，那就是各种形式责任制的兴起，并由此带来了农村经济的振兴。以滁县地区而言，这一年在气候上多灾，但在生产上却是一个丰收之年。这是一个奇迹。之所以会出现这个奇迹，原因就在于推行了多种形式的责任制，特别是联系产量的责任制，顺应了民心，农村生产力中最活跃的因素——广大农民群众的积极性调动起来了，因而战胜了灾害，夺取了丰收。与 1978 年相比，全区粮食产量增长 23.3%，油料产量增长 28.7%；粮、油产量创历史最高水平，林、牧、副、渔各业都有了较快的发展。社员人均收入比上年增长 12.3%。从 1963 年起，国家确定滁县地区粮食一定 5 年的征、超购任务是

2.6 亿公斤；在 1979 年前从未完成过。1979 年全区粮食入库量达 3.1 亿公斤，超额 19.2% 完成了任务。这些令人鼓舞的数字生动地说明了，只有源于实践，来自群众的政策，才能最大限度地动员群众。当前皖东农村出现的各种形式的责任制，扎根于实践的土壤，萌发于群众的心灵深处，因而能显示出巨大的威力。

以史为鉴，可以知兴废。回顾中国农村发展的曲折历程，我们可以得出这样一个结论：民心所向，代表着历史发展的方向；顺应民心，就是顺应历史发展的潮流，而历史的潮流是不可抗拒的。

切实尊重农民的首创精神

农民作为农村活动的主体和物质财富的主要创造者，他们的意向往往是通过他们的首创精神表现出来的。这种首创精神既包含了对新的生产力的追求，也包含了对旧的生产关系的调整。所以，尊重农民群众的首创精神与尊重客观经济规律，尊重生产关系一定要适应生产力发展水平这个基本原理是一致的。生产关系一定要适应生产力发展水平，这本来是马克思主义的一条基本原理。但是，长期以来，恰恰是在这个最基本的问题上搞颠倒了。我们在农村调查中，许多干部群众深有感触地反映说，这些年来由于上级领导机关不顾生产力发展水平，一而再再而三地改变生产关系，往往一种合作制形式没等搞上路，就变换新花样，老是屁股暖不热凳子就又往前跑。"小脚穿大鞋"，跑不动，又甩不掉。弄得干部赶不上，社员跟不上，生产干不上。

"小脚穿大鞋"就是违背了生产关系一定要适应生产力发展水平这个客观规律。多年来，在农业发展道路上，无限夸大生产关系对生产力的反作用，片面强调生产关系落后于生产力发展要求的矛盾。在生产力状况没有多大改变的情况下，不停顿地变革生产关系。与此相适应，历次政治运动又都是护"左"反右，结果越搞越"左"。长期以来，在干部和群众的观念上形成了"左"比右好。于是宁"左"勿右的思想就像一根无形的绳索，死死地捆住人们的手脚。

实际上，我国多数农村的机械化程度还很低，生产方式仍然是主要依靠手工劳动和牲畜耕作。共同贫困使广大农民对集体经济丧失信心，不少生产队的干部由全队社员轮流执政，找不出一个能为大家所接受的"领袖人物"。这一切集中反映了当时我国农村生产力水平还很低，在这种情况下，我们再片面地强调"一大二公"，在生产规模上以"大"为荣，在劳动计酬上以"公"为优，在发展方向上盲目追求不得人心的"穷过渡"。其结果只能是窒息集体经济的优越性，阻碍生产力的发展。首创农业"大包干"责任制的凤阳县干部、社员说，这些年来，我们被搞平均主义拖苦了，被割资本主义尾巴整苦了，被强迫命令、瞎指挥害苦了，被"一平二调"搞苦了。搞了"大包干"，自己当家搞生产，多劳多得。通过调查研究，我们进一步看到，"大包干"的办法，是对包产到组、以产计工责任制形式的突破和发展，它可以避免生产、计工、奖赔等方面许多烦琐的程序，方法简便易行，干部群众一听就懂，一学就会，适应当前农民的觉悟程度和基层干部的管理水平。我们平时常说要尊重农民当家作主的权利。现在既然实践已经证明大包干不仅能增产，而且在管理方法上也简便易行，为农民所欢迎，我们作为"公仆"，又有什么理由和权利加以否定呢？

历史告诉我们，任何管理体制和方针、政策的制定，必须经过群众实践的检验。群众是实践的主体，他们无时无刻不在考虑着发展生产，改善生活，寻找着适应本地生产力水平的管理形式和增产途径。因此他们创造的生产责任制形式，总是符合他们的利益和愿望的。如果我们看不到这一点，对他们创造出来的东西视而不见，不予扶植，就会长期囿于某一陈旧的框框；或者在突破了旧的框子之后，又作茧自缚，制造一个新的框子，束缚群众的手脚和生气勃勃的创造精神。结果同样会脱离群众，无所作为。

综上所述，我们不难看出，在变革生产关系的问题上，这些年来我们走了弯路并付出了沉重的代价。现在回头总结一下，是否可以得出这样一个基本结论：评价一项政策优劣得失的唯一标准，主要就是看是否有利于调动群众的生产积极性，促进生产力的发展。一切政策和责任制形式，只要能促进生产力的发展，能调动群众的生产积极性，只要能增产、增收，对国家、集体、个人三者都有利，就是好政策，就应当大胆采用，坚决实行，与"一大二公""三级所有"相比，联产责任制虽然基本劳动单位小了一些，公的成分似乎也比以往少了一些，生产关系好像比原来退了；然而这种"退"是退到与生产力相适应的水平上来了，从而推动生产力的发展。实行责任制以后，各地农业生产上的频频捷报一再证明，农村生产关系上的这种调整，绝不是人们所担心的那种倒退，而是以退为进，是退一步，进两步。

从滁县地区来看，当前，以推行联产计酬责任制为内容的农村生产关系的调整，已经成了不可阻挡的历史潮流。据有关部门统计，到 1979 年 12 月，全区实行各种联产计酬的生产队已占生产队总数的 73.6%，仍然按老办法实行定额记工或按时记工加评议的，只占生产队总数的 26.4%。广大农民这种大无畏的首创精神，不仅为农村生产力的发展开辟了广阔的前景，也为农村生产关系的调整积累了宝贵的实践经验。对于我们来说，就是要切实尊重农民群众的这种首创精神，尊重他们当家作主的民主权利，面向实际，坚决而审慎地推行各种形式的联产计酬责任制，把生产关系调整到与生产力相适应的水平上来。

集中起来　坚持下去

回顾我国农业合作化的曲折历程，特别是近一年来农业联产责任制的生动实践，对于要不要顺应民心问题，现在多数同志认识上比较一致了。但是，在认识问题解决了以后，党的领导是否就无所作为了？不是的。顺应民心，调整生产关系，必须加强党的领导，因为这是涉及农村千家万户的大事。没有领导的调整，是盲目的调整。这种调整既不能深入，也不能持久。当然，我们所说的领导，绝不是像过去那样脱离实际、违背民意、搞主观武断，代替群众下决心，而是在深入调查研究的基础上，把群众的实践创造加以总结，集中起来，坚持下去。在这方面，各地都创造了不少很好的经验，概括起来，主要有以下几个方面。

第一，要坚持从实际出发，实行分类指导，不搞一刀切。

当群众在调整生产关系方面有了新的创造，并且这些创造已经被实践检验证明是富有生命力的时候，作为领导者，就要满腔热忱地支持。但是不能搞拔苗助长，不能一哄而起，任何成功的经验都有它的普遍意义，同时又具有一定的局限性。过去在农业合作化问题上，我们吃亏就吃在一哄而起，一刀切。办高级社是这样，办人民公社更是如此。农业学大寨，不顾各地具体条件，硬是强调要不走样地推行大队核算、搞大寨工、建设大寨田等等。当群众对这些东西表示不满，希望有点自主权时，就无限上纲，说什么"堵不住资本主义的路，就迈不开学大寨的步"，提出要"大批促大干"。所有这些，无不使广大群众深受其害。在推行联产责任制时，这个教训要牢牢记取。

联产责任制在农村是一个新事物，由于各地的具体条件不同，经济发展水平不同，对责任制的认识也不尽一致。归纳起来，大致有这样三种情况：

一是有些社队生产条件差，产量低，群众生活困难，广大农民纷纷要求实行联产责任制，干部也觉得除了这一条路，实在找不到更好的办法了，因而支持群众的变革行动；只是因为对"左"的那一套心有余悸，怕搞错了再挨整，所以都是暗中支持群众干。例如来安县烟陈公社魏郢生产队的包产到组和天长县新街公社对棉花管理实行责任到人等等，都是在干部默许下，群众暗中搞起来的，被称为"秘密武器"。当然，现在这些"秘密武器"早已公开了。

二是一些社队生产条件不太差，群众生活过得去，干部群众也认为实行责任制能增产，但怕政策多变，出现反复，因而犹豫、观望、等待。

三是有些社队生产条件好，集体家底厚，劳动工分值也高，因而一些干部对推行联产责任制有反感，认为这只是治穷的好办法，对富队不适用，对责任制是否比"三级所有"优越，还不服气。

很显然，上述对联产责任制三种不同的态度，不是凭空产生的，而是受其客观的生产条件和经济水平制约的。这也就告诉我们，在推行责任制问题上，千万不能搞一刀切，要因地制宜，分类指导，对属于第一种情况的社队，要大力支持，鼓励他们放心大胆地干下去，并帮助他们在实践中不断总结经验；对属于第二种情况的社队，要做好工作，进行疏导，既要宣传联产责任制的优越性，又要宣传党的政策的稳定性，鼓励他们大胆迈开第一步；对属于第三种情况的社队，应采取等待的态度，在干部群众对实行联产责任制没有强烈愿望之前，要允许他们按照原来的方式组织生产和进行分配。要不要实行责任制，何时实行责任制，这个决心只能由当地的干部群众下，而不能由上级领导代替他们下决心。尊重农民的自主权，也应当包括尊重这部分农民对联产计酬责任制的选择权。

第二，要善于发现并大力支持处于萌芽状态的新生事物。

人类社会总是不断发展的，永远不会停止在一个水平上。同样，群众的创造也是永远不会中止的。所谓处于萌芽状态的新生事物，实际上就是群众在实践中创造出来的标志着社会进步的新生长点。就近两年来农村推行责任制而言，起步阶段被称作"秘密武器"的包产到组是如此；目前阶段议论最多、争论最大、影响也最大的包产到户，更是如此。对领导者来说，发现并肯定这些处于萌芽状态的新生事物，除了需要有机敏的洞察力外，还要有勇气，要敢于承担由此引起的一切风险。

1979 年 3 月，当包产（干）到组责任制在皖东大地刚刚由点到面全面推广时，报纸上发表了一位甘肃读者的来信，标题是《"三级所有队为基础"应当稳定》。信中认为，包产到组"搞乱'三级所有，队为基础'的体制，搞乱干部、群众的思想，挫伤群众的积极性，给生产造成危害"，并要求对包产到组"要坚决纠正"。这封发表在党报上的读者来信，对于率先实行联产计酬责任制的滁县地区广大干部群众来说，其影响是可想而知的。但在省委的大力支持下，全区各级党委态度坚决，毫不动摇。凤阳县委负责同志说我们是王小二盖猪圈——一心门朝南。嘉山县委书记在全县电话会中向各公社指出："现在春耕生产已经开始，就是刀架在脖子上也不动摇。"

当时议论最多的包产到户更是一大禁区。当这种责任制形式在来安县崭露头角时，县委书记王业美同志立即旗帜鲜明地予以支持。他引用传统戏曲中"当官不为民做主，不如回家卖红薯"这句话来鞭策自己，支持群众搞包产到户。凤阳县梨园公社小岗生产队，由于带头实行大包干到户，现在成了全县乃至全地区舆论的中心。小岗的实践证明，包干到户这种深受群众欢迎的责任制形式，确实是一剂灵丹妙药。地委已经决定，同意小岗生产队继续试验，准许他们先干 3 年。

第三，要狠抓分配兑现，使党的政策取信于民。

这既是巩固完善责任制的关键，也是宣传群众、引导群众最好的办法。过去在极"左"路线干扰下，我们的政策经常变来变去，朝令夕改。群众批评我们是"遇到困难定政策，没有办法想政策，形势好了改政策，运动来了批政策"。这样变来变去，使得群众对政策恍恍惚惚，在一定程度上产生了"信任危机"。1979 年秋季，各地在推行联产责任制、取得夏季粮油丰收的情况下，不少干部群众担心分配政策不兑现，一些尚未实行责任制的社队也在观望，看实行联产计酬是不是真的算数。因此，狠抓分配兑现，恢复政策信誉，不仅关系到责任制的巩固，也关系到责任制的发展。为此，在夏收之后，滁县地委通过层层召开会议，明确宣布：分配一定要兑现，该奖的一定要奖，就是一个大金娃娃，也要让人家抱回家；该赔的，也一定要赔。由于抓了政策兑现，群众十分高兴。对于那些率先搞联产责任制的社队来说，群众可以放心大胆地干了；对于那些暂时还处于观望状态的社队来说，则是一次极好的教育。许多干部群众再也沉不住气了，纷纷找上门来，要求实行联产责任制。

第四，要深入搞好调查研究，不断地总结新经验，研究新问题，制定新政策。

当前以推行联产计酬责任制为主要内容的农村生产关系的调整，是亿万群众的一次伟大的社会实践。在这场实践中，一方面，有许许多多的新经验，需要我们去总结；另一方面，又必然会有许许多多的新问题，需要我们去研究。要解决好上述两个方面的问题，唯一正确的途径，就是要深入调查研究。实际上，滁县地区农村联产责任制的推行，就是从农村调查开始酝酿起步的，在责任制发展的每个关键时刻，全区各级党委都是凭借大量的调查材料，最后制定出相应的政策。

调查也是向社会学习的过程，农民作为推行联产责任制的主体，理所当然地是我们请教的主要对象。但是要使农民真正信得过我们，并且把真情实感告诉我们，就必须下一番苦功夫。要像毛泽东同志教导的那样，深入下去，眼睛向下，虚心向广大农民学习，甘当他们的小学生。在调查中，我们经常碰到这样两种情况：一是经过实践检验，是成功的经验；一是从实践中刚刚露头但很受群众欢迎的新生事物。前者，是属于看得准的，那就要及时总结、推广，并形成相应的政策；而后者，则是属于暂时还看不准的，那就不应匆匆忙忙加以肯定或否定，而是要注意观察。从认识论角度看，任何事物的发展都有一个过程，人们对它的认识，也必然有一个过程。在联产责任制处于萌芽阶段，我们曾采取不宣传、不制止、不追究责任（如果搞错了）的"三不"政策，因为当时对这种形式的责任制看得还不太准。"三不"不是放任自流，也不是无为而治，而是先不设框框，不加限制地放手让其发展，在发展中观察，待看准了再决定取舍。

需要强调指出的是，调查研究要特别注重科学性。中国农村之大，情况之复杂，任何观点都可以找到个别事例的支持和佐证。调查是对群众实践创造的概括和总结，是要从中找出带规律性的东西。这就要求我们在调查中要敢于面对实际，尊重规律，而不能考虑是否符合某一现成的结论。唯其如此，我们的各项政策才是源于实践，来自群众，并反过来又指导群众的实践。

（此文系作者 1980 年 1 月在省委农村工作会议上的发言）

要给包干到户上个户口

近几年来，滁县地区生产责任制，特别是包干到户发展较快，效果明显。目前，全区实行联产责任制的，占总队数的99.5%，其中包干到户的占98.4%，包产到户、到组和专业承包的占1.1%。

实践证明，农民要摆脱的不是社会主义，而是平均主义、瞎指挥、不合理负担。包干到户就是群众自己解放自己，是对"左"倾的反抗，是对20多年来正反经验的总结，这是不以人们意志为转移的。

现在中央再发一个关于农村问题的文件十分必要。文件应包括以下几个问题：

第一是生产责任制。要承认各种形式的责任制，特别是包干到户，今年已经是第三年了，到了应该明确的时候了。要面对现实，加以肯定，给它上个"户口"，不要叫老百姓再担心了。因为包干到户：（1）适合国情和农村生产力水平；（2）更好地体现了按劳分配；（3）有利于发展商品生产；（4）保持了集体经济的优越性，并得到发扬，集体财产、积累和水利建设都有增加；（5）国家、集体、个人三者利益处理得比什么时候都好，民办教师、赤脚医生待遇和计划生育工作也都搞得不错。所以要给它上个"户口"，要放开手脚去搞。

这里有几个理论问题需要明确：（1）生产资料所有权和使用权的分离是否会改变所有制的性质？不会。过去农民租种地主的地，并没有改变封建地主土地所有制性质。现在农民承包集体的土地，同样没有改变土地集体所有制性质。（2）统一分配和按劳分配是不是一回事？我们要的是按劳分配而不是统一分配。不搞统一分配的并不是单干，按劳分配并不一定要统一分配。平均主义主要来自统一分配。（3）集体所有制不一定都是集体劳动、集体经营，也可以分散劳动、分散经营。归根到底是看能否发展生产力。

对联产承包责任制要继续完善提高。滁县地委搞了实行包干到户的具体规定和承包合同、技术承包、多种经营、农村教育和文化、计划生育等一系列的规定。其中心点是：（1）两个坚持，即坚持生产资料的集体所有制和按劳分配。（2）建立三个制度，即生产责任制、生产和分配的合同制、干部岗位制。（3）两个尊重，即尊重生产队的自主权和农民的自主权。（4）一个保证，即保证向国家的上交任务。

第二是流通问题。农业靠政策、靠科学，还要靠农工商联合经营。要创造条件给农民经商权，不然，农业飞不起来。建议把供销社改为真正为农民服务的机构，受双重领导；或者仍是国家性质，但要有理事会，搞利润分成或联营。现在搞得太死。如粮食，地、县只能保管，一斤也不能动用，库存一批红豆、绿豆，也不能加工、周转。油菜籽也是多了不收购，又不准自行加工外销。

第三是公社体制改革。农民对公社没有多少感情，可以取消，恢复乡、村政权。

现在的供销社、社办企业，可以改为联营公司、专业公司和服务公司。

第四是减轻农民负担问题。最近干群关系有些紧张，其原因，一是负担问题；二是计划生育；三是干部作风。农民对上交国家的无话说，对留集体的公积金、公益金也接受，但对干部的补贴不想交，这与干部的作风有关。我们已决定减少干部人数，大队3~4人（支书、队长、会计、民兵连长），生产队2人（队长、会计）。来安县相官公社，126个生产队，现在一共26个会计就可以了。

第五是干部问题。主要是解决工作方法和思想作风方面的问题，经营管理形式变了，工作方法和思想作风未变过来。当前干部中还有个满足现状的问题，不研究搞活经济后出现的新问题。要认真抓好干部的培训。

第六是科学种田问题。我们推广了天长县的科学种田协会，农技员和农民签订承包合同，每亩地农民交几元钱的科技指导费，在正常年景条件下超产的技术员受奖，达不到产量的赔偿。

（此文系作者 1981 年 8 月在国家农委座谈会上的讲话摘要）

要重视解决粮食收购中的"打白条"问题

近些年来,农产品收购连续发生"打白条"现象。去年,"白条"在一些地区大规模出现,引起农民强烈不满。这是一个对于农村全局有重要经济和政治影响的问题。

现在,我就"打白条"问题谈几点意见。

基本情况

现行农产品收购资金的供应和管理体制是,政府领导,人民银行调控,专业银行、财政和粮食部门具体操作。据统计,银行用于农产品收购的贷款,近3年平均每年增加500多亿元,而同期收购的农产品总值平均每年增加300多亿元。这就是说,平均每年约有200亿元贷款名为农产品收购资金,实际上没有到位。截至1992年12月末,粮食企业向银行借款余额为1900多亿元,而实际用于农产品收购的资金只有1200多亿元。这就是说,约有700亿元的银行借款没有用于农产品收购。由此可见,中央筹集的收购资金是充足的,主要是有关部门在操作环节发生问题,导致资金不能到位,进而造成支付困难,不得不给农民"打白条"。

直接原因

1.专业银行占用和拖欠。农产品收购资金的运用季节性强,专业银行一般都先放后收，有时因种种情况不能及时收回，就影响了对农民的现金支付。另外，专业银行受利益目标的驱动，往往将资金安排到预期效益好的项目上去，致使资金无法归位。再者，粮食企业在工农两行开户，县以上属工商行，县以下属农行，两行之间稍有摩擦和拖欠，就会影响收购资金的有效运转。

2. 财政对粮食企业的欠拨款逐年增加。1985 年以来，财政对粮食企业的欠拨款高达 407 亿元。其中，湖北、江苏、辽宁三省超过 30 亿元，吉林、安徽、四川、内蒙古、广东五省区超过 25 亿元。虽然国务院发出通知，决定从 1992 年实行新老账划断，坚决制止新的挂账。但是，1992 年仍然发生了新的财政欠拨款 93 亿元。

3. 粮食企业占用的资金流失逐年增加。粮食企业的经营性业务和政策性业务混在一起，经营性业务占用政策性贷款，数量逐年增大。据统计，到 1992 年末，各种名目的挤占和挪用达 100 多亿元。由于"三角债"的影响，大量调销回笼款不能及时足额归位，企业经营困难，加上负担过重，造成新的挤占挪用。

深层原因

1. 财政大包干的体制不完备。中央财政和地方财政"分灶吃饭"后，由于相当长的时间内农产品价格背离价值，集中产粮的省和地区吃亏较大。属于地方财政负责的政策性补贴，未打入包干基数中，资金来源不落实。粮食集中产区往往是"高产穷县"，财政十分困难，而上级财政又不能包下一级财政的欠拨款，致使政策性拨补资金难以到位。

2. 资金来源结构不合理。政策性收购业务的资金应由国家承担，可是多年来一直把农村信用社的资金作为收购资金来源。信用社的资金是农民的资金，银行以转存款的形式占用，利息低于成本。拿农民的钱收购农民的粮，还要"打白条"，这是无论如何说不过去的。

3. 供给收购资金的部门职能界定不清。农产品收购资金来源是由财政、人民银行、有关专业银行和粮食企业共同筹集。由于各部门职责界定不清，往往造成一家不到位，另一家也不到位，一家挂账，另一家也挂账的局面。年年扯皮，年年"打白条"，谁也不负责。

几点建议

1. 组织力量对农产品收购资金进行一次全面清理。清查出来的问题，根据情况给予适当解决，对违纪的要严肃处理；清查出来的资金，一部分用于收购资金，一部分用于退还占用的信用社转存款。同时，要采取切实措施解决信用社转存款利率过低的问题。

2. 明确界定各部门的职责。银行是收购资金的主要组织者。人民银行和各专业银行在制订收购资金规模、资金计划和贷款安排、保证支付以及经营方式等方面都要明确地界定职能和责任。财政部门应管好、用好各项收购资金，防止欠账和挂账。粮食企业应做好政策性和经营性的业务分离，防止收购资金被挤占和挪用。

3. 建议发行农产品收购资金金融债券。根据国际上一些国家的经验，收购农产品资金是服务于全社会的，所以要求凡是金融机构都要像缴纳准备金一样强制性购买一定比例的金融债券。这样，既能促使各金融机构关心农产品收购资金的筹集和使用，又能有效地避免滥发票子。

4. 建议国务院成立农产品收购资金协调领导小组。鉴于目前收购资金体制不顺，多头管理，部门之间很难协调，成立这样一个领导小组，综合管理协调农产品收购资金的供应和回收，是很有必要的。同时，要尽快制定农产品收购资金的政策和管理办法，进一完善和强化国家的调控手段，彻底解决"打白条"问题。

（此文系作者 1993 年 3 月在全国政协八届一次会议上的大会发言）

好政策也要在实践中不断完善

目前粮食收购实际存在三种价格

目前，我国进入农产品相对过剩的新阶段，出现了农产品"卖难"的现象，国家粮食库存严重积压。在这种情况下，国家实行的定购任务政策并没有改变。但为了防止谷贱伤农，保护农民的利益，国家出台了保护价的政策，即在完成国家定购任务后，按保护价敞开收购农民的余粮。同时，为了减少国家库存和亏损，又制定了"顺价销售"的政策，为达此目的，就必须垄断粮源，农民的粮食只能卖给国家粮站，同时加强市场管理，不允许用粮单位和个体米商到农村收购粮食，只能到国家粮食部门购买，或经政府部门批准后才能到农村收购部分粮食。这几项政策的出台本意是完全正确的，既可保护农民利益，避免"谷贱伤农"，又可以减少库存和亏损。但现在看来，这几项政策在很多地方没有真正落实，效果并不理想。

当前我国的粮食存在三种价格，即国家定购价格、保护价价格和市场价格。大体情况为：

国家定购价的执行。过去，国家的定购任务作为一项政治任务农民必须完成。现在，在粮食相对过剩的情况下，国家对粮食定购任务并没有宣布取消，但却规定国家定购和保护价合一，即适当降低国家定购价，适当提高保护价，形成一个中间价，具体价格由各省根据实际情况自定。由于省级财力有限，特别是产粮大省，大都把国家定购价直接降到原来的保护价水平上。

这样，国家的定购任务仍然保留，但国家定购价却被改为按保护价收购。从当前情况看，种粮收入仍是农民尤其是粮食产区农民的主要收入来源。因此，这种做法降低了农民的收入。

按保护价敞开收购政策的执行。由于种种原因，这项政策执行起来存在很大难度。由于按保护价敞开收购与"顺价销售"的政策相矛盾，在市场经济条件下国有粮食企业收来的粮食，如果顺价销不出去，收的越多，积压越多，亏损就越大。因此，国有粮食企业对执行按保护价敞开收购政策并不积极，但又不敢明目张胆违抗国家政策，往往采取压级压价，或随意加大水分和杂质数量等手段，以达到对农民实行限购或拒收的目的。对地方政府来说，由于粮食的亏损，地方要分担一部分，因而对按保护价敞开收购的政策也不是很积极。

市场价格的变化。粮食市场价格一再下滑，已降到谷底。以小麦为例，国家定购价格是每斤 0.6 元多，定购价、保护价合一以后是 0.5 元多，而去年市场价格只有 0.4 元多。去年新粮上市后，根据农业部在河南省 11 个县农业生产成本调查的调查汇总，河南省首次出现全省"种麦赔钱"的现象。据在河南周口地区调查，小麦的集市价格已跌至每斤 0.33 元至 0.36 元，以致有些农民不想种田，有的地方甚至出现撂荒现象。去年是早籼稻退出保护价的第一年，尽管各地已大大压缩了早籼稻的面积，但品种结构的调整总有一个过程，早籼稻不可能一下子就完全被"消灭"，农民仍然种了一部分早籼稻，价格猛跌。据湖北荆州市的调查，国家粮食企业、龙头企业和个体粮商对一般早籼稻的收购价格分别是每斤 0.322 元、0.305 元、0.334 元，比去年下降 21.5% 至 32.5%。而且对早籼稻品质不加区别，优质不优价。市场价格这样低迷，但我们的干部仍然还坚持认为"我国的粮价已超过或与国际市场价格持平"，很显然这是不切实际的。

粮食市场现状带来的思考

从上面的分析，我们可以发现有以下几个不可忽视的问题，值得认真研究和思考。

在过去粮食短缺时期，国家规定的定购价格低于市场价，两者之间存在着一定的差价，农民称之为"隐形负担"。现在由于粮食过剩，国家并未正式宣布改变定购任务的政策，但却把国家定购价格改变为保护价，直接减少了农民的收入，农民的合法利益受到了损害。

国家规定按保护价敞开收购，这本来应当受到农民的欢迎，特别是在市场价格低于保护价时，农民是不会把余粮卖给私商的，国家也没有必要规定不许多渠道参与收购。问题在于农民按保护价完成定购任务后，国家规定的按保护价敞开收购的政策不能完全实现，农民在无路可走的情况下，虽然低于保护价也只能把粮食卖给用粮大户和个体粮商，吃亏的还是农民。

在计算农民人均收入时，有一个问题往往被人们所忽视。就全国而言，国家统计局是根据国家农调队在全国设立的调查点，通过调查测算出来的，是比较切合实际的。但是在乡（镇）、村两级上报农民人均纯收入是按农民生产的粮食数量计算出来的，而粮食的价格又是按有名无实的国家定购价格或保护价计算出来的。国家定购价格和保护价在一定时期相对不变，而市场价格是波动的。还是以小麦为例，国家定购价和市场价差价每公斤在 0.2 元左右，即使按保护价计算，差价也有 0.1 元左右，这也就是说农民纯收入被高估了，其中包含着一部分"虚增收入"。但是，在计算农民负担时，则是按包括"虚增收入"在内的，而且没有规定最低起征点（国家公务员还规定月收入 1000 元以下的不征税），也不是累进法，因而收入越多的负担越轻，收入越低的负担越重。我认为这是一个不容忽视的问题，我们必须正视它。

落实现行粮食政策的对策

继续实行粮食定购和保护价的政策。中国是个人口大国，为了保护国家粮食的安全和需要，继续执行国家定购任务的政策是完全必要的，但必须保证真正按国家定购价进行收购，这可以使农民多增加一些收入。在市场价格低迷的情况下，也应继续实行保护价政策。为了使按保护价敞开收购政策能够真正得到实施，又有可操作性，考虑到国家的承受能力，可以对现行的保护价政策进行必要的调整：一是保护的范围要缩小，只限于在主要粮产区推行；二是保护的品种要减少，只限于国家已宣布的小麦（不包括春小麦）、水稻（不包括早籼稻）和玉米等主要品种，其他地区和品种全部放开；三是停止"顺价销售"的政策，因为在粮食剩余的情况下实际是行不通的。如果产生库存积压和亏损，由国家补贴，以此作为"转移支付"的办法，增加农民收入，不再要地方负担。

在国家财力许可的情况下，凡是按保护价收购的国家定购任务，其定购价与保护价差价由国家退给农民，以取信于民，增加农民收入。

现在正在进行农村费税改革的试点，随着新办法的出台，原来以村为单位按人均收入5%的平均数计算负担的办法将停止执行。但是根据基层干部的反映，应当规定一个能保证农民最低生活水平的起征点，收入少的少负担，收入多的多负担。鉴于最近几年乡（镇）、村两级的不良债务大量增加，拖欠干部和教师工资的情况很严重，农村税费改革后应尽量照顾地方的需要，特别是县、乡（镇）两级的实际需要，留有一定的余地，使他们的日子能过得去。如果卡得太紧，搞得不好，他们还会向农民伸手。当然，要坚持精简机构，精简编制，实行精兵简政，以节省开支；必须把财权和事权的责任划分清楚，该国家办的事坚决由国家办，该地方政府办的事坚决由地方政府办，决不允许随意开口子，谁开口子谁给钱，不允许转嫁给农民；对那些对农民带有歧视性的政策，进行彻底清理，制定"保护农民的民主权利和合法利益"的法规，并严格执行。只有全党上下，从各个方面共同努力，千方百计增加农民收入，才能把中央的减负政策落到实处，以利农村经济的发展和社会稳定。

（此文发表在 2001 年 5 月 15 日《农民日报》）

中国改革从农村突破的缘起与意义

改革从农村突破的伟大意义

1. 改革率先在农村突破，进而推动城市和整个经济体制的全面改革，从而使中国进入了波澜壮阔改革开放新时期。改革 30 年，我们总结了许多基本经验，提出了新时期的基本路线即一个中心两个基本点。在实践中创立了走建设中国特色社会主义的道路，建立了一整套的思想体系、理论体系和方针政策。产生了邓小平理论、"三个代表"重要思想和科学发展观，制定了构建和谐社会，全面建设小康社会宏伟目标。30 年的改革，我国国民经济持续快速发展，综合国力不断加强，人民生活不断改善，社会主义现代化取得了举世瞩目的成就。今后，要继续解放思想，与时俱进，坚定不移地把改革开放继续推向前进。

2. 极大地调动了农民的积极性，一举解决长期困扰的粮食短缺问题。家庭承包制的实行，极大地调动了农民的生产积极性，农业和农村经济在短短几年内便获得了空前的跨越式发展。粮食产量大幅度增长，各种农副产品像"魔术"般大量涌现，统购统销、各种票证被取消，迅速告别了短缺经济的时代。

3. 催生了乡镇企业的异军突起，农民有了参与工业化的权利。家庭承包制的实行不仅基本解决了温饱问题，而且使农村富余劳动力从干活"大呼隆"旧体制下解放出来。农民手中有了余粮，有了一定的资金，农村又有富余劳动力，便从发展多种经营、创办小作坊、小企业起步，开始离开土地到小城镇务工经商，从而推动了中国乡镇企业的兴起。

4.引发打破城乡二元体制的农民跨地区流动、进城就业。家庭承包制解放出来的农村富余劳动力要找出路，乡镇企业的兴起为这些劳动力的就近转移开辟了途径。沿海发达地区和城市不仅迅速解决了本地富余劳动力就业的问题，而且出现劳动力资源短缺的现象，产生了对劳动力新的需求。而另一方面，中西部农区受到种种条件的限制，乡镇企业薄弱，存在着大量的农村富余劳动力。因此，越来越多的农民勇敢地离开了本乡故土，走上了打工的历程。除了在本县、本地区、本省流动外，还到外省、到东部发达地区、往大城市流动，终于形成了波澜壮阔的"民工潮"。随着时间的推移，政府提出了"公平对待、合理引导、完善管理、搞好服务"的十六字方针。农民外出就业由改革初期的200万人左右，发展到20世纪90年代中期的6000多万人，2006年发展到1.3亿人以上，这在世界人口流动史上是罕见的。

5.农村经济体制改革推动政治体制改革。农村经营体制改革的兴起，是以政治思想领域"拨乱反正"为先导的，允许和支持改革，尊重农民对"大包干"到户的选择权，建立农民群众有权、有责、有利的农业经营体制，这本身就是民主政治的推进。

"随着经济基础的变更，全部庞大的上层建筑也或慢或快地发生变革"（《政治经济学批判》序言）。农村土地不再集中经营，2亿农户成为自主经营的商品经济细胞以及数千万乡村中小企业的兴起，不仅为我国建立社会主义市场经济体制奠定了基础，也促进了农村高度集中"一大二公"的人民公社政社合一体制的解体。经济的自主要求政治的民主，继农村家庭承包制的建立而产生的村民自治，农村基层的民主选举、民主决策、民主管理、民主监督制度逐步得到发展，这是中国农民为中国社会主义民主政治的发展做出的重要贡献。

综上所述，我们可以说，中国经济长达30年保持了9%以上增长的世界发展奇迹，其中的奥秘之一：农村改革提供了中国国民经济结构改革和发展的基本动力，提供了民主政治稳定发展的基础。

（此文发表在2008年第22期《农村工作通讯》，有删节）

对话王郁昭：大包干到农村税费改革

刘建锋

三个"秘密武器"与大包干

记者：关于大包干的历史，现在有种种说法，从您当时的角度来看，是怎么搞起来的呢？

王郁昭：1978 年，滁县地区遭遇百年不遇的大旱，地面都干裂得出了大缝，连兔子、老鳖都找不到水，省、地、县专门组织了一批汽车拉水送到生产队，解决群众的吃水问题，万里还专门从北京请来了打井队。

大包干说来还有个故事。这年 9 月初，滁县地委召开救灾会议，会上有一些公社干部提出一个问题：我们有 242 个公社，一个公社农业搞不上去，两个公社上不去，可能我们是笨蛋，可是 242 个公社都上不去？难道我们 242 个公社书记都是笨蛋不成？

由于开展了"实践是检验真理的唯一标准"的大讨论，人们思想开始活跃起来了，于是地委便发动他们把话都讲出来。结果，一讲就讲出来三个典型，后来被叫作三个"秘密武器"。第一个典型是来安县烟陈公社杨渡大队魏郢生产队。1978 年春，他们把生产队分成两个组，每组 10 户，实行三包一奖的联产承包责任制。大旱之年其他生产队普遍减产，这个队的粮油作物都大大增产，人均收入增长 30%。第二个典型是天长县新街公社。1978 年春，由于大旱棉花苗眼看要枯死，公社决定把全公社的棉花分包到户，超产奖励，减产赔偿。为了抗旱保苗，有的社员连洗脸的水都用来浇棉花。结果大旱之年棉花亩产由正常年份的 14.5 公斤增长到 27.5 公斤，增产 89%。第三个典型是来安县广大公社，把全年粮、油、棉和猪、禽、蛋等几大指标，对基层干部实行岗位责任制，年终时按实绩进行奖罚，大灾年份也是全面增产。

11 月，我到合肥办事，万里把我找去谈农村的情况。从晚上 7 点多钟开始，谈到了 10 点多钟，我把 3 个"秘密武器"作了详细汇报。万里说，你回去抓紧把"三个典型"好好总结一下，并向省委写出报告。

后来看了地委 3 个调查报告后，万里通知我们可以进一步试点。地委发了 96 号文件，将 3 个调查报告印发全地区，要求县里先选一个大队或一个公社进行试点，结果不是试点的社队也自发地搞起了包产到组。凤阳县的城南公社岳林大队岳北生产队分 4 个作业组，年底，该给国家的征购任务由小组送给国家粮站，该缴纳集体的提留由小组送交给集体，剩下的归小组分配。这是以"大包干到组"为特点的责任制。

记者：据说滁县地区来安县的王业美搞的改革比这个还要早？

王郁昭：情况并不完全像报纸上炒作的那样，地委 96 号文件下发后，全区出现了包产到组、包干到组的高潮。与此同时，来安、定远、凤阳等县相继出现了一批包产到户的队，来安县的王业美同志在地委召开的县委书记会议上做了汇报，地委支持他进行试点，并风趣地说："群众说你是单干书记，不要怕，我们支持你。"他在十二里半公社前郢生产队搞的一个试点，我曾去过两次，那位上海下放的知青小九妹的家我也去过，当时影响很大。这很快传开了，"地委也支持包产到户"，因此包产到户在来安很快推开。

小岗村的大包干到户也是在地委 96 号文件以后出现的，刚开始也是偷偷地干，后来被发现后，我曾去过几次，地委曾带领县委书记、地区科局长去参观过，大家都很高兴，地委几位领导曾明确表示："地委支持你们干三年，三年以后再说。"后来万里来到小岗，并明确表示，"地委批准你们先干三年，我批准你们干五年，五年以后如果干得好，还可以继续干"。

大包干比包产到户更有意义

记者：包产到户与大包干到户有什么不同？

王郁昭：包产到户 20 世纪五六十年代就已经出现，实行"承包产量，以产计工，超产奖励，减产赔偿"的办法。农民承包的是全部产量，农民要按公社和生产队的生产计划进行种植，实行"五统一"，即统一计划、统一种植、统一用水、统一大农具、统一分配等，农民生产的粮食等农产品最后要全部上缴给生产队，由生产队上缴国家征购任务，留下集体的统筹和提留，再按各户上缴的产量计算出工分，然后按工分实行统一分配。这种办法，不仅手续烦琐，在统一分配过程中往往出现一平二调和干部存在腐败和不正之风等现象，群众很不放心。在包产到户条件下农民对土地没有经营权，对产品没有支配权，还没有冲破原来的人民公社体制框架。

大包干到户就不一样，是小岗村的一大创造：农民同生产队签订土地承包合同，承包的内容不是全部产量，主要是国家的征购任务和对集体的提留，除此以外的产量全部都是农民自己的，奖赔就在其中了。用农民的来说，"大包干、大包干，直来直去不拐弯，保证国家的，交足集体的，剩多剩少是自己的"。大包干到户承包制实现了农村土地的两权分离，所有权仍归生产队集体所有者，农民通过承包取得了对土地的使用权，即经营权，同时又取得了产品的支配权。这样，在大包干到户条件下农民的地位发生了根本变化，成为相对独立的商品生产者和经营者，农户成为一个主体经营单位，于是就形成了集体经济统一经营和分散经营相结合的双层经营体制，这时的人民公社已经虚悬，人民公社的制度基础已被瓦解，为农村市场经济奠定了基础，这就是为什么大包干能够在全国很快推广开来的根本原因。

滁县地区成了"孤岛"

记者： 回到滁县地区的改革上来，据说有个叫张浩的专门写信批评你们。

王郁昭： 1979年3月15日，《人民日报》发表了甘肃省张浩写的一封读者来信，题作"三级所有、队为基础应当稳定"。来信认为"现在三级所有、队为基础的体制，适合当前农村的情况，应当稳定，不能随便变更。轻易从队为基础退回去，搞分田到组、包产到组，是脱离群众的，是不得人心的，同样会搞乱三级所有、队为基础的体制，搞乱干部群众的思想，挫伤群众积极性，给生产带来危害……"报纸上还加了编者按，提出要"坚决纠正"。回想起来，当时压力太大了，幸好万里3月16日来到滁县。在全椒县古河区听汇报后，他说，"作为报纸，发表不同意见都是可以的，别人写读者来信，你们也可以写读者来信"，"产量上不去，农民秋后饿肚子，是找你们县委还是找报社？报社是不会管饭的"。他还说："你们地委做得对，及时发通知，已经实行的责任制一律不动，只要今年大丰收，增了产，社会财富多了，能够对国家多贡献、集体多提留，群众生活能改善，你们的办法明年可以干，后年还可以干，可以一直干下去。"

1980年，万里调到中央工作，省里形势大变，全省乃至全国展开了围绕大包干到户的争论。

从1980年上半年直至当年8月，省委连续召开了蚌埠、芜湖、巢湖会议和省委常委扩大会议。会上，有人给双包到户扣上了"经济主义""机会主义""工团主义"等大帽子，说列宁在同第二国际斗争时，批判伯恩斯坦和考茨基等机会主义者只顾眼前利益，主张"运动就是一切，主义是微不足道的"，"为了一个戈比而斗争"。县以上领导干部头脑要清醒，不能只顾眼前利益，犯机会主义即修正主义的错误。特别是反对大包干到户，甚至威胁说，迟早有一天要算总账。

形势急转直下，有的县急急忙忙下禁令不许搞大包干、包产到户。只有滁县地区坚持不动，实际上成了一个"孤岛"。

家庭联产承包责任制写入宪法

记者：不怕吗？

王郁昭：压力是很大的！在关键时刻邓小平同志讲话了，明确表态支持肥西县的包产到户和凤阳的大包干。他说："安徽肥西县绝大多数生产队搞了包产到户，增产幅度很大，'凤阳花鼓'中唱的那个凤阳县，绝大多数生产队搞了大包干，也是一年翻身，改变面貌……"

1980年8月，省委召开常委扩大会议上，由于受蚌埠、芜湖、巢湖会议的影响，除滁县地区和六安地区外，会议基本上是"一边倒"，形成对"双包到户"的围攻。在这种情况下，我不得不站出来讲话，强调：（1）双包到户关键是一个"包"字，它可以充分调动农民群众的积极性；（2）劳动者积极性高与低，是检验生产关系是不是适应生产力发展水平的根本标志；（3）包产到户不是单干，是集体经济在管理体制上的新突破。接着我列举了来安、定远、凤阳等县实地调查的数字，增产最高的是双包到户，其次是双包到组，增产不多、平产或减产的是坚持"大呼隆"的生产队。结论是"队不如组、组不如户"，要求上级领导能支持我们继续完善提高，如果上级领导不同意，那就请上级正式发个文件，进行纠正，作为党员，我们服从就是了，不要像这样天天到处批。会场上气氛很紧张，由于分歧很大，无法统一，最后省委书记顾卓新建议把邓小平的讲话念了一遍，作为会议的总结。这年9月中央正式下发了通知《关于进一步加强和完善农业生产责任制的几个问题》，以后连续五年每年1月1日都发个一号文件，正式明确了家庭联产承包责任制，1993年3月，全国人大正式通过决议，将家庭联产承包责任制写入了宪法。

从大包干到农村税费改革

记者：大包干之后，为什么近来农村还要搞税费改革？记者了解，事实上1988年就有人开始研究新一轮的改革，安徽的何开荫在1991年就提出方案来了。

王郁昭：我个人觉得，虽说将家庭联产承包责任制写入了宪法，但是后来有些做法已经不是大包干的做法了。比方说将农民负担改为以乡为单位农民人均收入的5%来计算，本意是想要限制农民负担的增长，但是事实上造成贫富之间负担严重不均。由于农户之间收入差别很大，又没有规定最低起征点，又不是累积法，这样收入越高的负担越轻，收入越低的负担越重，违背了公平税负和合理负担的原则。再加上5%以外的"乱摊派、乱集资"都是按人头平均计算，更是不合理。还有的地方为了多提留，往往弄虚作假，随意加大农民收入的数字，对低收入的农民来说更是雪上加霜。

1996年8月，全国政协经济委员会主任扩大会议上通过了政协经济委员会起草的《关于切实解决农民负担问题的建议》。9月，李鹏、朱镕基、李岚清、姜春云、温家宝等同志先后作了批示，李瑞环同志对此也非常重视，这份建议对税费改革也许起到了某些推动作用。

记者：正在进行的农村税费改革，记者进行了解后发现存在一些不够完善的地方，您认为有哪些方面值得注意？

王郁昭：农村问题的关键是正确对待农民的问题。如果这个问题解决不好，农民的切身利益和民主权利不能得到保护，党在农村的各项政策就不能得到贯彻落实，因此在农村开展以"三个代表"为中心的"学教"活动是非常必要的。现在，搞税费改革，有一个问题值得注意，那就是计税常产的问题。听说有的地方采取了虚报常产的做法，以尽量获得资金，维持乡镇两级政权的运转。

搞改革，最初我们就建议一方面要减负，另一方面要注重配套改革，如精简机构、精减人员，中央已经部署，应坚决执行。另外，国民基础教育本应由国家负担，世界各国都是这样做的。我国在城市是由国家负担，唯独在农村仍要农民负担。教师的工资数量很大，全国大多数县教育经费占全县财政支出的60%以上，如果农村义务教育的问题解决了，中央即使不下拨200亿元的财政转移支付，改革也能进行下去。

（原文刊载于 2001 年 4 月 21 日《中国经济时报》）

吴仁宝

　　吴仁宝（1928～2013），男，江苏江阴人。高级政工师、高级经济师，农民企业家、农民教育家，中国农民的杰出代表。1954年加入中国共产党。历任江苏省江阴县委书记、华西村党委书记、江苏省政协常委、华西村党村企总办主任、华西集团（公司）董事长。全国人大第六、第七、第八届代表。改革开放后坚持以集体经济为主的共同富裕发展道路，带领全村党员、群众艰苦创业，把一个贫穷落后的小村庄建设成享誉海内外的"天下第一村"，成为中国特色社会主义新农村建设的典型。

"三靠"：调动干部群众积极性的主要方法

华西建村 33 年来，在党的正确路线方针政策指引下，坚持发扬自力更生、艰苦奋斗精神，积极发展集体经济，走共同富裕的道路，全村面貌发生了巨大的变化。1993 年全村总产值 10.55 亿元，人均超 70 万元；实现利税超亿元，人均 7 万元。全体村民实现了"七有七不"：小有教（从幼托到中学免交学费），老有靠（农民享受退休保养金），房有包（民房由集体承包建筑），病有报（看病定额报销），购有商（买商品不出村），玩有场（娱乐设施齐全），行有车（250 户农民新买了捷达轿车）；吃粮不用挑（集体送上门），吃水不用吊（村有自来水），煮饭不用草（家家通管道煤气），便桶不用倒（户户有抽水马桶），洗澡不用烧（热水管道通每家），通信不用跑（家家装有直拨电话），冷热不用愁（户户有挂壁式空调）。华西村已成为江南田园旅游中心。李鹏总理来华西村视察后亲笔题词：华西村，中国农村的希望所在。回顾这些年华西的发展历程，我体会最深的是：要使工作卓有成效，必须调动全村干部和群众的积极性。怎样调动群众的积极性呢？我们的主要方法是"三靠"：

靠思想教育调动群众积极性

我们联系国情、村情、民情、社情，结合各个时期的实际，确定农民易懂易记、易于接受的教育内容和方法，向农民进行社会主义教育。我们创办了"精神文明开发公司"，有"经理"全面负责精神文建设方面的"产、供、销",专抓看不见的"钱";有"采购员",专门采购精神上的"原材料",协助各厂做好职工的思想政治工作;有"场所",以三层文化科技楼为基地,对全村900多个青壮年轮流进行思想政治、法律法规等方面的培训,全员参训率达92%。

思想教育内容,主要有三个方面:一是社会主义教育;二是党的政策教育;三是结合本村群众思想实际进行教育。党的十一届三中全会以来,我们在进行社会主义教育中首先着重弄清什么叫社会主义。实事求是地说,我对这个问题懂得太少。中央提出的社会主义初级阶段理论,对农民来说,不容易理解;对农村基层干部来说,也不大容易讲得清楚。进行社会主义教育的时候,我们定了个"土标准"。什么叫社会主义?一句话,人民幸福就是社会主义,什么叫共产主义?也是一句话,全人类幸福就是共产主义。如果人民不幸福,贫穷落后,那绝不是社会主义。什么是幸福?我们有三个土标准:生活富裕,精神愉快,身体健康。这三条达到了,就可算幸福了。什么叫生活富裕?有四条标准:楼上铺地毯,楼下铺地板,吃水用开关(自来水),雨天村上走路不打伞(长廊准备接通)。什么叫精神愉快?也是四条标准:家庭和睦,邻里相亲,干群团结,上下齐心。我们认为,精神愉快,主要是处理好人与人的关系,人与人之间的关系搞好了,精神就愉快。上下齐心非常重要,如果我们村干部同上级领导干部同心同德,关系很好,心里就很踏实,就能大胆地工作。上下都是为了搞好社会主义建设的,应齐心协力。什么叫身体健康?也是四条标准:日常增加营养,年老集体保养,孩子精心培养,业余文体形式多样。

我们对共产党员和职工经常进行"六爱"教育,就是爱党爱国爱华西,爱亲爱友爱自己。我们认为,"六爱"是我们华西人的精神支柱。"六爱"教育很重要,抓住了这条就能调动大家的社会主义积极性。我们把"六爱"教育和普法教育结合了起来。国有国法,村有村规,爱国家就要严格遵守国家的法令,爱华西就要自觉执行村规民约。我们利用业余学校,举办轮训班,使全村900个劳动力,人人学法,个个守法,基本上出现了"三无"(无赌博、无迷信活动、无刑事犯罪)、"三多"(尊老爱幼多、家庭和睦多、邻里团结多),形成了良好的村风民风。

靠党的政策调动群众积极性

在农村,分配政策的制定与实施至关重要,要兼顾国家、集体、个人三者利益。我们华西既不搞"大锅饭",又不准"独吃饭",实行按劳分配、多劳多得,适当拉开档次,档次不能拉得过大,不能脱档。华西人均分配3000多元。总公司与各分公司或企业实行承包经营,年终按合同兑现。经济效益超额部分,实行"二八、一三三三"的办法兑现。所谓"二八",就是企业的超额利润,其中20%上缴总公司,80%留给本企业;所谓"一三三三",就是留下的80%部分,其中10%奖给承包者(经理或厂长),30%奖给其他管理、技术人员,30%奖给职工,还有30%留给本企业作为公共积累。我们采用这种方法,既调动了承包者的积极性,又调动了劳动者(职工)的积极性。我们对个人分配是适当控制的,不搞分光吃净,妥善安排好三者关系。国家一头,依法交足;集体一头,积累留足;农民一头,保证生活富足。近几年来,集体积累每年成倍或几倍递增,而个人分配每年递增15%左右。我们在分配上不搞攀比,不求暴富,逐步增长不大跳,保证集体、个人共同富,长期富,使集体经济形成了自我"造血"滚动发展的良性循环。我们对个人分配的钱,根据各家各户情况,动员他们多存集体,利息照付,少拿现金,积蓄资金,用于买新房、购轿车、办大事。对企业的承包经营者,年终按合同分配兑现,也动员他们少拿现金,记账入股,厂在股金在,按照企业效益,适当分红,促使承包者(厂长)搞长期行为,共担风险。广大职工对此很拥护。所以,一定要用好党的政策。凡是有利于国家、有利于集体、有利于人民的事,一定要办好,调动各方面的积极性。

靠干部以身作则、模范行动调动群众积极性

我们对干部经常进行思想教育，主要是加强维护干部权威的教育。现在有些单位的干部，威信不高。为什么不高？没有教育好。领导经济工作，讲外行话，就没有威信。我的体会是，干部要有权威，一是廉洁，二是懂行。我们华西村干部是有权威的，村里发个通知，可以迅速把所有村民、职工集中起来，工前工后晚上都可以开会。现在，社会上有些企业为什么办不好？主要是干部不廉洁。群众反映这些企业的问题是："技术科里卖图样，供销科里暗进账，保卫科里打麻将，人事科里看对象，班组长们骂骂娘，上级没有办法想，只好经常换厂长。"一个工厂要是连续换上三次厂长，这个企业就不行了。

华西的干部要德才兼备。对德，我们有三条标准：办事认真，处事公正，经营廉洁。经营廉洁就是在经营过程中做到"三守"，即守法、守约、守信（用）。干部要为党、为人民办事，认认真真干工作，要把集体的事办好，然后把家里的事处理好。如果只为集体，不把家里的事处理好，会影响工作；如果只顾家里的事，不顾集体的事，那就不是好干部，这种干部当不长。对才，也有个标准，即具备"三个水平"：政策水平、技术水平、管理水平。为啥不讲文化，不讲年龄？因为农村有个特定条件，只要他懂政策、技术、管理，也就具备了起码的知识水平；如果三条标准都具备，哪怕年龄大一点，只要身体好，也可以。符合这两条土标准的干部叫全才，可以当厂长，可以当头头。如果只懂一行，懂政策的就只抓管理，懂技术的就管技术。我们华西干部有两个特点：第一，改变"家有两行，必有一荒"的旧观念。农村今天办这个厂，明天不办了怎么办，所以干部人人多能，要有多种本领。村的领导对下是党政一把抓，对上再分家，每个干部身兼几职，不脱离实际工作，不脱离劳动。村长既分管全村工作，又分管计划生育、妇女工作，还是主办会计，他的分配在基层；另一个村长兼两个厂的会计。第二，

改变干部"只能上不能下"的传统观念。干部都能服从分配，能上能下毫无怨言，今天做这个，明天干那个都能干好。我们村干部没有办公室，也不坐办公室。上面没有公办，公事在下边，到田头去办，到厂里去办。村办企业的干部很少，有的办公室只有一个人，不设安排性的、照顾性的干部，要扎扎实实办实事的干部。在这方面，我是得罪了不少人，我们也不怕得罪人，因为我们是对集体对群众负责。

一个单位要健康长寿，我的体会是三条：一要有自主权；二要有自知之明；三要有高度的事业心。我工作 30 多年，人家问我成功的秘诀是啥？我说：实事求是。千难万难，实事求是最难，当第一把手最难。30 多年来，我长期当村官，也当过乡官、县官，经历了一个"听、顶、拼、醒"的曲折过程，实际上也就是思想路线逐步走向实事求是的过程，这个过程是：

50 年代"听"，那时年纪轻，没有经验，官比吴仁宝大的话都听，上面说啥就做啥，照搬照套，"大跃进"、放卫星，跟着说蠢话干蠢事。1958 年报产量，人家报粮食亩产 1 万斤，我报 3700 斤，我报的虽然比人家低，但也是假的。结果老百姓吃苦头，后来看看不行了，不干这些蠢事了。

60 年代"顶"，开始是硬顶，一听到不符合实际的事情，就当面顶回去，结果上面说"骄傲自大，目中无人，独立王国"。眼看实事求是要明"吃亏"，自己丢掉乌纱帽无所谓，农民要吃大苦头，后来就硬顶改软顶，当面坚决答应，谢谢领导关心，背后决不执行。因为官僚主义者高高在上，鞭长莫及，"口头落实"就等于"行动落实"了，当然，过去办事缺乏实事求是精神不能全怪上级领导，基层干部也有责任，汇报讲好的、视察看好的、参观的路线定好的，上面不按指定的路线参观，心里还挺有意见呢。

70 年代"拼"，那时，头戴村支部书记和县委书记两顶乌纱帽，担子重，压力大，于是大干社会主义，拼命改变农业生产条件，以粮为纲，两熟改三熟，平整土地，开河筑路，河里沟里都种稻，什么都拼着命干，既有干对的，也有干错的。

80 年代"醒"，解放思想，改革开放，调整产业结构，什么事情都得从实际出发，对的坚持，错的改正，所以，华西在 80 年代就发展很快，变化很大。

共产党讲真理，讲马列主义、毛泽东思想，核心是讲实事求是，理论上容易懂，但最不容易落实，主观与客观，理论与实际，动机与效果往往结合不起来，这叫千难万难，讲实事求是最难，做到实事求是就没有克服不了的困难。

（此文发表在 1994 年第 6 期《乡村领导》）

华西村的改革成就

从改革开放到现在，已经有 30 年的时间，我们华西变大了，现在已经超过 35 平方公里。从人口来说，我们原来是 1000 多人，现在有 35000 多人。我们今后的设想还要更大。今后华西最起码要达到 100 平方公里。从大来说，作为村来说是大了，关键是经济上要做大，而且要做优。

交税超过 8 亿元

改革开放的政策，我是最拥护的，当时我非常高兴。因为改革开放是把过去错的思路纠正过来，所以叫拨乱反正。把"乱"反过来变成正，这是最大的变化。我那时候还被人家盖过很多帽子，那个时候搞生产，是偷偷摸摸的，是不合法的。我也不怕违法，因为我是个农民，没有什么顾虑。改革开放来了，允许我们这样搞了，我的积极性就更高了。

当时农村都流行包产到户，华西村没有走这条路。我是听中央的，因为中央讲的是"宜统则统、宜分则分"。中央是非常对的，中国有个毛病是一刀切、一窝蜂。当时我们就没有这么做，我们是宜统的。有些人年纪大了，思想僵化了，就搞一刀切。我是一直避开切，也很容易避开切，那就是自己不要去当先进。如果要去当先进一定会跟风，对于我们自己本身来说，不需要当先进。

改革开放之后，我们去广州考察了一次，到南方考察主要是解放思想，因为广东开放得早，去考察就是要学广东这种思想，把它灌输到我们这里，这是主要目的。

之后国家又来了个整顿治理，确实影响经济发展。所以在邓小平同志南方谈话发表后，我们就感觉到机会又来了。我们凌晨 3 点开会，所有的钱都偷偷用来买原材料了，而且能够借到钱也要买。为什么？因为我们判断市场要上去，我们一下子赚了不少钱。那时候不到一个月，价格上去非常快，建材是卖 700 元一吨，最后涨到 2000 多元，铝锭是 4000 多元一吨，没有几天就涨到 8000 多元。华西村在那一次赚了很多钱。

华西村的经济是由弱变强。1961 年刚建村的时候，我们一个村还欠人家 2800 块钱。现在，我们总资产超过 160 亿元。从产品来说，我们的产品一直保持着比较旺盛的销售，为什么会保持这样，因为我们一直讲诚信。我们的产品一般是不做宣传的，但是每年的销售额都在增长，从 100 亿元到 200 亿元，从 200 亿元到 300 亿元一直到 400 亿元，去年到 450 亿元。

现在华西集团号称"八大公司"，连子公司算上共有 20 来个。要说企业，我们有 50 多个，从产品来说，1000 多个产品。总的来说，不仅是有多少企业，主要是要有效益，没有效益就不叫科学发展。所谓科学发展，要从环境、老百姓包括社会上来讲，所以我们既是金山、银山又有绿水青山。我们去年交的税超过 8 亿元，8.6 亿元；前年 7 亿元多一点。前年我们村里剩下来可以用的钱超过 20 亿元，去年要超过 25 亿元，老百姓还是人均 8 万元。

发展经济是无界限的，没有地域的，这样才叫思想解放。但是我们在发展经济的同时也还要有社会效益，我们到外地办企业搞村，是为了华西村，但华西富了，不能忘记全国人民，也不能忘记欠发达地区。所以我们到外地办了几个村，我们还到国外办了矿，在墨西哥。所以要发展经济，一定要思想解放。

建全球村中第一高楼

从 1975 年开始，华西村的旅游业就有了，主要是接待国外的人。当时规模很小，后来逐步发展起来了。为什么要发展旅游业？说工业要反哺农业，农业就是要搞旅游业，发展了旅游业就能安排就业，对人的素质还有所提高。

咱们华西村有长城、天安门，还有五角星的广场。为什么要搞这些建筑呢，我们凡事为老百姓去想，就会有事情做。我们国内有名的景点是天安门、长城。但是农村老百姓，大多数还没有条件去北京。所以说我们是为老百姓着想，他到这里可以看看天安门是什么样子。凡是老百姓拥护的事，就说明我们共产党为他们的工作做到家了。华西的老百姓，他们是一片赞美声。

现在每年到华西参观的人大概有 200 多万人。我们现在的实际收入是 1 亿元，目标应该是达到 2 亿元。

发展到现在，我们正准备自己建一座大楼，高度 328 米，是全球村里最高的一个楼。这是我们自己造，我们的技术力量实际上不仅是国内的，还有国外的。只要用人，用好人，就不愁办不好事。这个产权是我们的，在未来三年就可以看到了。因为现在北京最高的楼只有 315 米。我们这个比北京的还要高。但我们不是比高，主要是比样式。我们原来叫"不土不洋"，但是现在是标准的洋了。

凡是世界上最高的楼我们都去看了，最后看下来还是迪拜的楼的式样比较好。根据迪拜的这个式样，我们自己再有创新，因此我们设计出来的可以说在目前世界上是比较优秀的。

特色建设

改革开放以来，我们始终抓住经济不放松。

有人不理解华西，说华西为什么不转制，我们是听中央的。中央的方针政策还没有出台的时候，我们已经在做了。我们一直是贯彻马列主义、毛泽东思想、邓小平理论、"三个代表"重要思想这种精神的，这个在我们华西村的实践是正确的。比如用"三个代表"来检验，合格了的同时，还要老百姓来检验，我们华西老百姓都说好。所以办一切事情要真正实事求是，从实际出发。

华西村的未来就是要建设社会主义的高级阶段，这是中央财经工作领导小组一位主任说的。他说华西现在是共产主义初级阶段了，当然他这是对我的鼓励。但是华西怎么从中级阶段到高级阶段？一是经济发展；二是人民富裕。这里的富裕是要共同富裕，村里没有困难户。我们这次对照"十七大"精神，一项一项对照，凡是十七大提出的要求我们华西村通通都做到了，而且有些已经是在考虑十八大的要求了。

华西今年还是四个建设。一个是经济建设，我们的效益要再增 20%，而且这个发展是有效发展。政治建设，我们按照法治民主来管理好华西，叫政治建设。文化建设，中央提的大发展、大繁荣，我们华西一直保持小发展、小繁荣，我们有政治文化，有企业文化，包括饮食文化都有了。从社会建设来说，我们要把老百姓的生活打造成"中康"水平，我们还要帮助社会上的一部分老百姓。总的来说，这四个建设都要提高。不过，最重要的是抓好党的建设，我们党的建设还是做到党员干部有福民先享、有难官先当。

（此文发表在 2008 年第 2～3 期《今日中国论坛》）

新农村，我们 2005 年就建好了

新中国成立 60 年，我也正好工作了 60 年。现在，我已年逾耄耋，历经了风风雨雨：一是新中国成立前的 22 年；二是新中国成立后的 60 年。前后对比，简直是"两个世界"。每当追忆起这两段难以忘怀的岁月，特别新中国成立以来的 60 年，我确实是感慨万千……

新中国成立以来到 2005 年召开的十六届五中全会，上面一直要建设社会主义新农村，到底什么叫社会主义新农村？没有一个具体的标准。下面怎么办？我们就自己立了一个社会主义新农村的土标准。什么叫社会主义新农村，首先要弄懂到底什么叫社会主义？人民幸福就是社会主义。幸福有"三条标准"：生活富裕、精神愉快、身体健康。什么叫新农村？我们叫"三化三园"：美化、绿化、净化，远看像林园、近看像公园、细看农民生活在幸福的乐园。党的十六届五中全会上，社会主义新农村的标准出来了，有"五条标准"：生产发展、生活宽裕、乡风文明、村容整洁、管理民主。对照这"五条标准"，华西已经实现了。

改革开放前，我们偷偷办工厂

华西在 1961 年建村时，集体积累只有 1764 元，人均分配 53 元，家家穷得吃不饱肚子，许多人跑到外乡谋生路。为了解决老百姓的温饱，我们在 1964 年制定了《15 年发展远景规划》，在十分艰苦的条件下，一天干上 12～18 个小时，白天田间管理，晚上平整土地，硬是凭着一股拼劲，投入了 27 万个劳动日，搬掉 984 条田岸，削平 57 座土墩，填平 39 条沟渠，把原来 1200 多块七高八低的零星田块，改造成高产稳产农田。到 1972 年，就提前完成了远景规划，全村粮食亩产超过一吨（三熟），成为了"全国农业先进单位"。

"无农不稳，无工不富，无商不活。"我们在"以粮为纲"的年代就认识到，发展农业只能解决温饱，要想真正让老百姓富起来，还是要发展工业。

1969 年，我们偷偷办了一个小五金厂。那时候，办工厂是资本主义，要受到批判的。所以，我们把工厂办在了泽地之中，周围都是树。如果有领导来检查，我们就把工人都叫出来，担河泥、扦草皮，干得热火朝天。等领导走了，再让工人回来加班加点地干，把损失补回来。我们用这个厂赚的钱来办托儿所、中小学和农民夜校，改善居住条件，提升村民素质。

"开了一个会，赚了一个亿！"

改革开放后，全国推行家庭联产承包责任制。这时候，华西的集体经济已经有了相当规模，而且人多地少，工业发达，集体家底厚，分田到户不适合自身实际。由此，我们把全村 500 多亩粮田承包给 30 名种田能手，绝大多数劳动力转移到工业上去。当时，就有人问我："你们为什么不分田到户？"关键是我们听中央的。中央讲"宜统则统、宜分则分"。对华西来说，既统了，也分了，主要做到"两句话"：集体重工抓粮，个体修补种养经商。

我们在发展经济、致富人民的过程中，必须坚持解放思想、实事求是，听中央的"不走样"，听国外的"不走神"，听老百姓的"不走偏"。党的十一届三中全会召开后，中央鼓励发展乡镇企业，华西也乘着这个机会，先后兴办了锻造厂、冷轧厂，并以这些"巡洋舰"为领队，于 1988 年胜利夺取了"亿元村"的目标。之后，我们又接连实现了"三亿村""五亿村""十亿村""二十亿村"。

1992 年 3 月，小平同志发表南方谈话。我们当时就预感到，全国经济要有一次大发展。对于华西来说，大发展的机会来了。我兴奋不已，凌晨3点与村党委委员、正副村长及各厂厂长到会议室开会，分析了面临的机遇，提出华西要加快发展，进行新一轮创业。为此，我们做出了动员一切资金，加快经济发展的决定。短短半个月内，我们借款2000多万元，吸收个人资金入股400多万元，加上自有流动资金，一下子购进近万吨钢坯、1000吨铝锭、700吨电解铜等原材料。等到小平同志南方谈话精神正式传达后，全国立刻掀起了一个加快改革、经济大上的热潮。随之而来，原材料价格迅速上扬。这时，有人向我建议，把购进的原料卖出，大赚一笔。可我们没有这样做，而是把原材料用于企业的正常生产，保证客户的需求，维护了华西企业的信誉。后来，有人说我吴仁宝是"开了一个会，赚了一个亿！"

一村富了不算富

从20世纪90年代开始，全国掀起了乡镇企业改制的浪潮，许多地方都在搞企业转制。我认为，改制的真正目的是促进生产关系与生产力相适应，调动大家的积极性，提高企业的效益。我们受到"一国两制"的启发，搞"一村两制"，既可以搞集体，也可以搞个体。由于华西的干部觉悟低，我们不允许搞"一家两制"，更不允许干部搞"一人两制"。比如说，丈夫在企业当厂长，老婆在个体饭店里当老板，丈夫的客人统统到老婆的饭店里去吃饭，吃了一百付一千，甚至不吃也在付钱，那么集体的"肥水"就流进了个体的"田"。1998年，江总书记来华西视察时高兴地说："你这样做，是正确处理权与钱的关系！"

在胡锦涛总书记提出"科学发展观"后，我们结合自身实践提出："发展最科学，不发展最不科学，有效发展最科学。"华西不仅有"抓大放小"，而且有"抓大扶小""抓小扶大"，还有"放大抓小"。这些举措，既符合中央精神，也符合华西的实际，调动了各方面的积极性，使大中小各类企业都焕发出新的活力。2003年8月，我们提出了"新投项目'急刹车'、技改延伸项目'开稳车'、已投项目'开快车'"的"三车原则"。这与中央 2004 年提出的宏观调控、科学发展观，不搞"急刹车""一刀切"完全一致。由此，华西的发展在宏观调控形势下不仅没有受到影响，反而取得了骄人的成绩，实现了百亿元村、两百亿元村、三百亿元村、四百亿元村、五百亿元村……

"一人富了不算富，集体富了才算富；一村富了不算富，全国富了才算富。"从 20 世纪 80、90 年代开始，华西就先后帮助陕、甘、宁地区培训了 1 万多人，带动 10 万多人脱贫致富。从 2001 年 6 月开始，我们又通过"一分五统"的方式，纳入周边 20 个村共同发展。现在，35 平方公里、3.5 万人的大华西，确实是人心所向、一呼百应、社会和谐，老百姓都过上了"基本生活包、老残有依靠、优教不忘小、三守促勤劳、生活环境好、小康步步高"的幸福生活。

（此文发表在 2009 年第 38 ～ 39 期《中国经济周刊》）

老百姓过上幸福的生活，是我最大的快乐！

　　我今年 84 岁了，历经过风风雨雨、坎坎坷坷，有着与同龄人相同的、难以忘怀的人生经历：50 多年的党龄、60 多年的工龄、70 多年的农龄、80 多年的年龄。如果说新中国成立前的 22 年，是我在黑暗中度过"童年、少年、青年"的 22 年，那么党领导人民建立新中国后的 62 年，更是我走向"光明、幸福、富裕"的 62 年。前后对比，简直就是"两个世界"。每当追忆这两段岁月，特别是面对我所生活的华西村所发生的巨大变化时，确实是感慨万千……

　　新中国成立初，到 1957 年华西成立党组织，再到 1961 年华西建村时，全村土地高的像笠帽顶，低的像浴锅潭，800 多亩土地，分割成 1200 多块，粮食亩产 681 斤，集体积累 1764 元，欠债 2 万元，人均分配 53 元。当时，东一村西一村，村村都是种田人，前村不识后村人。全村只有 145 户，人口 578 人，党员 12 人。村民穿的都是土布，到 60 年代才有粗纱布。那情景，真正是"一场大雨白茫茫，半月无雨苗枯黄，人均日有半斤粮，有女不嫁华西郎"。

　　20 世纪 70 年代，"穷够了"三个字，迸发出华西人"共同富裕"的创业梦。我们党支部一班人，团结带领全体村民，硬凭苦干实干，对世代农耕的土地，进行了史无前例的治水改土，建成了高产稳产的"吨粮田"，一时名震全国，被国务院授予"全国农业先进单位"。其间，我们还顶着割"资本主义尾巴"的风险，偷偷办起了"地下工厂"——小五金厂。当年的华西干部村民为此吃了很多苦，人称"做煞大队"，真正是"劳动就像战斗，分工就像命令，工作就像打仗"。

80 年代，我们乘党的十一届三中全会的东风，大力发展乡镇企业。到 1987 年，先后兴办铜铝厂、锻造厂、冷轧厂，并以这些"巡洋舰"为领队，胜利夺取了"亿元村"的目标，之后又接连收获了一个又一个跳起来才能摘取的"金苹果"，实现了"三亿村""五亿村""十亿村""二十亿村"，真正是"全村上下跑市场，勒紧裤带办大厂，跳出村门攻城门，共同致富华西人"。

90 年代，我们借助 1992 年邓小平南方谈话的强大动力，迈开步伐快发展。全村上下抓住商机，抓管理、保质量、上项目，达到了企业上规模，小厂变中厂，中厂变大厂，新厂变成亿元厂。到 1999 年，全村销售达到了 35 亿元。村民们也圆了昔日的梦想，走出了一条独具华西特色的共同富裕之路。华西富了，但我们没有忘记左邻右居和经济欠发达地区，从 1996 年开始，先后到宁夏、黑龙江援建了两个"省外华西村"（现已移交当地政府）。最近几年，我又提出"村帮村户帮户，核心建好党支部，最终实现全国富"的思路，为全国培训农村基层党组织干部。截至目前，已有北京、湖南、吉林、辽宁、安徽等全国 20 多个省区市的基层干部到华西互学交流，累计 20 多万人。其中，贵州省委组织部从 2010 年 5 月起，先后组织 24 批、近 5000 人前来培训。真正是："一人富了不算富，集体富了才算富；一村富了不算富，全国富了才算富。"

进入 21 世纪后，华西人已逾越了城乡之间的"鸿沟"。全村从当初的贫穷落后，变成了美丽"五容"（山容、水容、田容、厂容、村容），幸福"五子"（票子、房子、车子、孩子、面子），科学"五业"（农业、工业、商业、建筑业、旅游业），科学的"一分五统"（"一分"，就是村企分开，村归村，企业归企业；"五统"，就是经济统一管理、干部统一使用、劳动力在同等条件下统一安排、福利统一发放、村建统一规划）。2010 年，全村实现销售收入 512 亿元，实现可用资金 35 亿元。面对"十二五"规划，华西不仅要确保今年达到可用资金 50 亿元，而且 2015 年达到可用资金 100 亿元、销售

1000 亿元。老百姓的生活也是"芝麻开花节节高"。像中心村村民，户户都有 100 万至 1000 万元的资产，既没有亿万富翁，也没有两手空空，实现了"八有"，学有优教、劳有高得、病有良医、老有保养、住有宜居、信有手机、行有好车、路有大道。像"一分五统"后大华西，35 平方公里内的 3.5 万名干群，都已过上了"基本生活包、老残有依靠、三守促勤劳、优教不忘小、生活环境好、小康步步高"的幸福生活。至今，小华西已为大华西支出 10.5 亿元。目前，一幢名列世界第 15 位、328 米高的"增地空中新农村大楼"，将于今年 10 月华西建村 50 周年时正式投用。新购买的两架直升机，也让村民们实现了"空中看华西"的梦想。所以说，什么是社会主义，人民幸福就是社会主义！

"一分耕耘，一分收获。"2006 年"七一"，我参加北京的会议时，胡锦涛总书记对我说："你好，你为社会主义新农村建设作出了贡献，谢谢你，谢谢你！"80 岁时，我还当上党的"十七大"代表。胡锦涛总书记到江苏组讨论时，听了我作的"三个好"（一是会议好，二是共产党好，三是中国特色社会主义好）的主题发言后，笑着说："好，我们为你鼓掌！"作为我个人来说，已经工作 60 多年，但我还是要始终坚持"三不"：不住全村最好房子，不拿全村最高工资，不拿全村最高奖金（近几年，上级政府给我的近半个亿奖金，我分文未取，全部用于发展集体事业），做到生命不息，服务不止，争取干到 88 岁，始终把老百姓过上幸福的生活，作为自己最大的快乐。因为，过去的人生历程告诉了我：没有共产党，就没有新中国；没有新中国，就没有我吴仁宝的今天，没有华西人今天的一切！

（此文发表在 2011 年第 7 期《群众》）

对话吴仁宝：我闭幕了

赵佳月

我不考虑荣誉

记者：华西一直以来是个争议。有人说华西"只见集体，不见个人；只有家长意愿，没有个人的理想"，这你怎么反驳？

吴仁宝：说这样话的人，还是传统的老观念。为什么这样说？因为老百姓很听话，为什么很听话他没有调查，只知道华西的人不自由。为什么？因为吴仁宝搞家长制。实际并不是这样子，"无规矩不成方圆"，华西以前有村规，现在有村民委员会组织法，华西就两句话，叫"实事求是，依法办事"。但是，有些本身不懂法律，甚至违法的人，他就想不通了：华西为什么会这样呢，肯定是家长制，管理严格。靠家长制是不行的，如果靠家长制，那就变成一家之主了。结果大家都要反对的，是不行的。家长制，把"长"拿掉，靠制度来管人，不是靠"长"来管人。所以我们说靠制度管人，不是靠人管人。家事长辈管小辈，制度不一样。华西创造了"三制"：体制、机制和班制，这是有华西特色的。

记者：华西的荣誉和华西的利益一起放在天平上，您怎么来平衡这两者？

吴仁宝：所谓荣誉，我是不考虑荣誉的。你如果要去考虑荣誉，这个单位就搞不起来，因为这样思想上就有负担了，所以我只考虑一条，按照中央的政策，在我这里用好，把老百姓富起来。内部建设好，荣誉就送上门了。如果为了荣誉，弄得不好就搞虚假了。不符合实际的虚假，最后这个荣誉也成了昙花一现。所以我一直讲，我自己不要当先进的。如果我要当先进就一定会跟风，我不跟就不先进，但那是一时先进，所以有时看看华西比较先进，有时看看华西不太先进。有时看看华西，人家还有怀疑，比如改革开放后，分田到户是先进，我不分就是不先进；后来种田大户是先进，我们没有种田大户啊就不先进；再过一段时间，要搞新的三集中，我们是老的集中又不先进。我想来想去就要笑，他们比我辛苦，他们为了两亩地，你看多辛苦，我这个地一点都不辛苦。我还是按照中央的说法"宜统则统，宜分则分"，听中央的。我也讲过了，宜统不统就不科学，宜分不分也不科学。但是中央不会考虑这么多，他认为分田到户就是先进，你不分是因为你年纪大僵化了。还有转制，我华西不转，也不先进了。中央想抓大放小，我华西就抓大扶小。现在温家宝还说要抓大扶小了。

记者：从分田到户到企业转制，一直到现在，你一直坚持不分田、不转制，而外面的世界却在分、在转，这过程中您就没有动摇过吗？或者有没有人在村里跟你提反对意见？

吴仁宝：有个专家叫胡福明，叫我一定要坚持公有制为主体，但是转制了一段时间后，他和我说：仁宝，坚持不住了。我跟他说：这个坚持是靠谁坚持的？不是谁叫我坚持就坚持的，哪个叫我不要坚持就不坚持了。我还是走我的路。我现在和他开玩笑，你们这群知识分子就这个毛病，开始跟我说一定要坚持，后来跟我说看样子坚持不住了。

在50至70年代有人反对的，70年代后期就没人反对了。为什么不反对了呢？它又变成了神话：吴仁宝说的总是对的，没有错的。

有个笑话，当年江苏省政协主席孙晗，他讲我们江苏只有两个人能讲真话的，一个是我孙晗，一个是吴仁宝。我对他说了，你这样说太片面了，能讲真话的人很多，不止我们两个人。但是我们两个人能讲真话，不等于我们讲的正确。往往讲真话的人要讲不正确的话，往往不太讲话的人，他会说正确的话。

记者: 那您觉得您自己一直在讲真话,讲的是对的吗?从70年代后,大家都认为吴仁宝说的话就是正确的,几乎都成了神话,您自己觉得呢?

吴仁宝: 下面越是听话,我越是要思考比较符合实际的话才讲,不能随便说话。如果大家都说你说得对,那不得了了,弄得不好是要出问题的,所以越是要思考。怎么来真正符合实际,主客观一致,理论和实践结合,这个达到了,他们也满意了,确实也不大出问题了。所以讲话也不是随心所欲的。

记者: 您一直住村里最老的房子,吃东西也很简单。

吴仁宝: 这是我实践下来的,我现在还这样,鸡蛋每天吃8个。我们小时候,鸡蛋是档次最高的补品,一个妇女生孩子,要吃一窝头窝鸡蛋,一只鸡第一次生的二三十个鸡蛋,那你就吃了最高的补品了。我们干活,手割破了,吃一个鸡蛋。从实践来看,鸡蛋的营养好。其次,鸡蛋的价格最便宜,其他的什么都没它这么便宜,要吃一斤鱼翅,我看这个鸡蛋要用汽车装了。

多吃面条,面条比大米好,这也是我从实践看的,山东人和河南人、东北人,他们吃包子面食多,人也长得高大。你看我们广东人、广西人、湖南人都吃的大米,人也比较小。

记者: 如果现在社会发展需要,要剥夺您吃鸡蛋吃面的权利,您必须要吃鱼翅鲍鱼,您怎么办?

吴仁宝: 我还是不吃。难得出去大家请客什么就尝一下。但我吃吃没什么好吃。不习惯。鱼翅还不如青鱼尾巴好吃。鲍鱼还不如螺蛳肉炖酱好吃。

以后会有村超过华西的

记者: 您现在84岁,人生到了这个时候,您还有什么遗憾吗?

吴仁宝: 我现在有两个遗憾。一个是我年轻时候,苦吃得多,但是为人民做的事情反而少。这是什么原因?那时候主要是我们中央的方针政策,没有现在这样的好政策。那时候，我实事求是，为什么也会做一些脱离实际的事情，这就有点遗憾了。第二是我的身体。我感觉像我身体比较好，也有不好之处。我的眼睛有点糊涂了。因为我的性格，为了工作，疲劳过度。开始我的眼睛视网膜剥离，一只好，一只不好开了刀。走起路来，有点高低。后来左边的眼睛发现问题，一次看不清，一分钟什么也看不见，一分钟后马上清楚，拖了半年。慢慢习惯了。有一次晚上睡觉时，又看不见，我就睡着了，两三个小时醒来，还是看不见，医生抢救，已经不行了，血管堵塞了，其实就是眼睛中风。这是我自己耽误掉的。在工作和身体的安排上，对自己不够珍惜。现在也有点遗憾，如果眼睛清楚了，我工作的时间能长一点，看的东西也清楚点。现在要是能看华西的变化，我想对我的鼓励也就大一点。

记者：为什么全国只有这么一个华西村？

吴仁宝：全国不能说只有这么一个华西，也有比华西好的，但是它的时间不长。经常有超过华西的，主要是他们看到自己好得不得了，这样就了不得了，出问题了，所以我们华西要么不说，说就要留有余地，说了要做到，这样就能保持积极性，如果说的多，做的少，对老百姓不诚心。只说不做更不行，要让老百姓看到实实在在的。

所以干部和百姓要一条心，干部要自己的名利，就不考虑老百姓的福利，最后就脱离了群众，不能持久，只能一时。以后也会有超过华西的，但是华西不是待在这里等它超。我是希望中国有更多的村超过华西，也是对国家的贡献。

（原文刊载于 2011 年 11 月《南方人物周刊》）

袁隆平

　　袁隆平，男，1930年生，江西德安人。中国杂交水稻育种专家，中国研究与发展杂交水稻的开创者。2000年度获得国家最高科学技术奖，2006年4月当选美国国家科学院外籍院士，2010年荣获澳门科技大学荣誉博士学位。袁隆平是杂交水稻研究领域的开创者和带头人，致力于杂交水稻的研究，先后成功研发出"三系法"杂交水稻，"两系法"杂交水稻，超级杂交稻一期、二期，提出并实施"种三产四丰产工程"。被誉为"世界杂交水稻之父"。

一粒种子的价值

"一粒种子改变一个世界"，种子是农业之母，是农业科学的芯片，是粮食生产的源头；种业的可持续健康发展，对粮食安全的保障起着十分重要的作用。

1949 年新中国成立以来，我国在任何历史阶段都把农业发展作为重中之重。特别是 20 世纪 80 年代改革开放以来，农作物种植和粮食生产取得了巨大的飞跃，实现了用占全世界 7% 的耕地，养活世界 22% 人口的目标，这是个令世人瞩目的成就。这不仅保障了我国的粮食安全，也为我国的改革开放、经济快速稳定发展奠定了坚实的基础，同时也为解决全球的饥饿问题、促进世界和平做出了中国的贡献。

在一定意义上讲，农产品市场竞争的核心就是良种竞争，种子产业的竞争力决定一个国家农业和农产品的竞争力。我国种子产业起步较晚，发展时间较短，直到 20 世纪 90 年代后期，种子产业才进行了实质性的商业化改革。

经过十多年的努力，种业的发展取得了一定的成绩，但是我们也应该清醒地认识到，我国的种业与发达国家相比还有较大的差距，培育的农产品种子与世界主要农产品出口国的种子相比还处于劣势，特别在生产成本、销售价格以及种子质量等方面在全球化竞争中仍处于弱势地位。

面对挑战，如何增强紧迫感，提高品种的科技含量及育种水平，不断地发展壮大我国的民族种业，培育出更多可供农民选择的高产、优质、高稳定性的品种，从而使中国种业在激烈的竞争中立于不败之地，是摆在中国广大种业科技工作者面前的重大课题。

随着经济全球一体化的进程加快，国家安全的概念凸现。国家安全是一个综合体系，包含政治、经济、文化、国防、信息、粮食和能源安全。在众多的安全因素中，粮食安全位于基础性地位，种业是粮食产业链上游的关键链条，在确保粮食安全中的作用举足轻重。

现在一些发达国家企图通过种业战略，影响他国的粮食安全，控制他国的生命线，进而影响到他国的政治和经济，这无疑为我国敲响了警钟。对于中国这样一个人口众多的大国而言，如果主要粮食作物水稻、小麦、玉米、大豆等种子产业的主导权被国外控制，其农产品将永远没有竞争力，农业发展是没有希望的，其后果将不堪设想。

关键时候，一粒小小的种子能够绊倒一个巨大的国家；种业的安全关系到粮食的安全，也关系到国家的安全。把种业的发展提升为国家战略性、基础性核心产业的高度是十分必要，也是非常正确的。

（此文系作者为《中国种子——基于国家安全角度的思考》一书撰写的序言）

中国有能力解决好吃饭问题

粮食安全始终是中国的头等大事。保障粮食安全，一靠政策，二靠投入，三靠科技，但归根结底要依靠自己。

到 2020 年，我国人口可能会增至 14.5 亿左右，而每年会减少数百万亩耕地。面对这种巨大的人口增长压力和严重的耕地减少状况，如何大幅度提高粮食产量，保障粮食安全？

过去几年，我在多个场合呼吁，粮食安全始终是中国的头等大事。今年的政府工作报告，再一次提到了加快推进农业科技进步和现代农业建设，加大对良种繁育等的支持力度，并在对今年政府工作的建议部分，继续强调毫不放松粮食生产。我越来越有信心，中国人能够打赢这场"输不起"的粮食安全战。

中国人的米袋子必须掌握在自己手中。保障粮食安全，我们需要靠自己：一靠政策，调动农民的生产积极性，守住 18 亿亩耕地红线；二靠投入，加大对农田水利基本建设的投入；三靠科技，科技的前景无限。

粮食问题也是一个世界性问题。目前世界人口已超过 60 亿，到 2030 年将可能达到 80 亿，同时，每年转作其他用途的土地面积为 1000 万 ~ 3500 万公顷，其中有一半来自农田。有人预计，若要满足全世界人口的温饱需求，粮食产量需要增加 70%。

目前，水稻是最主要的粮食作物，世界上一半以上的人口以稻米为主食，中国更高达 60% 以上。国际水稻研究所所长齐格勒估计，目前每公顷稻田可提供 27 人的粮食，到 2050 年，每公顷稻田必须提供 43 人的口粮才能满足需要。也就是说，水稻的单产要在现有的基础上提高60%。

发展杂交水稻，造福世界人民，是我一生的最大追求。

这些年来，超级杂交水稻先后实现了亩产700公斤、800公斤、900公斤的目标。而中国的杂交水稻近几年在国外7个国家大面积推广，如果杂交水稻能推广到世界水稻种植面积的一半左右，每年增产的粮食可以多养活4亿到5亿人口。

科学地说，夺取水稻高产，必须要有良种、良法和良田的配套。良种是核心，良法是手段，良田是基础，三者缺一不可，但任务相当艰巨。

来自国际种业巨头的竞争压力非常大，它们的整体实力和集中度非常高。比如美国前十大种业公司就占到全球市场份额的70%，而中国前十大公司在国内市场的份额只占10%左右，在全球只占0.8%。与此同时，很多国家都开展了超级杂交水稻的研究，国际种业巨头也在纷纷进入水稻领域。

如果我们的粮食种子受制于人，将很危险。作为世界第二大种子需求国，中国对种业非常重视，将种业提高到基础性、战略性核心产业的地位。《全国现代农作物种业发展规划（2012～2020年）》不久前出台，这是新中国成立以来首次对现代种业发展进行全面规划，相信会对国内种业发展起到重要推动作用。

科学技术的发展永无止境，眼下我们已踏上亩产1000公斤第四期超级杂交稻目标攻关的征程。集全国之力攻关，我们有压力，更有信心。我的信念是：借助科技进步，中国完全能解决自己的吃饭问题，还能帮助世界人民解决吃饭问题。

（此文发表在2013年3月16日《人民日报》）

梦想靠科学实现

　　我有两个梦，一个是"禾下乘凉梦"，一个是"杂交稻覆盖全球梦"。"禾下乘凉梦"是我真正做过的梦，梦见试验田里的水稻，植株长得比高粱还高，穗子有扫帚那么长，籽有花生米那么大。我和助手走过去，坐在稻穗下乘凉。

　　梦想能否成真，终归要看科学技术发展。2014 年超级杂交稻登上了亩产超过 1000 公斤的高峰，这是世界水稻生产史上的一个新里程碑，也意味着向"禾下乘凉梦"迈出了坚实一步。这一方面说明中国杂交稻水平在世界遥遥领先，中国人有志气、有能力创造世界奇迹；另一方面也说明中国人有能力将饭碗牢牢端在自己手里。下一步将建议国家立项，启动以每公顷 16 吨（每亩 1067 公斤）为目标的超级稻第五期攻关计划。如果这个目标实现了，下一个目标就是每公顷 17 吨……一直攻关到每公顷 20 吨。

　　这样有人就要问：水稻的产量到底有没有顶？科学技术发展是无止境的。随着育种技术等集成技术的进步，水稻亩产的潜力等待着科研人员持续挖掘。但这和"人有多大胆，地有多大产"是完全不同的，是遵循科学规律的创新发展。水稻亩产提高的潜力到底有多大？在理论上，水稻的光合作用对地表太阳能的利用率可以达到 5%。目前我国水稻平均亩产为 800 公斤左右，只相当于利用了 1%～2%。通过科技进步，把光能的利用率提高到理论水平的一半，即意味着亩产翻番；开展分子水平的育种，达到 3% 的光能利用率也是可能的。因此，尽管"禾下乘凉梦"的实现还有很长的路要走，但它是有科学依据的梦。

　　科学技术改变着人类社会面貌，推动着人类文明进步，塑造着人类生产生活形态，更新着人类思维方式，我们要相信并敬畏科学的力量。未来，当全球人口达到百亿的时候，解决粮食问题也许要靠人造食物：用水、阳光、二氧化碳加上人工光合作用来制造食物。科学家要勇攀科学高峰，科学进步更要发扬科学精神、讲究科学方法。超级稻的高产不是一亩两亩田，而是几个百亩地片平均亩产都要达到 1000 公斤，实现起来就要靠科学的方法，做到"四良配套"：良种是内在、核心；良法是指好的栽培技术和方法，是手段；良田是基础；良态是要有好的生态环境。

　　"杂交稻覆盖全球梦"怎么实现？要靠开发好品种，让好种子走出国门。目前，世界一半以上的人口、中国 60% 以上的人口以稻米为主食。可以自豪地说，中国的杂交稻在世界上具有绝对优势，遥遥领先。前年，在菲律宾召开过一个杂交水稻国际会议，世界五大种业公司在会上展示自己的杂交稻新品种，前 3 名都是中国的杂交稻。现在全世界有 22 亿多亩水稻，而包括中国在内只有 3 亿多亩是杂交稻。如果都能改种杂交稻，增产的粮食就可以多养活 5 亿人口。

　　科技进步需要开放的眼界和走出去的胆识。有人担心，我们把良种输出到国外，被人学去了怎么办？这种担心大可不必。良种输出是分批次进行的，适当输出相对成熟的品种，不会影响我们在这一领域的优势。圆"杂交稻覆盖全球梦"，一要推进改革开放，把我们的好品种拿出去，不要保守；二要扶持我们的种业，国家给予优惠政策，让国内的种业企业走出去与国外企业交流过招，锻炼、壮大自己。"杂交稻覆盖全球梦"既能为世界粮食安全作出贡献，又能大大提高我国的国际地位，自然也能带来可观的经济效益。当前，我国杂交稻研发走在了世界前面，小麦也跟了上来，超级小麦、超级玉米、超级马铃薯正在不断攻关。中国的科学家就应该不断攀登世界科学高峰。

（此文发表在 2015 年 3 月 16 日《人民日报》）

中国杂交水稻的研究与发展

粮食维系着人类的生命，也关系着一个国家经济的发展与社会的和谐。随着我国城市化进程日益加快，农村被征用的土地逐步增多，耕地数量逐年减少，再加上不少农民涌入城市，放弃田间耕作，中国粮食安全问题面临更大挑战，农业发展面临更大压力。面对这个世界性的难题，我们应紧紧依靠科技进步提高粮食产量，促进农业发展。

水稻是我国也是世界的主要粮食作物之一，它养活了世界近一半的人口。中国于1964年开始杂交水稻研究，利用杂种优势提高水稻的产量。经过9年的努力，于1973年实现"三系"（即雄性不育系、雄性不育保持系和雄性不育恢复系）配套，培育出在生长势与产量上具有很大优势的杂交水稻品种，1976年开始在全国大面积推广应用，中国成为世界上第一个成功地利用水稻杂种优势的国家。1981年，籼型杂交稻获得中国第一个也是到目前为止唯一一个国家技术发明奖特等奖。1980年，该技术还作为中国第一项农业高新技术出口美国。

科学探索永无止境，1987年国家863计划立项两系法杂交水稻研究，以袁隆平为首的中国杂交水稻科技工作者站在更高的起点开展协作攻关，1995年两系法杂交水稻取得了成功，两系杂交水稻一般比同熟期的三系杂交稻增产5%～10%，且米质一般都较好，近年的种植面积为533.33万公顷左右。两系法杂交水稻为中国独创，经过20多年的研究，建立了光温敏不育系的两系法杂种优势有效利用的新途径，解决了三系法杂交稻配组困难主要限制因素，它的成功是作物育种上的重大突破，继续使中国的杂交水稻研究水平保持在世界领先水平。2014 年 1 月，"两系法杂交水稻技术的研究与应用"获得国家科技进步奖特等奖。这是继籼型杂交稻技术获国家技术发明奖特等奖后，杂交水稻第二次登上国家科技奖特等奖的领奖台。水稻超高产育种，是近 20 多年来不少国家和研究单位的重点项目。中国农业部为了满足新世纪对粮食的需求，于 1996 年立项"中国超级稻育种计划"，笔者提出了超高产杂交水稻选育理论和技术路线，开始牵头实施超级杂交稻的攻关研究。2000 年，实现了超级稻第一期大面积示范亩产 700 千克的目标；2004 年，提前一年实现了第二期大面积示范亩产 800 千克的目标；2012 年，再次提前三年实现了第三期大面积示范亩产 900 千克的目标。2013 年 4 月农业部启动了第四期超级杂交稻亩产 1000 千克攻关项目，研究团队再接再厉又取得可喜的新进展，培育出具有高冠层、矮穗层、特大穗、高生物学产量、秆粗、茎秆坚韧等特点的苗头组合"Y 两优 900"，有效协调了穗大与穗数、秆粗与穗数等几对难以平衡的生理矛盾。"Y 两优 900"于 2014 年在湖南溆浦县横板桥乡红星村的百亩示范片经农业部验收，实现了亩产 1026.7 千克的产量新纪录，充分显示中国在这一领域的研究水平居于国际领先地位。

多年来的生产实践表明，杂交水稻比常规稻增产 20% 以上，从 1976 年至 2013 年，全国累计种植杂交水稻近 4 亿公顷，累计增稻谷约 8000 亿千克。近年来，杂交水稻年种植面积超过 0.16 亿公顷，占水稻总种植面积的 57%，而产量约占水稻总产的 65%。杂交水稻年增产水稻约 240 万吨，每年可多养活 8000 万人口，对解决中国的粮食需求问题发挥了极其重要的作用。尤其是 10 余年来，超级杂交稻成果已陆续转化为生产力，使中国水稻产量每 5 年左右就登上一个新台阶，每上一个台阶均使在大面积生产中亩产提高 50 千克，超级杂交稻的年应用推广面积达到了近 533.33 万公顷。超级杂交稻成果为中国粮食增产提供了强有力的技术支撑，将为保障中国粮食安全做出新贡献。

改革开放以来，中国经济得到飞速发展，目前，城乡居民已基本摆脱饥饿。但是，我们不应忘记曾经发生的饥荒致使无数无辜的人们走向死亡。粮食安全问题维系着我们的生命，关乎着中国社会的稳定与发展，是治国安邦的头等大事。国际市场不能有效保障中国的粮食安全，我们必须立足国内，必须确保中国粮食安全置于国家发展政策的首要地位，必须紧密依靠科技增加粮食的供给能力，必须实现自己国家粮食的自给自足。中国超级杂交稻的研究仍在前行，它将在解决人类饥饿的问题中做出更大贡献。

（此文发表在 2016 年第 20 期《科技导报》）

对话袁隆平：我们的水稻是核武器

张明萌

方向没错，前途就是光明的

记者：您从小就特别擅长数字、研究吗？

袁隆平：儿童时期，我非常笨。数学不好，负负得正，我就不理解为什么负负要得正？还有说几何的一个角不能三等分，因为我也不能理解，一个角90度怎么不能三等分呢？这个数学没搞清楚，不好，就放弃，所以说我现在数学得零分了。中学时期我同座位有个同学叫连华宝，他数学好，我游泳好，我是武汉市第一名，我们就有个交易，我说，我就教你游泳，你就帮我改数学习题。结果呢？后来游泳他得了第二名，我数学还是不行。

记者：最初研究水稻的目的是什么？

袁隆平：水稻是最主要的粮食。世界上有一半以上的人以稻米为主食，我们中国60%以上的人以稻米为主食，所以说，保证提高水稻的产量，对保证粮食安全具有重要意义。

记者：您从发表论文到立项研究到最后研究成功，中间经历了很长时间，是什么让您觉得一定要把这个项目做下去？

袁隆平：我当时三十几岁，那个编辑还是很有水平的，把它发表了。当时，国家科委有一个局长，他看到这篇文章觉得很有意义，他就请示当时的科委主任聂荣臻元帅，他说这个杂交水稻当然要支持呀，他就发文。后来省里面就立项了，再后来是国家立项，这样就有经费、有人员、有学徒，研究杂交水稻。

立项是"文化大革命"的时候，乱七八糟呢，他们都是搞两派斗，保守派，造反派，我搞我的研究反而好了。我到另外一个单位去搞我的研究，人家对你客客气气的。

从 1964 年开始研究，到 1973 年才研究成功，九年里每年都有一点进步，虽然有挫折，反反复复。但是，我看到前途光明。为什么呢？我的大方向是对的——杂种优势。杂交水稻是利用水稻的杂种优势，这个杂种优势是生物界的普遍现象，小到微生物，高到人类都有杂种优势现象。虽然有些失败，但是也有一些进步，支持了我的技术搞下去啊。最后我们总结一条经验，搞研究就不要怕失败，怕失败的人就不要搞研究。哪有那么一帆风顺的事呢？

记者：中间有没有想过到什么程度做不出来就不做了？

袁隆平：那也不是做不起来，比如说我们两系杂交稻，当年老天爷不作美，突然一下跌到低谷去了，很多人都放弃了，但是我们认真分析了一下，原来做的研究结论不对，说与光照有关系，与温度没有关系，这是错误的。我们总结了一下，这个温度很有关系啊。我们是 1986 年开始研究两系杂交稻，到 1995 年成功，也是九年。三系杂交稻也是九年，两系杂交稻也是九年，中间都有挫折，方向没错，前途就是光明的。

记者：从三系到两系再到超级杂交稻这中间两次转换的原因是？

袁隆平：这个与时代、与那个社会背景都有关系，三系杂交稻有优点，也有不足。两系杂交稻呢也有不足的地方，最后超级杂交稻。超级杂交稻是超高产的意思。追求高产更高产，是我们永恒的主题。中国人口这么多，人均耕地这么少，保障粮食安全的唯一出路，就是提高单位面积的产量，通过科技进步，提高单位面积的产量。扩大耕地面积不可能，耕地在逐年减少，能够保证全国 18 亿亩耕地就不简单了。

我们的农业部在 20 世纪就立下了一个叫作超级稻育种计划，这个超级稻最先是日本 1981 年提出来的，中国是 1996 年。后来，国际水稻研究所提出，正式命名超级稻，英文叫作 Super Rice，它的指标是 12 到 12.5 吨每公顷。我们国家的超级稻分了四个时期：第一期是 1996 年到 2000 年，每公顷 10.5 吨；第二期是 2001 年到 2005 年，每公顷 12 吨；2006 年到 2015 年是第三期，每公顷 13.5 吨，就是亩产 900 公斤；到了第四期，就是亩产 1000 公斤。我们都顺利实现了，把日本远远地甩到后头去，它就望尘莫及了。日本非常骄傲的，它科学比较进步啊，但是在我们水稻面前都折服了，我们后来居上。

记者：每一次研究开始，您都已经做好了持久战的准备？

袁隆平：哈哈哈，对，就是不怕失败，在失败里面接受经验教训。如果方向错了就不要了，别搞了是吧？有些聪明人就是搞永动机，方向错了，能量守恒，什么运动能够永动呢？这个是不可能的，方向错了是走不成功的。

记者：我感觉您在失败试验面前是异常冷静的，是跟一般人不一样。

袁隆平：失败了之后要吸取经验教训，不要垂头丧气，那你还需要总结经验教训是吧，重新把那个方向摆正一点，还是没有问题。

年轻人要去寻找广阔的天地

记者：目前中国很多农村都是中年人在种田，他们老了之后谁来种田？

袁隆平：农业的未来这是个问题。农业是基础。过去的农业比较落后，脸朝黄土背朝天，很辛苦，收入也很低，年轻人都出去打工，搞其他事业，不愿意搞农业。现在的农业也发展起来了，现代化了，水稻耕田是拖拉机，收割是收割机，打农药是无人驾驶飞机。要教育年轻人，现代农业有很多都是机械化、电气化、智能化，电脑控制的。还有艺术化，我们种出来的田园很漂亮的，种出来的产品也是非常漂亮的，要使这些年轻人对农业刮目相看。

我们国家正在向现代农业发展，他看到了就觉得这就不同啦，他搞现代农业，第一个可以田野工作呼吸新鲜空气，再一个，晒太阳也很有好处。那些小姐怕太晒，年轻男人还得是健康美是吧，对身体有好处。我正在向这些年轻人宣传，说明现代农业不是过去的，比在这个城市工作好得多。香港非常好，但是我在香港有压力感，高楼大厦太多了，铜锣湾尖沙咀呀，热闹是很热闹，但是，没有广阔的天地。

记者：吸引年轻人，经济会是一个很重要的因素，但是我们现在情况可能谷贱伤农，粮食价格和他们的积极性看起来有矛盾。

袁隆平：你们年轻人不知道我说的粮食的重要性。我们20世纪60年代，是个饥荒时代，那个时候吃不饱饭饿死人。过去一句话，一个金元宝比不上两个馒头，我两个馒头可以保命，金元宝有什么用呢。在那个时候，20世纪的60年代那个饥荒的时候呢，人家看重粮食，你一个金元宝有什么用呢。说明粮食的重要性是吧。你们年轻不知道，你一天不吃饭，你看看，你这个本子你举都举不起来了，你的拳头打不起来了。只有吃饱才能有最基本的生活。

记者：您经历的饥饿是什么样子？

袁隆平：我告诉你，大家都吃不饱饭，一天到晚都想吃餐饱饭，有个老婆婆讲，她说我现在吃餐饱饭，让我死都愿意。

我当时也吃不饱了，都吃不饱的。冬天冷得烤火呢，被子是冷的，烤火，把手脚烤热了，钻进被子睡，第二天，早晨起来手脚还是冰冷，没有能量。我年轻时候冬天要游泳，冬天下雪，我也在河里游泳，但是那个时候不行了，没有能量，游不起了，后来干脆不游了。现在年轻，不知道食物珍贵，浪费粮食，你们没有挨过饿，你们都是在米汤里面长大的。

记者：饥饿会不会再次发生？

袁隆平：饥饿现在不会发生了。60年代为什么有饥荒呢？一个是自然条件，天气干旱。第二个是人为地造成灾害，那时候八年大跃进，炼钢铁把森林都砍光去炼钢铁，森林条件破坏了，第二年就干旱了，干旱就没粮食，就饥荒呀，这是个恶性循环，Vicious Cycle。

记者：我们为什么还要一直追求高产再高产？

袁隆平：我们用有限的资产、资金，努力发挥它的更大的作用，穷有穷的搞法，富有富的搞法。你比如说，我们的种子都是不要钱的，这个种子拿很多去示范的。我今年在全国布置 81 个示范区，每个点呢，至少是 100 亩，有的是 1000 亩，这个种子是不要钱的，但是生产种子要钱的……

辛业芸（袁隆平秘书）：袁老师，他是问，您说饥饿不会再有了，但是为什么您还在追求高产更高产。

袁隆平：哦。人口的增长，耕地不会增而且在减，在这样一个严峻的形势下面，肯定是追求高产更高产，这是永恒的主题。我有这个信心，通过科技进步，国家友好的政策，鼓励农民呢，种粮的好政策惠农政策是吧，通过科技进步，中国人可以解决吃饭问题，饭碗得掌握在我们自己手上，我有这个信心的。我试验田的产量好得不得了，有人看的时候，讲我那个水稻好漂亮的，叫作水稻的仪仗队。仪仗队部队是最漂亮的啊。还有人讲我们那个水稻是核武器。好得很呐，你们，你们城市里面不知道这个情况，到田里去看一看。我天天下田，everyday，有空就去田里，看它生长情况啊，有没有什么病虫害啊，等等啊。

记者：您听着这些评价什么感觉？

袁隆平：当然开心啦，但是我要谦虚一点呢，我要说我们还做得不够，我们还要更高产量。

记者：您之前提过一个要在 90 岁之前实现的目标？

袁隆平：每公顷 17 吨。现在是 16 吨的水平，山东、云南实试验田已达到 16 吨。下个月 17 吨，17 吨是个什么情况呢，刚才讲了，15 吨，是 40 个箩筐，16 吨是 50 多个箩筐，哈哈，一亩田就是那么大了嘛，一平方米一平方米，这么一个大面积要收 1.7 公斤的稻谷不是那么容易的。过去我们农民，一担谷就是两个箩筐啊，你们懂吗？两个箩筐，50 斤。1000 公斤，40 个箩筐。一亩田就是那么大的面积，要收 40 个箩筐，就是一公顷 15 吨。一平方米大概要有 1.5 公斤的稻谷，我们现在是 1.6 公斤稻谷了，我们这个辛秘书啊，她那个示范点一平方米有 1.9 公斤稻谷，就是这个沙发这个面积大概有 1.9 公斤稻谷，这个不简单吧，我们的水稻是核武器。

（原文刊载于 2016 年 11 月《南方人物周刊》）

陆学艺

陆学艺（1933～2013），男，江苏无锡人。原北京工业大学人文社会科学学院院长，研究员，教授，博士生导师。中国社会学会名誉会长、中国社会科学院荣誉学部委员。全国人大第八、第九届代表，国家有突出贡献专家。长期从事"三农"问题、社会结构、社会建设等方面的调查与研究工作。发表大量专著、学术论文和调查报告及实践活动产生了较大的影响。

农业要警惕再走扭秧歌的老路

　　自从 1953 年我国实行主要农产品统购统销之后，至今农业已有 4 次大的起落：就粮食来说，一回多了，一回少了，很不稳定。有人把这种现象称为扭秧歌，多了多了少了少（i6i6 | 565— | ）。少了少了多了多（5656 | i6i— | ），这个比喻很恰当，形象地反映了 30 多年来中国农业发展的曲折路程。

　　十一届三中全会以后，农村率先改革，从 1979 年到 1984 年农业连年增产，粮棉经历了一个从少到多的过程。正当 1984 年秋冬出现全国性的粮食多了，棉花多了的时候，1985 年粮棉空前大减产，从此陷入了连续 4 年的农业徘徊，1988 年再度减产，引出全国性粮棉供给紧张，农业为基础的道路再次得到认同，各级干部和基层群众再次重视农业，增加了投入，倾注了力量。1989 年粮食增产 3.4%，恢复到 1984 年的产量。1990 年、1991年又连续丰收，从各地的报道看，今年的收成也好。粮食、棉花又多起来了，国库饱满，由西到东、从北到南都在喊卖粮难！卖棉难！市场粮价暴跌，跌到了国家定购价以下，跌到了国家保护价以下，跌到了 1987 年前的市场价格以下！

　　历史的经验是，当出现全国性的从高层干部到基层群众都认为粮食多了的时候，也就是从上到下都对抓农业松口气的时候，接着出现的是粮食突然又少了，棉花又突然少了。我们是个土地等农业生产资源紧缺、人口众多、对粮棉等主要农产品需求呈刚性增长的大国，抓农业是一年也不能放松的。邓小平同志说过："农业上如果有一个曲折，三五年转不过来。"

值得我们高度警惕的是，眼下有种种迹象表明，粮食棉花这两种主要农产品有可能再度减产，农业有可能再走扭秧歌的老路，多了多了少了少！（i6i6 | 565— | ）！殷鉴不远，不可不早做预防！

粮食仍是大局问题，不可掉以轻心

有的同志比较乐观地认为，农业减点产有好处，可以减少点库存，也可缓解卖粮难的压力！有部分农村工作同志和农民群众也认为，粮食是该减点产了，减产粮食就值钱了，就重视农业了。但是，从当前 11.7 亿人口这个国家的大局出发，这个想法是很危险的！

第一，我国的农业家底并不厚，虽经 40 年的努力，农业基础已经有了很大的进步，但还相当脆弱，经不起大的天灾和人为挫折。拿粮食来说，虽然已有 2400 亿斤的库存，（其中国家储备 700 亿斤）人均约为 205 斤。可供全社会消费约 6 个月，超过了粮食安全线。这是长期积攒的家底，来之不易，粮价稳定靠它，人民生活稳定靠它，社会稳定也靠它。如果经济有力量，这个家底还应攒厚些。东邻日本，食品主要靠进口，整个 20 世纪 80 年代，粮食库存人均都在 400 斤以上。

第二，问题是这 2400 亿斤国家库存，靠得住靠不住？ 2400 亿斤是个庞大的天文数字，堆在一起，是一座特大的粮山。这些粮食，实际是分散在全国近 10 万个各种不同的粮库里，按照传统的粮食管理体制，粮权集中在中央，按理是不会有问题的；但因为现行财政体制是分灶吃饭，省、地、县三级政府和有关部门也都有一定的机动权限。出于不同地区和部门的利益，常常会有实际已经动用，但账面未动的现象，出现账库不符的问题。1986 年全国棉花账面库存 6000 多万担，后来清库核实，只有 4000 多万担，就是一个历史例证。

粮食问题上，我国曾多次出现过的连锁哄抬的现象，值得警惕。当粮食多的时候，有几个省报粮食多、粮食涨库的时候，各地都跟着报粮多，报涨库，就是那些该调进粮食的省市，也借口仓容等原因，推迟调进粮食，等着粮食降价。而当粮食少的时候，调出省等着涨价，有粮也不肯调出；调入省则怕出现供应问题，即使库存粮食在安全线以上，也派人四出采购，全力抢调。我国粮食购销体制正在由传统计划体制向市场经济体制转化的过程中，这种现象尤其要注意。

当前的问题是，全国都在说粮多涨库。而一些需调入粮食的省市和需用粮食的大企业，却在尽量推迟购粮调粮的时日，等着粮价继续下跌，还可以节约资金占用、节省利息，减少保管费用，减少存储粮食的风险。有的企业到了用多少调多少的地步。可这样就加重了产粮区的负担，也放大了卖粮难，存粮难的问题。

第三，这 2400 亿斤库存粮食，真正到调用的时候，究竟有多少可以调出的？有多少是市场能够卖得出去的？据我们了解，浙江省粮库里就存了80 亿斤已储存超过 3 年的早籼米。这种陈米是人吃没有营养，猪吃不长膘的粮食。这种早籼稻产量高，质量低，前些年是农民专门为了完成定购任务自己也不吃的粮食。浙江是需调入粮食的省，尚且积压了这么多。在江西、湖南、湖北和安徽的库存中，这种超期储存的早籼米约有 200 亿斤，有的已库存 3 年以上，发黄变质了。

第四，我国现阶段的一个基本农情是小生产大市场。全国 22566 万农户，实行家庭联产承包责任制后，实际上是 22566 万个小的农村企业，都有生产、流通的经营自主权。小家小户，小规模农业生产面对的却是全国性的大市场。如何引导组织协调好这 2 亿多农户，同全国性的大市场联系起来，这是一门学问。迄今为止，我国的农民家庭，大部分还是以农业生产为主，在某一自然和历史形成的区域内，各家农户，有相同的小块耕地，相同的耕作传统技术，类同的消费水平和生活习惯，有很大的同质性。历史的教训是，改革开放以来，农民在由传统农业向现代农业转化的过程中，常常出现互相仿效，同步振荡的现象。如某一地区，有少数农民养了兔，得了利，接着就是大范围的众多的农民跟着养兔，出现了"兔子热"，市场马上饱和，兔毛价暴跌，接着就是杀兔，不久兔子少了，兔毛价暴涨，出现兔毛大战……如此循环反复，已有几次。类似的养貂热、种麻热、种蒜热、种瓜热……也已经出现过多次。

粮食问题也是如此，眼下是全国性的卖粮难，都在喊卖粮难！市场粮价已跌到了5年来的最低点。越是粮价低，卖粮的农户就越多，他们怕粮价再跌，连那些存粮并不多的农户也跟着卖粮。一片卖粮难的呼声！因为各种条件限制，这么多的农户我们也确实摸不清农户家里到底有多少存粮。但历史的经验和教训是，一旦有个风吹草动，某一个信号出现，假如1993年夏粮减收……某一个或几个地区买粮的单位和人多了，粮价略一上扬，农民就可能转而买粮。如果调控不当，接着就可能出现大范围的乃至全国性的买粮高峰。因为现在的农民既是生产者，也是经营者，相当一部分农民手中，也有了现金的积蓄。农民预期要涨价，不卖粮了，而且有一部分农民也参与买粮、存粮，市场上粮食很快就会买空，重新出现买粮难！前些年曾经出现过的粮食说没有就没有了的怪现象，其中一个重要根源，盖出于此！我国的农民家庭，生产经营规模小，经济实力也不强，就某一个农民家庭来，进出粮食不过是几百斤上千斤，但因为农户众多，2亿多户，即使某一地区，也是几十万户、几百万户，一起卖粮，或者一起买粮，同向振荡，就是几十亿斤、几百亿斤！任何粮食市场也经不起这样的冲击。这个特点，我们应该有个认识。

保护农民利益、保护农民的生产积极性是农业发展的根本出路

我国从20世纪80年代中期以后，就逐步增加了农业的投入，这些年农田水利、农用工业、农业科学技术都有了发展，农业的综合生产力有了提高，赢来了1990年农业生产的全面增长，达到了新的高峰。1991年虽遇大的洪涝灾害，仍取得了较好的收成。连续3年的丰收，保证了经济建设的发展和人民生活水平的提高，稳定了经济、稳定了社会，并且还增加了一定的

储备。现在农业的问题是，相当多务农种粮棉的农民连续 3 年实际收入增长停滞甚至减少，负担加重，种粮种棉的积极性受到挫伤。就全国而言，今年没有大的自然灾害，但棉花大幅度减产，秋粮也略减，这是个新的信号。种种迹象表明，明年的农业生产很不乐观，这要引起我们高度警惕，要及时采取措施。防止出现新的农业徘徊。为此，我们提出以下建议，供决策部门参考。

第一，摸清情况，统一认识。今年秋天，农村问题、农民问题、农业问题逐渐显露出来了。应该说，问题是相当严重的，如不及时解决，或处置不当，有可能导致明年农业出现问题。但农村中的这些严峻情况，还没有得到共识，特别没有得到农业部门以外各部门同志的共识，有的人还停留在农业形势已经好转，粮棉多得用不了的阶段上。所以很有必要组织一次对农村问题再认识的深入调查，特别要组织中央和省市两级各部门的领导和骨干下到农村基层去，直接向农民和基层干部做一番调查，弄清楚现阶段农民的生活状况，富裕程度，农民的喜、怒、哀、乐，农民在做什么？想什么？有些什么困难？去摸清楚这几年到底占用了多少耕地？有多少已经用了？有多少还闲着？摸清楚农民手中有多少"白条"？为什么中央三令五申严禁打白条，而白条却年年有，今年又更多？为什么国家银行拨了农产品收购资金，到下面就很少了？这些资金到哪里去了？摸清楚农民到底有多少负担？哪些是合理的，哪些是不合理的。为什么年年讲要减轻农民负担，而负担却一年年在加重？摸清楚近几年农业丰收，而农民的实际收入却停滞不前的原因。为什么这几年工农业产品的剪刀差又扩大了，扩大了多少？摸清楚农民家中有多少存粮，国家仓库里有多少存粮，多少存棉，账面库存有多少，实际库存有多少，为什么账库不符？这些都是当前的基本农情，也是我国的基本国情。摸准摸清国情，是我们制定政策的依据，也是统一大家认识的基础。

第二，及时调整政策，稳定发展农业。我国历史上曾经有过及时发现问题，及时调整政策，使农业转危为安，稳定发展的经验。也有过出现了问题，争论不休，犹豫不决，当断不断，错过了解决问题的时机，致使农业长期徘徊，乃至出了大问题的教训。1954年我国部分地区因水灾减产，却多购70亿斤粮食。闹得许多地方"人人谈粮食，户户谈统销"，农民有意见，党内外也有许多意见，党中央及时发现了问题，1955年就少购了70亿斤粮食，解决了问题，保证了1955年农业继续增产。1972年，粮食棉花同时减产，农业出了问题。周恩来总理亲自主持会议，批评并制止了农村扩社并队，没收自留地、砍家庭副业等问题，从财力、物力上大力加强农业，使农业转危为安，1973年农业就有了回升。但是在1958年，搞大跃进，搞人民公社，大呼隆，吃大锅饭，结果丰产不丰收，冬天毛泽东同志就发现了问题，他指出了头脑发热和"左"的问题，也准备着手解决这些问题，但庐山会议以后，又转而批右倾，使农村已经成了堆的问题，雪上加霜，更加严重，加上自然灾害，导致了1959年和1960年的连续特大减产，引出了3年严重经济困难。1984年，农业大丰收，出现了全国性的卖粮难、卖棉难，农业要出问题的迹象已有表露，但我们有些同志还盲目乐观，以为农业已经过关了。有位主管部门的同志甚至说，棉花3年不种都够用的。1985年粮棉大减产后，又没有及时调整政策，贻误了时机，农业由此徘徊了4年。

现在又出现了与1984年、1985年相类似的状况。究其原因，如果要写一个诊断书的话，那就是"老毛病复发"。这几年家庭联产承包责任制是稳定的，双层经营、社会化服务有所发展，农田水利建设有进展，农业科技进一步推广，农机、化肥、农药、薄膜等农用生产资料供应也有改善（但质次价高问题未解决），所以主要问题不在农业内部。问题出在，这几年农村经济向城市倾斜，农业向工业倾斜，出现了工业过热，摊子过大，基建战线过长的问题。40多年来的经验是：农业与工业增长速度的比例，一般保持在1：2.5～1：3为合适。1991年全国农业产值增长3.7%，工业产值增长14.5%，农业、工业增长速度比为1：3.92。1992年农业预计增长3%，工业预计增长21%，农业、工业增长速度比为1：7。工业发展超过了农业这个基础所能承载的能力，在目前的体制下，其必然结果就是挤占农业，侵犯农民的利益。这几年农村里产生的种种问题和矛盾，就其主要方面来说，说到底，还是我们重犯了向农村拿得过多，"把农民挖得过苦"的老毛病。农民很有意见，严重打击了农民种粮种棉的积极性。明年以后农业可能会出问题，出问题的根子在这里。

解决问题的方案，就是要早下决心及时调整政策，该降温的要降温，该缩短的要缩短，要下决心向农村倾斜，向农民倾斜，向农业倾斜，使失衡了的天平平衡下来。现在应明确提出：要保护耕地，要保护农民利益，要保护农业。保护了农民的利益，农民得到了实惠，就保护了农民的生产积极性，也就保护了农业这个基础，实际上也就保护了国民经济，使整个经济能够持续、稳定、协调地发展。

第三，在建立社会主义市场经济体制的过程中，要有保护农业的政策和措施。下一步经济体制改革的目标，是要建立社会主义市场经济体制。要充分发挥市场机制的作用，使市场在国家宏观调控下对资源配置起基础性的作用，把有限的资源配置到最合理、最需要的方面，充分发挥各种资源的作用，推进经济社会的发展。市场经济，有内在的竞争机制，各种产业、行业、企业、商品乃至人员都将在市场运行中受到检验，优胜劣汰。农业作为一种产业，由于它本身是和动植物生长直接联系在一起，受到自然资源和气候的影响，在市场竞争中常常处于软弱的地位，所以，农业是国家宏观调控中需要加以保护的产业，这已为近代经济发展史所证实。综观世界各经济发达国家，都有各自不同的保护本国农业的法规和政策。我国的农业还处在从单纯经验的传统农业向现代农业转化的过程中，它的地位更加软弱，所以更应受到国家宏观决策的特别保护。我国的社会主义市场经济体制正在通过改革逐步建立，在新体制建设中一定要考虑我国农业的特点和地位，把保护农业放到恰当的位置上，制定出好的保护农业的政策和措施。

所谓保护农业，最重要的是要在财政上要有支持农业的拨款，在资源配置上要保证农业发展的需要，在分配上要保护农民的利益。目前，粮食和主要农产品的购销体制正在改变，原来财政对粮食、棉花的各种补贴和优惠政策，不应取消，而应转为补贴粮棉等主要农产品的生产、科研和流通等方面，使农业生产者、经营者都得到实惠，促进农业生产的发展。这是当前我们应优先考虑的问题。

第四，抓住机会，集中力量，解决问题，推动明年的农业发展。现在已近年关，春耕迫在眉睫，几个紧迫的问题不能再久拖不决了。要早下决心，断然处置，争取在春耕前解决一批问题。如压在农民手中的白条，要在年关前兑现。农民的负担，要按照国务院规定不超过上年纯收入的 5% 的杠杠执行，超过者为不合理也不合法，明文宣布豁免，农民有权拒付。重申严禁乱占滥用耕地，已挤占但实际撂荒的要在查实后重新耕种。各地要在春耕前分别宣布明年粮食、棉花、油料等主要农产品的保护价格，这是安民告示，使农民放心种田，有所遵循。

所有这些，国家和地方财政，都要拿出一笔钱来，要动用相当的资金。这个钱是应该用的，有的不过是还了前几年的欠账，这个钱用了是值得的。这叫花钱买人心，买农民的积极性，买明年的粮食，买明年的棉花。也缓解农村社会矛盾、干群矛盾、使社会安定。如果前述种种问题，再不解决，拖过了春耕，农民伤了心，种田没有积极性，农业一旦掉下来，真的又重走扭秧歌的老路，那么，花的代价就会更大！

（此文发表在 1992 年 12 月《要报》，有删节）

农村改革、农业发展的新思路

反弹琵琶和推进城市化发展

军事上常常有这样成功的战例，某一个军事目标，正面强攻拿不下来，而采取迂回，从侧面，从后面进攻，反而容易攻克。农业徘徊反复的问题，农村中的诸多问题，久解不决，怎么办呢？也可以采取迂回战术，或者叫反弹琵琶的方式，来解决这些问题。

前面已经分析过了，现在的农业问题，主要不在农业本身，不在农村内部。所以要使农业稳定持续地发展，就要着力去发展农村工业，发展第三产业。要解决农村问题，就要着力去发展城市，推进加速城市化的进程。

这不是要更加削弱农业，使农村问题火上加油吗？这不是奇谈怪论吗？不是。1956年毛泽东同志在总结第一个五年计划的经验时，发表了著名的论十大关系的讲话。他指出重工业是建设的重点。但为了更好地发展重工业，就要注重农业、轻工业。发展重工业可以有两种办法，一种是少发展一些农业、轻工业，一种是多发展一些农业轻工业。从长远的观点来看，前一种办法会使得重工业发展得少些或慢些。至少基础不那么稳固，几十年算总账是划不来的。后一种办法会使重工业发展得多些和快些，而且由于保障了人民生活的需要，会使它发展的基础更加稳固。后来，毛泽东又提出了经济建设要以农轻重为序的方针。为了要使重工业建设得更多些快些，他提出了要加重发展农业轻工业的方针。

30 多年后的今天，情况已经起了很大变化。一个庞大完整的工业体系已经建设起来，还建立了一个拥有一亿多职工占工业产值 1/3 以上的乡镇企业，工业化可以说已经实现了，但城市化却严重滞后，主要农产品自给自足有余，约 1.5 亿农村剩余劳动力强烈要求充分就业，千方百计向城区涌来。

在这种新形势下，我们是继续关紧城门，继续维护城乡分隔的二元社会结构，坚持城乡分治的体制、坚持原有的管理模式，采取就事论事，出一个问题，紧张一阵，想一点办法，解决一个问题，被动应付，循环反复，还是应该在新形势下，做战略转移，采取新方针和新政策，改革旧有体制，改变二元社会结构的格局，以适应社会主义市场经济发展的要求，从新的高度来解决这些问题呢？

我认为解决农业问题，解决农村问题、解决农民问题，要采取新的思路、新的战略、新的方针。

反弹琵琶第一策：要使农业持续稳定的发展，就要着力去抓乡镇企业的发展。

乡镇企业发展了，剩余劳动力有了出路，农民，集体经济壮大了，有经济实力了，可以以工补农，以工建农，可以有钱买农业机械，有钱应用先进的科学技术，可以用现代化生产资料武装农业、实现农业现代化，实现农业的持续稳定发展。这个经验在苏南、珠江三角洲等沿海经济发达地区，已经为实践证实了。被誉为华夏第一县的江苏省无锡县，是发展乡镇企业较早的县，也是主要依靠乡镇企业的发展，争得全国百强县的首位。1970 年无锡还是个农业县，全县农村总劳力 43.46 万人中投入农业 38.96 万人，占 89.3%。工农业总产值 5.9691 亿元中，农业产值 46228 万元，占 77.4%。到 1990 年发生了根本的变化，农村劳动力增到 55.4 万人。但从事农业的劳动力只有 11.5 万人，占 19.9%，80% 的劳动力都转向乡镇企业里去了。1990 年全县工农业总产值 143.4 亿元，其中工业 134.5 亿元，占 93.7%；农业产值 8.99 亿元，占 6.3%。无锡县可以说已经实现工业化了。无锡县依靠乡镇企业创造的经济实力，一贯重视以工补农，以工建农，用现代化农业生产资料武装农业。1970 年全县只有大中型拖拉机 5 台、小型拖拉机 129 台，农机总动力只有 4.57 万千瓦。到 1990 年已拥有 143 台大中拖拉机，6200 台小型拖拉机，1647 辆农用汽车，农机总动力达到 47.04 万千瓦（平均每亩 0.51 千瓦）。从 1971 年到 1990 年，20 年全县水利建设投资 11853 万元，投入水利建设 19276 万个工日，完成土石方 29233 万立方米，使全县实现了高标准的水利化。因为有这样大量的投入，虽然农业劳动力逐年大量减少，从 1970 年到 1990 年平均每年减少 3.5 个百分点，但仍保证了农业持续稳定地增长。1990 年与 1970 年相比，全县农业总产值（以可比价格计算）增长 94.5%，平均每年递增 3.4%。农民人均纯收入，1978 年为 110 元，1990 年达到 1564 元。就经济上说已经提前达到了小康生活水平。

无锡县是个实例。苏南地区，上海郊区，杭嘉湖宁绍地区，胶东青岛、烟台地区，辽东、大连地区，广东珠江三角洲，闽东南泉州厦门地区，这些沿海经济发达地区农村也都是靠调整产业结构，发展乡镇企业，把大量的农村劳动力转移到第二、第三产业，从而使当地的经济繁荣起来，农民群众富裕起来，农业也实现了持续稳定的发展。

这大约 1 亿多农村人口的沿海经济发达地区靠乡镇企业，已经走上了一条实现工业化的道路，是很可贵的。问题是有 7 亿多人口的中西部地区农村怎么办？中央和有关部门已经决定采取措施，推动促进中西部地区发展乡镇企业，近两年有一些省区的乡镇企业也取得了相当的进展，但总的来说，在多数中西部省区进展还不是很理想。这里有两个问题：一是全国各地农村都发展乡镇企业行不行？二是怎样才能使中西部大多数地区的乡镇企业发展起来。

事实上，现在有相当多的中西部省区和经济欠发达地区和贫困山区的农村青年们，他们从广播电视等新闻媒介和各种渠道接受了市场经济的熏陶，他们要求改变贫困的现状，要求致富心切，已经不能在家乡坐等本地乡镇企业办起来再致富的状况，而是纷纷向城市、向沿海经济发达地区，寻找谋生致富的出路。80 年代初中期还只是少数地区、少量的青年出来探路。现在则已成为数以千万计的外出打工潮流。开始当地的党政领导并不在意，有的还加以劝说和阻拦，经过几年的实践，相当一批地方领导干部已意识到，这是一条使本地群众致富，改善本地贫困的途径，所以也积极行动了起来，充当具体领导组织大批民工出来的后盾。这就是近几年民工潮为什么越来越热的重要原因。

有人算过一笔细账。一个中等县有50万农业人口，10万农户，25万个农村劳动力，75万亩耕地，农村社会总产值为5亿元，农民人均纯收入为600元，劳均年收入1200元，户均年收入3000元。农村第二、第三产业乡镇企业很不发达，人均1.5亩，劳均3亩耕地，劳动力有大量剩余，属中等偏下的经济水平。经过几年组织，每年送青壮年劳动力10万人外出打工。其结果如下：

第一，本县还有15万个劳动力，劳均耕种5亩地，按现有的农业生产水平，劳动力仍有富余，所以农业产量产值不受影响，本县内农村社会总产值仍为5亿元。原来的分析结构不变，这15万个劳动力劳均收入2000元；比原来的1200元提高了67%。

第二，这10万劳动力外出打工一年，人均年收入3000元，扣除各种费用，包括路费和在外要增加开支的生活费1000元，劳均年纯收入2000元。假定10万人为每户一人。那么每户的年收入就是5000元，每人人均年纯收入就是1000元。比原来的600元增加67%，即增加2/3。

第三，就全县说，送出10万个劳动力，占农村总劳动力的40%，原来的5亿元产值不变，外出劳动力每人创造3000元收入，全县增加3亿元收入，就按1:1折合成产值，农村社会总产值为8亿元，增加了60%。

第四，就用工的地区说，这10万个劳动力到了客地，成了打工仔打工妹。假定这些劳动力都到了城镇的工业部门，按1991年乡镇企业的全员劳动生产率12691元计，一年就创造产值12.6910亿元。扣除各种物质投入，每个劳动力按年纯增加价值6000元，10万人就是6亿元。以工资收入每人得3000元，共3亿元，另外3亿元新创造的财富就留在用工的客地了。这就是为什么这几年沿海发达地区和一些城市经济腾飞的原因之一。现在利用外地劳力最多的一是广东珠江三角洲各县市，据估算约有 500 万~600 万人；二是江苏的苏南地区，估计约有 300 多万人。这两个地区，也是目前经济发展得最快、效益最好的地区。

第五，就国家而言，这 10 万人在原地是绝对剩余的劳动力，边际效益等于零。但到了用工的客地一年就可增加产值 126910 万元，新创造财富 6 亿元。1991 年全国乡镇企业上交国家税金 454.6 亿元，按每个乡镇企业职工平均上缴税金 473 元计，国家可以增加 4730 万元税收。同时，使原来处于贫困的中等偏下一个县，变为人均年收入超过全国平均水平的中等偏上的县，使用工的县市经济更加发达，财富积累更加迅速。

这样一件有利于发展社会生产力，有利于提高综合国力，有利于实现共同富裕的事，对国家有利，对输出劳动力的县有利，对使用劳动力的地区和企业更有利，对外出劳动力付出了辛苦而使个人和家庭都得利的好事，可称为一举五得。这笔账许多人是算过来了，今年 3 月北京开八届全国人代会第一次会议期间，有好几个经济欠发达地区的市长和县长在会上会下都讲述了他们要把组织劳动力输出作为振兴当地经济的一项重要措施来抓。4 月在深圳，我目睹了外地打工仔和打工妹，在三来一补工厂里辛勤劳动的情景，也听了当地干部对打工族在深圳、宝安地区经济繁荣中作用的肯定。这些都能使人预感到"民工潮"将越来越热的趋势。当然，现在实际已经有相当多的农民以各种形式进了城，从事各种职业，但因为落不下户口等原因，他们仍不能安居乐业，有些已经进了城，但仍没有他们安身立命之地，翘首以待地盼着我们改变城乡分隔的政策。

反弹琵琶的第二策：要使农业、农村经济持续稳定地发展，就要大力加速城市化的进程。

解决农业问题，不仅是农村能否提供足够的粮食棉花等农产品的问题，而且要同时解决农民问题。粮食、棉花都是农民种的，农民自身的问题不解决，没有积极性，田是种不好的。这几年农村的一个主要矛盾是，国家、城市要粮食、要棉花、要农副产品稳定的供应，而农民要致富，要过富裕、文明的生活。农民要致富，要过小康生活，这无可厚非，但要让农民富裕起来，仅靠人均 1.5 亩耕地，肯定不能普遍地富裕起来。8 亿多农民，固守在10 多亿亩耕地上，这是中国农民贫穷的根源，也是国家富不起来的重要原因。1984 年我们采取了一个大政策，明文规定，准许农民办乡镇企业，这实质上是向农民开放了一部分经济资源和社会资源。10 年工夫，农民大规模地进入第二、第三产业，乡镇企业蓬勃发展，使沿海、经济发达地区和大中城市郊区的农村迅速富裕起来，取得了始料不及的好效果。

现在有两个问题：第一，光办乡镇企业还不够，还是容纳不了农业上大量剩余的劳动力，有相当一部分地区乡镇企业迟迟办不起来，勉强办起来，效果也不好，这些地区的农民要求另找出路；第二，乡镇企业办起来之后并已经发达起来，但只在乡镇办，遇到了种种矛盾。1993 年 5 月 19 日新华社报道，目前江苏省已有 10 万家乡镇企业，720 万职工，占全省职工总数的80％，创造的总产值占全省 60％，在发展中呈现出三大态势：即大型化态势、国际化态势、技术进步态势。这些态势表明，乡镇企业仅在乡镇办已经不够了。乡镇本身容纳承载不了乡镇企业已经形成的庞大的生产力，发展遇到了困难。这几方面的问题，都要求国家的经济资源和社会资源进一步向农民开放。前面说过，目前最迫切的，就是要开放城镇，让一部分农民到城里来，到镇里来。这是几亿农民的迫切要求，是乡镇企业发展的要求，实质上也是当前我国经济社会发展的要求，是城市发展的要求。

国内国外的专家都普遍认为，我国的城市化发展已严重的滞后了。1991年全国工农业总产值中，工业占 77.6％，农业占 22.4％，但按国家统计局统计，1991 年我国城镇人口 30543 万人，只占总人口的 26.4％，而农村总人口为 85280 万人，占 73.6％。就城市化水平而言，比同类发展中国家如印度（36％）、印尼（35％）、泰国（42％）等国家要低，目前发展中国家城市化平均水平是 40％，经济发达国家为 70％、80％，有高达 90％的。

随着经济的增长和发展，经济结构的变化，农村人口逐渐向城镇集中，实现人口的城镇化，这是各国经济发展的普遍规律。我国的城市化发展滞后，同经济社会发展水平和发展要求很不相称，已经制约了经济发展。

第一，同社会主义市场经济发展的要求不适应。我们要建立社会主义市场经济体制，要求建立各类商品和生产要素市场。而城市发展很慢，城市分布也很不合理，妨碍社会主义市场经济的发展。全国 30 个省市自治区中，除了京、津、沪、辽、吉、黑 6 省市外，24 个省区城市人口都不超过 16%，还有 11 个省区城市人口不超过 10%。有不少 400 万到 1000 万人口的大专区，连个中等城市也没有。如安徽阜阳地区 1000 多万人，阜阳市本身也不足 20 万人。1991 年全国有 151 个地区 191 个地级市，地区市级行政单位共 342 个，其中人口在 20 万人以上的中等城市只有 170 个，还不足 50%。城市不发达，商品经济不发展，社会主义市场经济体系就建立不起来。

第二，城镇是第三产业的主要载体，城市不发展，第三产业就发展不起来。我国的第三产业到 1991 年只占 26.8%。与第一、第二产业发展很不适应，实际已影响经济的健康发展，使人民群众的生产、生活很不方便。

第三，城镇不发展，社会各项事业的发展也受限制。科技、教育文化、艺术、体育、医疗、卫生、社会保障、社区服务等等方面都得不到应有的发展。

第四，城市是领导农村的。近代历史表明，工业革命以后，城市成了经济社会发展的中心，城市发展带动农村发展。城市发展不起来，农村许多问题自身解决不了。就拿乡镇企业来说，这是中国农民的伟大创造，本质是农民在农村办工业，但是追根究源，说到底，乡镇企业也是城市带动、辐射的结果。苏南的乡镇企业发达，是因为有上海，有苏州、无锡、常州这些大中城市的辐射、带动，珠江三角洲的乡镇企业在 1978 年以来，后来居上，飞跃发展，这是因为开放改革以后，有广州、深圳，特别是因为有香港的影响和带动。中西部诸省乡镇企业多数发展得不理想，缺少大中城市的带动是主要原因之一。

所以，就当前全国大局来说，建立社会主义市场经济体系，促进国民经济的持续发展，推动第三产业和社会各项事业的进步，都要求加快城市化的进程。从根本上解决农村和农业发展面临的诸多问题则更加迫切地要求加快城市化的步伐。事实上，就目前城市本身来说，也有内在发展的强烈要求。1980年我国只有223个城市，其中省级3个，地级107个，县级113个。1992年底，全国已有各类城市517个，其中省级市3个，地级市191个，县级市323个。1980年只有乡镇2874个，1992年有10587个，12年工夫，已经有了成倍成数倍的增加，但仍不能满足发展要求。现在在国家民政部要求升格、要求设市等着审批的报告，还有很多。

经过40年的经济建设，特别是1978年以后实行改革开放以来，我们的经济发展已经有了相当的规模，农业有了较大的发展，实行了30多年的主要农产品统购统销制度已经终结，各种票证已经取消，城市建设、城市管理的经验，也积累丰富了，所以加快城市化的进程也具备了条件，有了发展的客观基础。

毛泽东同志在《论联合政府》的报告中早就讲过："农民——这是中国工人的前身。将来还要有几千万农民进入城市，进入工厂。如果中国需要建设强大的民族工业，建设很多的近代的大城市，就要有一个变农村人口为城市人口的长过程。"近半个世纪过去了，毛泽东同志当年的预言正在变为现实。现在有几千万乃至以亿计的农民已经涌到城下，城市有了必要的准备。经济社会的发展也有了迫切的要求，现在是我们改变思路，打开城门，欢迎农民进城的时候了！

（此文发表在1993年第6期《农业经济问题》，有删节）

走出"城乡分治，一国两策"的困境

几年来，我国经济出现了市场疲软，增长速度下降，物价连续下跌，通货紧缩。虽然已经采取了积极的财政政策，降低存款利息，增发职工工资，提高城镇居民收入，以求扩大内需，启动经济，但效果总不显著，原因当然是多方面的。但1997年以来占总人口70%的农民的购买力在逐年下降，农村市场不仅没有开拓，反而在逐年萎缩，使城市和工业的发展失去了基础，这是当今经济发展遇到问题的主要症结所在。可以说，我们现在患的是城乡综合症，单就城市论城市，就工业论工业，而且有些措施还损及农村的发展，问题就更难解决。

目前在中国经济社会生活中有两个非良性循环在困扰着我们：一是工农业主要商品普遍过剩，使企业投资积极性下降，不再上新的项目，加上银行惜贷，国内总投资减少；企业不景气，开工率不足，一部分企业不得不裁减职工甚至关厂停业，使大量职工下岗，最终导致居民购买力下降，消费减少，出现了生产与消费之间的非良性循环。二是城市经济不景气，使当地政府排斥外地民工进城，好安排本地下岗者再就业；同时农业增产不增收，乡镇企业滑坡，外出农民工回流，税负加重，使农村经济陷入困境，农民没有钱购买生产资料和生活用品，购买力下降，农村市场萎缩，农民无钱进城购物消费，又使城市经济不景气更加严重，出现了城乡关系的非良性循环。

当然这两个非良性循环是互相联系的，归纳为一个，就是在经济发展新阶段，出现了农业和工业的生产能力大量过剩，而城乡的投资需求和居民消费需求不足，形成了非良性循环。这里要强调的是，我国因为长期实行"城乡分治，一国两策"，农村的剩余劳动力特别多，农村的资金特别短缺，城乡的差别特别大，现阶段三个农民的消费只抵得上一个市民！

20世纪50年代以后，我国逐步建立了一套城乡分割的二元体制。这一体制的理论基础是所有制的不同：城市以全民所有制为主，农村以集体所有制为主。这一体制的运行，在诸多方面是两套政策：对城市、对居民是一套政策，对农村、对农民是另一套政策。几十年来逐渐固定化，加上有户籍、身份制作为划分标准，就形成了"城乡分治，一国两策"的格局。

在经济层面，在所有制及其流通、交换、分配、就业、赋税等方面，对城市居民和农民的政策都是不同的。甚至许多公用产品的价格和供应方式都不同，如同样是用电，对城市居民是一种价格、一种供应方式，对农民却是另一种价格、另一种供应方式。在就业方面，改革前政府对城市劳动力完全包下来统一分配和安排工作，而对农村劳动力则认为有地种自然就是就业，政府就不做安排；政府的劳动部门，只管城市劳动力的就业，而没有管理和安排农村劳动力就业的职能。

在社会层面，在教育、医疗、劳动保护、社会保障、养老、福利等方面，对城市居民和农民的政策更不同。如教育，同是实行九年制义务教育，城市中小学的教育设施由政府拨款建设，而农村的中小学，则要乡村筹集资金来建设，所以教育集资成为农民的一大负担。有一阶段，考大中专学校城镇居民子弟和农民子弟的录取分数线都不同，城乡居民子弟的录取分数线低，农民子弟的录取分数线高。现在在校的大学生中，城镇居民的子女约占70%，农民子弟约占30%。这同全国总人口中，农民占70%、城市居民占30%的格局正好倒置。

"城乡分治，一国两策"是在当时实行集权的计划经济体制下逐步形成的，当时要集中力量进行国家工业化建设，是不得已而为之，适应当时的短缺经济，前提是牺牲了农民的利益，把农民限制在农村，后果是压抑打击了农民的积极性，使农业生产长期徘徊，"八亿农民搞饭吃，饭还不够吃"，使短缺经济更加短缺，越短缺就越加强"城乡分治，一国两策"的体制，形成恶性循环。

改革开放以后，农村率先改革实行家庭承包责任制，解散人民公社，把土地的使用权和经营权还给农民，使农民得到了自主和实惠，调动了农民生产的积极性，农业连年丰收，粮食等主要农产品已经由长期短缺转变为丰年有余，解决了农产品的供给问题。乡镇企业的发展，改变了农村的经济结构，农民生活有了极大改善。

但是近几年，农产品销售不畅，市场疲软，价格下跌，乡镇企业滑坡。虽然1996年以来，农业连年丰收，但农民收入下降，农村市场难以启动。自1996年冬季以后，粮、棉等农产品就出现卖难，价格下降，到1999年夏季以后，不仅是粮棉，几乎所有的主要农产品都出现了销售困难，市场疲软，由短缺变为过剩，由卖方市场变为买方市场，农民的收入成了问题。农民的年人均纯收入中的粮食收入部分在1999年要比1996年下降300多元。1996年农民人均从棉花得到的收入为68.07元，1999年只有36.68元。当今中国农民的收入结构中，农业收入还是主要来源。1996年，农民人均纯收入中来自农牧业的收入占55%。而在农牧业的收入中，粮棉收入又占绝对多数，特别在中西部地区，粮棉的收入更是主要的收入，有相当多地区，要占农民人均纯收入的60%以上。这三年，粮食棉花的价格下降30%～40%，农民的实际收入下降很多。

1996～1999年这几年，乡镇企业也不景气。国内市场竞争压力加大，又受到亚洲金融风暴的冲击，使乡镇企业发展相当困难，并出现了吸纳劳动力能力减弱，发展速度回落，效益下降，约40%的乡镇企业处于停产半停产状态。乡镇企业困难，使整个农村经济发展受到阻碍，农民的经营性收入和工资性收入大量减少。

在城里国家机构改革、国有企业改革的同时，城市里大量辞退外地民工，有些城市还制定了不少限制外地民工就业的规定。农民在城里打工越来越困难，许多已在城里工作多年的农民也不得不又返回农村。据有关部门测算，民工最多的年份为1995年，达8000多万人，近几年逐年减少，1999

年估算只有约 6000 万人。以平均每个农民工一年在城里净赚 2000 元计，农村就要减少 400 多亿元的现金收入。

从这几个方面看，农民特别是以农业收入为主的中西部地区的农民，这三年实际收入不是增加，而是逐年减少。改革以来，这样的状况还是第一次。政府从 1997 年就提出要开拓农村市场，两年过去了，农村市场并没有扩大。据各部门多方调查，最重要的原因就是广大农民没有钱，而不是农民不需要这些商品。

农村发展遇到障碍，是农村第二步改革没有能进一步冲破计划经济体制、城乡二元社会结构束缚的结果。90 年代以来，城乡差别扩大，农村问题日益严重。本来农村率先改革，实行家庭承包责任制，解散了人民公社，促进了生产力大发展。农产品大量增产的同时，大量农业剩余劳动力涌现出来。迫于城乡分隔户口制度的限制，农民创办了乡镇企业，"离土不离乡"。但中国的农民数量太大，农村实在容纳不了这么多劳动力。到 80 年代后期，就有大量的农民工进城打工，城市也需要他们。到 90 年代中期达到高峰，但因户籍制度的限制，他们的职业改变了，农民身份未改。所以，这许多民工有的已在城里工作了十多年，还是农民户口，众多的农民工像候鸟一样，春来冬去，形成了所谓"民工潮"。实质的问题在于，计划经济体制下形成的城乡二元社会结构格局及其户籍制度，至今没有改革。于是出现了这样的怪现象：20 年来，我国进行了大规模的工业化建设，经济突飞猛进，要换了别的国家，在工业化高速发展阶段，必然是农民大量进城，农民身份的人大量减少。我国则不然，1978 年我国有农业人口 79014 万人，而到了 1998 年，农业人口反而增为 86868 万人，20 年增加 7854 万人，据国家统计局的数字显示，1994 年的城市化率是 28.6%，1998 年的城市化率为 30.4%，四年才增加了 1.8 个百分点。就工业产值在国民生产总值中的比例来说，我国已是工业化国家，而从农业人口——劳动力的比重看，却还是农民为主体的社会。以至于出现了城市化严重滞后于工业化、社会结构与经济结构不协调的城乡失衡局面，这是目前产生很多经济社会问题的重要原因。

80 年代中期以来，乡（镇）村两级党政机构日益庞大，干部队伍恶性膨胀，权力越来越大，但又没有财政支撑，官多扰民，这是农民负担越减越重，农村社会冲突频发的主要原因。人民公社时期，"政社合一"，一个公社党委和管委会只有 20 多个干部，大一点的有 30 多人。每个大队干部只 4～5 个人。实行家庭承包制后，解散人民公社，成立乡（镇）政府，大队改为村委会，干部的名称改了，人数并未变。农村实行大包干以后，在大约 5～6 年的时间里，乡村两级干部（特别是村干部）原来组织集体生产经营的职能没有了，一时无所适从，村干部也多数回家种承包田去了。"土地包到户，还要什么村干部"是这一阶段的写照。上面县（市）的干部下乡，很难找到村干部，农村出现了所谓瘫痪、半瘫痪的问题。但恰恰是这段时间，农民负担是最轻的，农民负担并没有成为农村的社会问题。

到了 80 年代中期以后，再次强调在农村要加强领导，强调要做好农业生产的社会化服务。特别是在 1985 年取消统购实行合同定购之后，市场粮价猛涨，定购价低于市场价很多，政府通过乡村干部动员农民完成定购任务。农村基层组织、乡村两级干部，又在新的形势下逐步加强，逐步增多。这一段时间，县（市）以上的领导，注意力都主要集中到发展工业化，发展城市经济，解决城市问题。对农村实行承包责任制之后，农村基层政权应该怎么建设，机构需怎样配置，人员编制多大规模，编制外可以容纳多少名额，等等，都没有明确的安排和规定。在这样的状况下，就在 10 多年间，农村乡（镇）村两级干部队伍迅速膨胀起来，机构越来越大，达到了空前的规模。这几年乡（镇）级干部大量增加，党委书记、乡（镇）长外，又增加了若干副书记、副乡（镇）长，增设人大主席（还有人大办公室）。现在一个乡（镇）仅副乡级以上干部就有 10 多个。在一些经济比较发达的乡（镇），因为乡镇企业赚了钱，有了财力支撑，机构越设越多，例如设置了经济委员会、工业办公室，还把原来乡政府里的八个助理，逐个升格为七所八站，如财政助理升为财政所，公安助理升为派出所，水利助理升为水管站，文教助理升为文教办公室，计划生育助理升为计生办，还新增了土地管理所、交通管理站、电力管理所，等等。由于任用农民身份的干部和工作人员没有编制限制，乡（镇）主要负责人可以任意安排和调用，所以这些年，乡（镇）政府里的各种办公室人员，办事人员以及司机、服务员、炊事员大量增加。现在一个乡（镇）政府，少则数十个，多则百余人，甚至有二三百人的，超过正式编制几倍乃至十多倍，比 50 年代一个县政府的机构还大。在村级组织，行政村里有党支部、村委会，除几个主要负责人外，还设有第一副村长、工业副村长、牧业副村长……还有人数不等的支委、村委、民兵连长、团支部书记、妇联主任、治保主任、调解主任，此外，还有计划生育员、电工、水管员等，一个村里，少则十多人，多则数十人。而凡是有个头衔的，都要拿补贴，都比农民有权，都要比农民生活好。乡（镇）村两级有这么多官，有这么多管事的人，有这么多人拿钱，国家又没有对这些人的财政开支，只能从农民那里用各种名目收取，农民负担又怎么能减轻呢？

90 年代以后，各地陆续建起乡（镇）级财政，普遍建立财政所。乡（镇）财政所统管乡（镇）干部、中小学教员、卫生院医务人员，以及大批不在编人员的工资、医疗、旅差、福利和日常经费等的开支，这类财政支出是刚性的，但财政收入却无固定来源和固定数量。特别是 1994 年财税改革之后，实行分税制，较稳定和较好的税收都由地（市）级以上逐个收上去了，所以，这些年，地（市）以上的财政状况，一般都是很好和较好的。但县以下多数不行，因为好的财源、税源，到县（市）以下就所剩无几，县（市）再留下一些，到乡（镇）一级则多数财政困难，几乎就没有什么税源和稳定的收入。在这样的条件下，乡（镇）长们要维持政府运转的功能，日常开支，一是举债度日，向各方面、各渠道去借钱，有的是借银行、信用社的，有的是挪用的，有的则是借高利贷；二是用各种方式向农民和乡镇企业摊派，乱收费、乱罚款、乱集资就这样逼出来了。

在计划经济体制下形成的城乡二元结构、户籍制度，保留的时间太长了，几乎很少改革。由此带来两个问题：一是阻碍了社会流动，使城市化严重滞后于工业化，经济结构和社会结构不协调；二是阻碍了社会主义市场经济体制的孕育和成长。20 年来的实践表明，把 8 亿多农民限制在农村，农民富不起来，农村也现代化不了。农业容纳不了 5 亿多劳动力，也不需要这么多劳动力，按我国现有的农业生产水平，有 1.5 亿劳动力就可保证农产品的生产和供给，满足国民经济发展和全社会的需求。办乡镇企业是成功的，转移了 1 亿多劳动力，但完全靠"离土不离乡"不行，长期搞亦工亦农并不好，不利于专业化，不利于工人队伍素质的提高。乡镇企业主要是第二、第三产业，发展到一定阶段要向小城镇乃至城市集中。

打开镇门、城门，放心大胆又有步骤地让农民进来，这是经济发展到今天的必然要求，现在的农村不仅是农产品全面过剩，主要是农业劳动力大量过剩，在农村范围里调整经济结构、产品结构，怎么调整也不行。要跳出农村、农业的领域，进行战略性的社会结构调整，让相当多的农民转变为居民，转变为第二、第三产业的职工，改变目前我国"工业化国家 + 农民社会"的现状。

80 年代后期，特别是在 1992 年以后，在经济大发展的潮流下，为适应城市经济发展的需要，同时农村剩余劳动力要求寻找出路，有大批农民工涌进城里来打工（特别是搞建筑）、拾荒（捡破烂）、经商（主要是摆地摊、卖蔬菜），他们干的是最重最累最危险的活，而工资和劳保福利是很低的，为输入地创造了大量的财富，为当地的繁荣做出了很大贡献。但因为户籍制度的限制，在城里打了十多年工的民工，工作再努力，表现再好，也还是民工。他们得不到输入地政府认同，打工多年，也融入不了当地的社会，付出了极高的代价。有些用民工单位，对他们进行超经济的剥夺，待遇非常苛刻。就许多城市来说，只要有什么风吹草动，首先裁减的是外地民工。这几年经济调整，全国的民工已降到 5000 万人以下。这样大的民工队伍，因为是这种用工方式，招之即来，挥之即去，培养不出训练有素的、有技术、有纪律的工人队伍来，产生不出相应的干部和管理人员来，而且由于民工过着候鸟式的生活，无序、无规则、无组织的流动，产生种种难免的社会问题，给交通运输、公安、民政卫生等部门造成很大的压力，付出了极高的社会成本。

从民工潮的涌动这个侧面，也说明户籍制度非改不可。

现在，农村发展到了一个新阶段，需要深化改革，进一步把农民从计划经济体制的束缚中解放出来，改革城乡二元社会结构，大力推进城镇化，形成城乡一体的社会主义市场经济体制，促进第二、第三产业发展，使更多的农业剩余劳动力到城镇就业，使农民更加富裕起来。

有学者提出，现在的农业问题，在农业以外；现在的农村问题，在农村以外。要解决目前的农村农业问题，必须跳出农村农业的圈子；同样，研究城市、工业发展，不能就城市论城市，就工业论工业，而要考虑农村、农业的发展和问题。

我们已经到了必须考虑如何走出"城乡分治，一国两策"的格局的时候了。

（此文发表在 2000 年第 5 期《读者》）

"农民真苦，农村真穷"

1979 年以后农村实行的家庭承包责任制，调动了广大农民的生产积极性，农业生产大发展解决了农产品的供给问题，也扩大了农村市场，推动了国民经济的发展。与此同时，农业生产中长期存在的劳动力过密化现象由于家庭承包责任制而凸显出来。但因为城乡分割的二元社会结构体制的存在，户籍制度没有动，农民不能进城，大量农村剩余劳动力和其他生产要素不能向农村以外的地区和部门转移，农民就只好就地办乡镇企业，摸索出"离土不离乡，进厂不进城"的乡村工业化模式。现在我们说"乡镇企业是中国农民的又一个伟大创造"，是指乡镇企业，创造了大量财富，促进了地方工业化水平，提高了农村居民的收入，更重要的是就地转移了大量农业剩余劳动力。但实事求是地说，农民自己兴办乡镇企业其实是在二元社会结构条件下，不得已而为之的一种做法，农民为此付出了很大代价，国家和社会付出了很大的代价，环境和资源也付出了很大的代价。

回过头来看，如果 80 年代中期我们能因势利导，着手改革二元社会结构，改革城乡分治的户籍制度，走城乡一体的道路，既加快工业化，也推进城镇化，那么，今天存在的经济社会结构失调，城市化严重滞后于工业化，农村市场开拓不了，内需不足等诸问题，虽不能说都能迎刃而解，但至少可以大大减轻。

1992 ~ 1993 年，在新一轮经济增长的时候，还是因为农村容纳不下农业剩余劳动力和其他生产要素的发展，一方面有数千万农民工离乡外出打工，形成民工潮；另一方面有相当一部分农民花钱买户口，不惜代价要进入城镇，改变身份。这本来是发展城镇化的大好机遇。如果我们这个时候能够顺应民意和社会发展与变迁的需要，就应该在改革原有的二元社会结构和城乡分隔的制度安排上做文章，打开城门镇门，让这些民工走进来、待下去，使他们实现非农化。但我们又没有这样做，而是严令禁止各地卖户口，关紧城门镇门，拒农民于城镇之外，又一次强化、固化"城乡分割、一国两策"的做法，丧失了一次顺利发展城镇化的好机遇。卖户口是否妥当，是个具体做法问题，但因为一个具体做法欠妥就延迟城镇化进程，却使我们又一次错过了改革二元社会结构，推进城镇化的机会。

1993年6月，国家进行新一轮经济调整，控制经济过热，1994年政府出台金融、财政、税收、外汇和外贸体制的改革，1996年全国经济实现软着陆，经济过热、通货膨胀控制住了，还保持了9.6%的经济增长速度。接着是亚洲金融危机爆发，为保证国家的经济安全，继续实行"双紧"政策。1998年进行粮食流通体制改革，实行粮食敞开收购，顺价销售，封闭运行和粮食企业改革。这次改革难度很大，执行中遇到很多问题。1998年出现全国性的通货紧缩，2/3以上的工农业产品供过于求，由卖方市场转为买方市场，物价下跌，销售困难，经济疲软，许多城市出台了限制用农民工的政策，清退农民工回乡，1998年、1999年两年约有2000万个民工从城市转回村镇，而此时乡镇企业也受到了很大冲击，产品销售困难，效益下降，有相当多的集体企业转制了、倒闭了，大批"离土不离乡"的农民工被迫返回农业。本来1997年全国在第一产业就业的劳动力首次降到占总劳动力50%以下，1999年因劳动力向农业回流又恢复到占50%以上（《中国统计年鉴1999》，第268页）。

90年代中期以后，在整个经济波动中，农民受到双重的压力：一是农产品价格大幅度下降，农业收入大幅减少；二是在非农产业中就业的农民工受到排斥，使打工收入和非农经营收入减少。而在这些年，农业的税收却是逐年增加的，1993年全国农业各种税为125.74亿元，1998年增加到398.8亿元，平均每年增加54.6亿元（《中国统计摘要2000》，第38页）。正税之外，农村的各项收费负担增加更多。这两减两增，是造成现在农民真苦、农村真穷的经济原因。

而"农民真苦，农村真穷"的主要根源是过去多年形成的二元社会结构体制，还在束缚着农村生产力的发展，束缚着农民致富，束缚着农村劳动力向非农转移。在"城乡分治，一国两策"的二元社会结构格局下，当国民经济正常运行时，农民、农村要向城市做出像统购一类的常规贡献，而当国民经济运行出现波动，遇到经济困难时，国家就通过政治和经济的办法，通过财政、税收、价格、金融、信贷等政策倾斜，以保证城市和国家工业的发展。农民、农村在这种条件下，就要做出更大的贡献。

90年代中期，国家实行宏观经济调控，国有企业改革，先后约有1000多万国有企业职工下岗、失业，登记失业率每年上升，就业形势相当严峻。但这几年物价特别是粮食等农产品的价格，自1996年以后是逐年下降的，鸡蛋蔬菜瓜果等的价格也是下跌的。虽然职工下岗后发的津贴费很少，因为物价下降，城镇居民的基本生活还能过得去，所以城市还是保持了基本的稳定。但从农村方面来看，这几年粮食等农产品价格大幅下跌，农民为此付出了很大的代价。我自己做过一个计算：1996~1999年粮食总产平均以一万亿斤计，1996年11月，大米、小麦、玉米三种粮食的平均市场价格为1.0355元/斤，当年农民粮食所得为10355亿元；到1999年11月，这三种粮食的平均市场价格为每斤0.7075元，农民从粮食所得为7075亿元，比1996年减少3280亿元。当然，由于粮食的商品率只有30%左右，农民自食自用部分占大头，农民的现金收入没有减少这么多，但单从粮食收入这一项，农民年收入（包括实物性收入）就减少了3280亿元。如果把其他农业收入也粗略算进去，1999年与1996年相比，农民从农业生产获得的收入，要减少约4000亿元。2000年农业减产又减收，农民从农业获得的收入将比1996年减少4000亿元以上。从1997年到2000年的四年中，农民减收了16000亿元以上。这就是农民在这次宏观调整中所做的牺牲和贡献。而这个贡献则主要是中西部地区，以农业生产为主要收入地区的农民做出的。

　　"农民真苦、农村真穷、农业真危险"的问题，已经直接影响农村的发展，影响农村社会的安定，阻碍社会主义市场经济体制的形成，影响整个国民经济和社会的稳定与发展。必须从战略上考虑，开始调整城乡关系，逐渐改变"城乡分治，一国两策"的格局。过去我们主要从发展国民经济的大局要农村保证农产品的供给，十分重视农业，这是对的。靠了几十年的奋斗，靠了科学技术，现在农产品供给问题基本解决了。但还有9亿农民怎么办的问题，农民不富，或者大量农村劳动力不从农业转移出来，农村市场开拓不了，国民经济也发展不好，城镇化现代化也会严重受阻。我们要建设的是十几亿人口的统一的大市场，而不能继续搞城乡分割的两个市场，把9亿农民堵在城外。有学者指出，在人民公社体制下，是把农民一个个束缚起来受穷，现在则是把农民圈起来，还是穷。"中国的问题仍然是农民问题，但农民问题主要不再是土地问题，而是就业问题。"改革现行的户籍制度，打开城门、镇门，广开农民的就业门路，再一次解放农民，改变"城乡分治，一国两策"的格局是个方向。当然，这样大的改变或转变，需要一系列配套的法规和政策出台，要逐步分阶段实施，但是再不转变，继续搞城乡分治，是不行了。

（此文发表在 2001 年第 1 期《读者》，略有删节）

新一轮农村改革为什么难

　　农村体制改革的任务还很重，计划经济体制束缚农村生产力的发展的障碍还很多，最主要的有两个，一是户口制度，一是土地制度。

　　中国的改革是从农村突破的。一开始，就搞得轰轰烈烈、成效卓著，但自20世纪80年代中期以后，因为农村第二步改革没有跟上，农村形势时晴时阴，变化不定。30年农村改革和发展的风风雨雨，我都亲身经历了，深有感触。

　　农村第一步改革开了个好头，但第二步改革就很难，为什么？

　　农村的改革是在国家计划经济体制总体上尚未改革的条件下首先实现的。待到1984年农业大丰收，转而要改革农村流通体制的时候，触及计划经济体制的体系了，问题就来了。加上农产品购销体制的改革涉及城市居民的利益关系，那时还是低工资、低收入，国家财政很窘迫，不仅付不起改革成本，反而要从改革中减少支出。所以在1985年，农村进行流通领域体制改革为中心的第二步改革，就举步维艰了。

　　对于1978～1988年农村改革的那段历史，应该可以用善始没有善终来总结。农村第一步改革有声有色。第二步改革开局不利，农民不欢迎，当年减了产，受了挫折后，又没有修正策略、组织再战。客观上是此时宏观环境变了，国家的主要力量已经转到城市经济体制改革的方向上了，农民又分化了，目标多元化了，组织者又没有妥善的应对措施，不久，中央农研室也被解散了。从此，农村第二步改革不再提了，农村改革也讲得少了。

　　总体来说，农村体制是计划经济体制的一个组成部分，相对于第二产业、第三产业的体制，是比较薄弱的，所以改革是从这里先突破的。但是，从统购统销，到合作化、公社化的实现，以致后来的城乡分隔的户籍制度，人民公社60条，"三级所有，队为基础"，农业学大寨，"四清"运动，社会主义教育运动，一步一步把农民在政治、经济、社会等方面"组织"起来了，纳入了国家计划经济体制，而且已经实行了20多年，可谓盘根错节，根深蒂固。对于这样一个庞大的农村体制，想仅仅通过一两项改革来改变它，就想转到社会主义市场经济体制，那是很不现实的。遗憾的是，1985年农村第二步改革受挫以后，农村体制改革的问题没有得到应有重视。

经济结构已处于工业社会的中期阶段，而社会结构尚在初期阶段。

近20年来，农村方面还是不断有喜讯传出，诸如乡镇企业异军突起，亿万农民工离土离乡，粮食总产实现1万亿斤，农业税费全免，农村九年义务教育普及，农村合作医疗重建等，但这20年的农村形势可以用时晴时阴，喜忧参半来概括。一个不争的事实是，城乡差距、地区差距、贫富差距越来越大，十六大提出要抑制这三大差距扩大的趋势，党和政府也做了种种努力，而差距还是在扩大，由此引出了诸多的经济社会矛盾。什么原因呢？从社会结构的理论来分析：2007年的GDP中，一产业占11.3%，二产业占48.6%，三产业占32.4%，而在2007年的就业结构中，一产业占40.8%，二产业占26.8%，三产业占32.4%。2007年的城市化率为44.9%，农村人口占55.1%。

从这些数据可以看到两点：首先，占总就业劳力的40.8%的农业劳动力，只创造11.3%的增加值，这说明，农业劳动生产率太低了，这主要不是农民自身的原因，而是因为他们的生产资料太少，另外，占总人口55.1%去分11.3%的增加值，农民怎么能不穷呢？其次，中国现在的经济结构是工业社会的中期阶段，而从就业、城乡结构看，中国现在的社会结构还是工业社会的初期阶段。社会结构理论认为，一个社会要和谐，首先要有经济结构和社会结构这两个基本结构协调。当今中国工业化社会中，经济结构已经是中期阶段，而社会结构还处在初期阶段，这种不协调的基本结构正是产生诸多经济、社会矛盾的结构性原因。

这种不合理的经济、社会结构，却正是由于计划经济体制形成的城乡二元经济社会结构还没有得到改革的结果。所以，要改变这种不合理的经济、社会结构，还必须继续进行改革。

农村体制改革的任务还很重，农村第一步改革的成功经验是，要抓主要矛盾，解决主要问题。当前，计划经济体制束缚农村生产力的发展的障碍还很多，最主要的有两个：一是户口制度，这是束缚农民的紧箍咒，一定要先改革，使农民重新获得平等的国民待遇，获得参加社会主义市场经济竞争的入场券；二是土地制度，现行的所谓集体所有制，已经变得畸形了，这是产生城乡之间、农村内部诸多纠纷的主要根源，一定要改革，使农村土地产权明晰，使农民获得可以自己支配、处置的资产和房产，使农民有参加社会主义市场经济竞争的立足之地。审时度势，现在是该下决心进行新一轮农村改革，解决好"三农"问题的时候了。

（此文发表在 2008 年第 17 期《人民论坛》）

对话陆学艺：目前农村发展中的问题和任务

《江苏行政学院学报》记者

记者：您多年从事中国社会结构转型的研究，并在近期的研究中，提出"农村发展新阶段出现的新问题需要采取新的方式来解决"的思路，这一"农村发展新阶段"的"新问题"主要是指什么？

陆学艺："农村发展新阶段"的前提是中国农民已基本解决温饱问题，正在向小康社会发展。20 世纪 80 年代初，我们采取的基本政策是在诸多矛盾中，先解决农村问题，率先在农村进行改革。在财政困难的条件下，大幅度提高农产品收购价格，把占人口 70% 的农民生产积极性调动起来，使农业连年丰收，几年就解决了吃饭问题。农民先富一步，购买力大增，农村经济活跃，带动了城市经济的繁荣，推动了整个国民经济的大发展。而在目前"农村发展的新阶段"，农业增产不增收，农产品销售困难，进城民工回流，乡镇企业发展受阻，农村市场不旺，城乡关系严重失衡等问题，成为农村发展新阶段的另一种问题的标志。

具体说来，第一个方面，1996 年以来，农业连年丰收，农民收入下降，农村市场难以启动。到 1999 年夏季后，不仅是粮棉，几乎所有的主要农产品都出现了销售困难，市场疲软，价格连续下跌，由短缺变为过剩，由卖方市场变为买方市场。与此同时，农产品价格全面连续地大幅度下跌，使农民收入成了问题。农民年人均纯收入中的粮食收入部分在 1999 年要比 1996 年下降 300 多元，尽管 1999 年棉花总产与 1996 年持平，但农民从棉花得到的收入只有 319.428 亿元，比 1996 年减少 268.99 亿元，人均 36.68 元。

每人减少 31.39 元，下降 46.1%。

这几年，在国内市场竞争的压力和亚洲金融危机的冲击下，乡镇企业吸纳劳动力能力减弱，速度回落，效益下降，亏损面已超过 15%，约 40% 的乡镇企业处于停产半停产状态。乡镇企业困难，使整个农村经济发展受到阻碍，导致农民的经营性收入和工资性收入大量减少。

由于城里国家机构改革，国企改革，减员增效，大量辞退外地民工，有些城市还制定了不少限制外地民工就业的规定，许多已在城里工作多年的农民不得不又回到农村。据有关部门测算，民工最多的年份为 1995 年，达 8000 多万人，1999 年估算只有约 5000 万人。以平均每个农民工在城里净赚 2000 元计，农村要减少 600 多亿元的收入。

从以上情况看，农民特别是以农业收入为主的中西部地区的农民，这三年实际收入不是增加，而是减少了。改革开放以来，这样的状况还是第一次出现。政府从 1997 年就提出要开拓农村市场，但两年过去了，农村市场并没有扩大。据各部门多方调查，最重要的原因就是广大农民没有钱，不是农民不需要这些商品。

从另一方面来看，20 年来，我国进行了大规模的工业化建设，工业化进入快速发展阶段，本应伴有大量农民进城，农民人数大量减少，结果却不然。1978 年我国有农业人口 79014 万人，到 1998 年增为 86868 万人。20 年增加 7854 万人，平均每年净增 392.7 万人。就经济结构说，我国已是工业化国家，而从就业结构说，还是农民社会。城市化严重滞后于工业化，职业结构与经济结构不协调，城乡失衡，是目前很多经济社会问题产生的重要原因。

记者：您在一些研究报告中强调了农村发展新阶段的新任务。这种新任务主要是指什么？

陆学艺：农村发展新阶段的"新任务"是通过深化改革，进一步把农民从计划经济体制的束缚中解放出来，改变城乡二元社会结构，大力推进城镇化，形成城乡一体的社会主义市场经济体制，促进二、三产业发展，使更多的农业剩余劳动力到城镇就业，使农民更加富裕起来。

记者：您能对目前农村的新任务作些具体说明吗？

陆学艺：这种新任务大致包括如下几方面的具体内容：第一，改变城乡二元社会结构。20年来，我们实行改革开放，取得了巨大成功，但在计划经济体制下形成的城乡二元社会结构几乎很少改革。由此带来的两个问题：一是阻碍了社会流动，使城市化严重滞后于工业化，经济结构和社会结构不协调；二是阻碍了社会主义市场经济体制的形成。现有的城乡分割的二元社会结构，使城乡间的生产要素，如劳动力、土地、资金和多种资源不能按市场经济的要求流动，妨碍了资源的合理配置，不利于生产力的发展。

按我国现有的农业生产水平，有1.5亿劳动力就可以保证农产品的生产和供给，满足国民经济发展和全社会的需求。办乡镇企业转移了1亿多劳动力，但长期搞亦工亦农不利于专业化，不利于工人队伍素质的提高。乡镇企业主要是二、三产业，发展到一定阶段就要向小城镇乃至城市集中。

打开城门让农民进来，这是经济发展的必然要求。现在的农村不仅是农产品全面过剩，而且主要是农业劳动力大量过剩，在农村范围里调整经济结构、产品结构，怎么调整也不行。要跳出农村、农业的领域，进行战略性的社会结构调整，让相当多的农民转变为市民，转变为二、三产业的职工，改变目前我国农民社会（农民占绝对多数）的现状。这样的调整已为各国的实践所证明，是符合历史规律的。

第二，要逐步解决在中国经济生活中困扰我们的两个非良性循环。一是工农业主要商品普遍过剩，销售困难，市场疲软，企业投资积极性下降，不敢再上新的项目，加上银行惜贷，使国内总投资减少；企业不景气，开工率不足，工资性支出减少，一部分企业不得不裁减职工甚至关厂停业，使大量职工下岗，最终导致居民购买力下降，消费减少。二是城乡互动出现了非良性循环。先是城市经济不景气，商品积压，企业压缩生产，工人下岗，当地政府排斥外地民工；而农村中农业增产不增收，乡镇企业滑坡，外出农民工回流，税负加重，使农村经济陷入困境。农民没有钱购买生产资料和生活用品，购买力下降，农村市场萎缩，农民无钱进城购物消费，使城市经济不景气更加严重，出现了城乡关系的非良性循环。这两个非良性循环是互相联系的，本质上可归纳为一个，就是在经济发展新阶段，出现了农业和工业的生产能力相对过剩，而城乡的投资需求和居民消费需求不足，形成了恶性循环的状况。

如何打破这两个非良性循环，走出目前的经济困境？80年代初期解决经济困难、打开新局面的经验值得借鉴。不过，那时面临的问题，是如何加快发展生产力，解决农业、工业产品全面短缺的问题；现在又遇到了城乡市场都不景气，我们要解决如何启动需求，解决工农产品过剩的问题。可以运用先启动农村市场的经验，通过适当的政策把占人口70%的农民积极性调动起来，大大提高广大农民的消费和投资能力，让农村市场先活跃和繁荣起来，这样做投入的启动成本并不大。农村是个潜力极大的市场，但需要潜心培养和开发，一要有适当的政策，二要有启动性的投入。

第三，要改变"城乡分治，一国两策"的局面，逐渐形成全国统一的城乡一体的社会主义市场经济体系。50年代，我国在逐步建立计划经济体制的时候，学习苏联的做法，采用"城乡分治，一国两策"。实行的理论基础是：城市以全民所有制为主，农村以集体所有制为主，所以在诸多方面，对城市是一种政策，对农村又是另一种政策。几十年来，逐渐固定化，加上以户籍、身份制作划分标准，就形成了"一国两策"的格局。在经济层面的所有制及其流通交换方式、分配方式、就业方式、赋税等方面，对城市居民和农民的政策是不同的；在社会层面的教育、医疗、劳动保护、社会保障、养老、福利等方面，对城市居民和农民的政策也是不同的。电力、公路、供水、邮电、电话、通信等都是全民所有制性质，由国家有关部门直接管理，但也是实行城乡两种政策。如电力，行政村以下的供电线路、设施要由村里集资架设，把电引到农民家，农民还要自己出钱。城市和农村是两种管理方式，同电不同价，农民花钱引来了电，电价却比城里贵好几倍，有的农民用不起，只好再点油灯。电价问题已引起了有关领导的重视，近几年国家正在进行大规模农村电网改造。其实在用水、公路交通、邮政、电话等方面，都是实行城乡不同的"一国两策"，一方面农民多花钱，吃了苦头；另一方面也限制了这些事业的发展。

"城乡分治，一国两策"，是在实行集权的计划经济体制下逐步形成的，当时要集中力量进行国家工业化建设，不得已而为之，适应了当时的短缺经济。改革开放以后，农村率先改革，调动了农民生产的积极性，促进了农业生产大发展，解决了农产品的供给问题。但后来改革深入到城乡利益关系，就困难重重了。有学者指出，现在的农业问题，在农业以外；现在的农村问题，在城市。要解决目前的农村农业问题，必须跳出农村农业的圈子，必须改革"城乡分治、一国两策"的格局。

（原文刊载于 2001 年 2 月《江苏行政学院学报》）

严俊昌

严俊昌，男，1941年生，安徽小岗村生产队长，大包干带头人之一。1978年，他和其他17位农户冒着"杀头"的危险在一纸分田到户的"大包干"契约上按下鲜红的手印，成为中国农村改革的"先行者"。此后大包干到户在凤阳乃至全省普及开来。1984年，大包干经营新体制正式定名为"家庭联产承包责任制"，在全国普及推行，广大农村焕发出勃勃生机。小岗人的这一首创，为中国农村改革迈出第一步。

从"讨饭村"到"小康村"

我们小岗村自党的十一届三中全会以来，发生了翻天覆地的变化。虽然这个变化，与先进地区相比还不那么显著，但回顾这一变化历程，对我们小岗村继续开拓前进，是很有意义的。

穷则思变，贫穷逼出了大包干

小岗村农业合作化以前共有 34 户、175 人、90 个劳力，有 30 头牲畜、1100 亩耕地，平均每年产量 18 万 ~ 19 万斤，人均生产粮食 1000 多斤，农民生活还算可以。1955 年开始，小岗村没有经过小社，就一步迈入高级社，开始出现干活大呼隆、分配一拉平的现象，结果粮食产量逐年下降。到 1959 年，遇上了三年自然灾害，出现了"饿、病、逃、荒、死"等严重情况。1962 年刚刚恢复，紧接着就是"十年动乱"，各种各样的运动折腾得小岗村仅剩下 20 户人家，还是要年年搞运动、天天讲斗争。"路线教育"时，小岗村一下子来了 14 名工作队员，几乎一家摊上一个，整天搞"斗私批修""割资本主义尾巴"、搞"大批促大干"等。七斗八斗，把人心都斗散了，形成了"算盘响、换队长"，20 户人家的生产队，几乎人人都当过队长，但换来换去，哪个也没干好。那时，人均口粮仅有 200 多斤，10 分工只值 2 角多钱。从 1966 年到 1979 年，13 年来，小岗村共吃国家供应粮 22.8 万斤，占 13 年总产的 65%，还用掉国家生救、社救款 1.5 万元。真是"农民种田，国家给钱，缺吃少穿，政府支援"。小岗的集体财产也是少得可怜，队里仅有三间破草房、一犋半牛、半张耙、一张半犁，已经穷得无法进行生产了。现在说句不怕丢丑的话，那时穷得大姑娘出门没衣穿，小伙子全是光棍汉，秋收刚刚结束，家家户户都准备外流讨饭了，小岗村成了远近闻名的穷队、光棍村、讨饭户。

1978 年秋，严俊昌、严宏昌担任了小岗村的正副队长，当时正值秋收秋种大忙季节，却有不少农户准备要外流了。此时，公社党委贯彻落实《省委六条》精神，实行分组作业的联产承包责任制，搞"一组四定"，这样正合我们的心意，我们很快将全队划分为四个小组，实行分组作业。谁料想分组后，矛盾更多、更激烈，因上工早迟、计分多少、分工不合理等问题，天天吵吵闹闹，甚至闹得要动武。俗话说："穷争饿吵。"搞得我们队干部也不能参加小组生产了。当时我们认为，分大不如分小，干脆把 4 个小组分成 8 个小组，采取瞒上不瞒下的办法（即上报是 4 个小组，实际是 8 个小组）。这样分成的 8 个小组，基本上是"被窝里划拳——不掺外手"，多数是父子组、兄弟组。这样一来，提高了劳动积极性，反正是自家人在一起干活，劳力不足，家里老人、小孩一齐上，没有牛犁田，就用人拉犁，没有犁就用四齿耙刨，秋种进度加快了。但是好景不长，由于长期"大呼隆"、吃大锅饭的思想影响，尽管是兄弟之间、妯娌之间，也产生了矛盾，时有争吵，影响生产。

队里年长的老人都说，50 年代初期，土地各家各户耕种，什么矛盾也没有，交公粮，卖余粮，家家丰衣足食，生产热火朝天，他们都非常怀念那种情景。我们几个队干部也在一起商量，认为照这样分来分去的，还真不如分到户，各干各的，什么矛盾也没有了。也有人认为，分田到户好是好，被上面知道了不得了，搞分田单干、带头的干部是要坐牢的。这种"肉吃千口，罪落一人"的结果，我们当干部的也很害怕。但是，我们也搞得实在无计可施了，也"穷"怕了。我们想，一个队干不好，说是"大呼隆"；分到组也干不好，说是矛盾大；分到户看你能不能干好，再干不好，没饭吃就不能怪这怪那，怨天尤人了。为了乡亲们能有一口饭吃，我们几个队干部豁出去了，干脆分到户，瞒上不瞒下，先干一年试试再讲。到组到户都一样，首先完成国家征购任务，再完成集体提留，剩下来都是自己的，这就叫大包干到户。我们队干部就是坐牢也心甘情愿，只有这样，才能对得起全村老少爷们。

大约是11月底的一天，我们在村西严立华家召开了一次全村秘密会议，一家一个户主参加，20户，到了18户（缺的两户是两个单身汉，已外流），会议内容就是搞大包干到户。第一是土地分到户后，瞒上不瞒下，不准任何人向外说，包括自己的至亲好友一律不说；第二要保证上交齐国家和集体的任务，任何人不准装孬。会上大家赌咒发誓，保证不向外透露分田到户，保证完成上交任务，就是遇到自然灾害，我们砸锅卖铁、外流要饭也要完成任务。也有的担心队干部搞大包干到户要吃官司坐牢，大家议论：你们干部要是因为搞大包干到户犯法坐牢，我们挨家要饭也给你们送牢饭，你们的小孩子，我们全村共同抚养到18岁，决不反悔。当时严宏昌就执笔，写了大包干到户的合约，内容是：

1978年　12月　地点　严立华家

我们分田到户，每户户主签字盖章，如以后能干，每户保证完成每户的全年上交公粮，不再向国家伸手要钱要粮，如不成，我们干部坐牢杀头也甘心，大家社员也保证把我们的小孩养活到18岁。

写好后，严宏昌第一个盖了负全部责任的印章，然后关庭球、关友德（代）、严立华、严国昌（代）、严立坤、严金昌、严家芝、关友章、严学昌、韩国云、关友江、严立学、严立国、严富昌、严立付、严美昌、严俊昌等参加会议的17户户主分别盖了印章或按了手印。

事后，我们立即悄悄地将田分到户，这样家家户户劳动生产积极性都发动起来了。有的向亲友借贷，筹备生产费用，准备给小麦施肥；有的借耕牛犁田，或请亲戚来帮忙刨地；缺粮户也不外流了，男女老幼一齐上，安排生产，实行生产自救。就这样，硬是把秋种搞好了。我们小岗村就这样艰难地迈出了大包干的第一步。

省、地、县领导给我们撑了腰

俗话说：世上没有不透风的墙。我们小岗村大包干到户，外人一看便知，消息飞快传开了。公社领导知道消息后，立即把我们队干部找去质问：你们小岗是不是在搞单干？你们当干部的要注意，这样搞是要犯国法的。如果是单干，赶快并起来，否则就要把你们小岗村情况上报县委处理。那时，我们是铁了心的！一口咬定是分组作业，外人看一家一户干活是搞自留地。到了1979年3月15日，《人民日报》刊登甘肃省一位读者来信，并加了编者按语，指出：三级所有、队为基础必须稳定，坚决反对搞任何形式的包产到组、包产到户等变相单干。我们听了广播都傻了眼，心里很害怕，认为《人民日报》编者按是有来头的，心里七上八下的，心想这一下，我们是要挨批斗坐大牢了。

1979年5月8日，县委书记陈庭元把严宏昌找到公社，叫他不要怕，不要有思想顾虑，实事求是说出大包干到户的情况。严宏昌就如实地作了汇报，并说：作为一个农民，新中国成立20多年来，一直是"三靠"（吃粮靠返销、花钱靠救济、生产靠贷款），自己种田还糊不饱自家的肚皮，实在感到有愧，对不起国家，对不起领导，对不起自己的祖宗和后代。我们现在搞大包干到户，不但不向国家伸手要一分钱、一粒粮，保证年年向国家做贡献。陈书记问，你们有把握干好吗？严宏昌当时保证说：一定能干好，不信你去看看我们地里长的庄稼心里就踏实了。陈书记当即表示：你们只要能搞到吃的，我们不要你们粮食，只要不再靠国家就好了，你们好好干吧，就作一个试点吧。听了县委书记的话，我们就像吃了定心丸，一块石头落地了。全村社员听了传达也都欣喜万分，认为有县委书记给我们撑腰，我们可以放心大胆地干了。

1979年，是我们搞大包干到户的第一个年头，全队粮食总产13.2万斤，相当于1966年到1970年5年粮食产量的总和。收油料3.5万斤，是过去

20 年产量的总和。饲养生猪 135 头,超过历史任何年份。向国家交售粮食 2.99 万斤,是征购任务的 10 倍;卖油料 2.4 万斤,超过任务 80 倍。人均收入由 1978 年的 22 元上升到 371 元。同时,当年还贷 800 元,集体储备粮 1500 斤,公积金 150 元。我们小岗村由"三靠队""讨饭村",一跃成了全县闻名的冒尖村。

10 月 20 日,县委书记陈庭元、副书记宁金茂等领导同志来到我们小岗村,宣布县委意见:同意小岗村搞大包干到户,作为大包干的试点队。并委派县委秘书吴庭美同志,在小岗村住下来,搞调查研究,核实产量,写了一篇题为《一剂必不可少的补药》调查报告,肯定了我们小岗村大包干到户的成绩,直接报给省委万里书记和中央农委。小岗村悄悄地搞"大包干到户"的情况,由此受到了中央领导和省委领导的重视。

10 月下旬,地委书记王郁昭带领地委 7 名常委,来到我们小岗村,经过考察和座谈,肯定了小岗村的做法,同意小岗村大包干到户干 3 年,并且总结大包干的优点是对国家、集体、个人三者都有利,是利国利民的创举。

大包干给小岗村带来了大变化

从 1978 年实行大包干到现在(1996 年)已经有 18 年了,小岗村在精神文明和物质文明两个方面都取得了很大的进步。从村庄面貌看,昔日的破茅草房不见了,贫穷落后的面貌已焕然一新。如今小岗村已发展成 82 户,343 人,180 个劳力,包产土地 1082 亩,实有土地 1600 亩,人均 5.12 亩。现在的小岗村,户户都新盖了砖瓦房,家家都搞了庭院,前院种蔬菜、瓜果,后院盖起了"三位一体"的标准化猪圈、厕所、沼气池。村里通了电,装了程控电话,修了公路,公共汽车开到村口。村里还建了卫星地面接收站,家家都能看上有线电视。户均拥有电器 2 台以上,户均拥有农用机械 1.2 台 / 套。1995 年,全村人均收入就已达到 2000 元,超过全县平均水平,实现了经济收入达小康的目标。

小岗村在农业生产方面取得了突破性的进展，尤其是粮食总产量，由1978 年的 3.2 万斤，到 1995 年达到 110 万斤，增加了近 40 倍，累计向国家贡献粮食 500 万斤。近几年，小岗村每年种植水稻 800 亩，产粮 80 万斤；小麦 600 亩，产量 30 万斤；花生 200 亩，产果 10 万斤；山芋 80 亩，产量 32 万斤；黄豆 50 亩，产量 1 万斤；油菜 150 亩，产菜籽 3 万斤；西瓜 80 亩，产量 40 万斤。以上各种农作物经济效益可达 23 万元。

养殖业方面，我们在农业科技部门支持下，扶持养殖大户 10 家，养猪 4000 头，养牛 500 条，养羊 2000 只，养鸡 7 万只，养鸭 1 万只，养鹅 3000 只，经济效益约 40 万元。

工业方面，我们起步较晚，1993 年开始成立了小岗村农工商联合公司，由原生产队副队长严宏昌担任总经理（原生产队队长严俊昌升任小溪河镇农委主任，严德友为现任村支部书记）。1994 年新建一个年加工能力 100 吨的粮食加工厂，同年与香港旺兴达电器有限公司联合办"镀锡铜线厂"；1995 年与小溪河镇政府联合兴办"中国小岗石英加工工业区"；1996 年与台商联合兴办"安徽长江矿业有限公司"等。这些企业都是刚刚起步，经济效益有待于今后的发展。

我们小岗村虽然首创了大包干到户的生产责任制，但在深化农村经济体制改革，特别是兴办村级工业方面，已经落在后面。我们在认真总结过去经验教训的基础上，决心带领全村农民继续改革，加大发展村办工业和联户工业的力度，在"九五"期间，力争实现工农业总产值 6000 万元（其中工业总产值 4000 万元，农业总产值 2000 万元），人均收入达 4000 元。同时加强小岗村社会事业的发展，强化农村道路、环境卫生设施的建设，决心再用 5 年时间，把小岗村建设成为凤阳社会主义新农村典范。

（此文发表在 1997 年第 5 期《江淮文史》（第一作者），略有删节）

对话严俊昌：包产到户第一村

严俊昌口述　张冠生整理

我们就这样开始的。把人都找来，当年还有个副队长，有个会计，就合计一下，丈量一下，小岗村一共多少亩土地，两下扒开，分成两块。好比有100亩，就扒开两边各50亩。如果人分成两组，地扒成两块，能干好，就这样干，在组里干。干不好，就再往下扒，直到能干好为止。

分成两组以后，多少好了一点。可是总体上不行。一个队分两个组，等于是个小队，还是集体性质。不是自己的，还是不好好干，缺乏责任心。有的人在外边要饭要惯了，还要走。我们就讲，你走掉了，你家老婆孩子叫我们养活啊？

过去分粮食，是三七开。人头占七成，工分占三成。一百斤粮食，人头就分七成，工分才三成。劳动力不值钱，所以他老是要往外跑。要想留住他，就还得在分地上动脑筋。我们就再分，两个组分成四个组。分了四个组以后，劳动积极性又比过去高了一点。看这个趋势，这样分下去能干好。为什么呢？很明显，责任心强了，劳动积极性高了，过去几个人干一亩，现在一个人干几亩。有人就说，种地这个事，有的人就别干了。老奶奶呀，小学生呀，出不了多少活儿，就别干了。这田还不够我干的，工分还不够我挣的。你看，他不想叫人家干了。

可是大家都得挣工分呀。我们就又分田，从四个组又分成八个组。分到八个组的时候，土地就彻底到户了。彻底到户了，积极性就是最高的时候了，可是事情本身也就危险了。我们生怕露出去消息，所以就讲，只能干，不能说。后来按手印也是为防止万一露出去，出大事，才想出的办法。

很多人都问过：小岗村为什么按手印呢？

按手印，也是那几个老年人想的办法。他们说我，你的家属这么老实，你这个家伙这么冒险，分田弄不好就是现行反革命，随时随地会坐牢。到时候，你叫家属怎么办？你得想好了，得有个办法。我说：你们几个的心思，我领情了。可是我认为，人生在世，不能当孬种。我父母亲生下我，我不能干坏事，不能干为他们丢脸的事。我现在没有本事对父母亲尽孝，连我自己的老婆孩子都顾不了，还有什么意义？所以，虽然父母亲也反对我，我大叔半夜还找我麻烦，问我你非要冒这个险干什么？我还是要干，就是倒霉，也不是干丢人的事。没有干见不得人的事，就是死掉了，也不会落骂名。父母亲不会骂我，乡亲不会骂我，历史上也不会骂我。反正是管不了那么多了。

村里的严国昌，是个说话让我佩服的人。他说我，你不要光想着你自己的命不值钱，死掉了也不落大家怨言。你光那么说有什么用？关键是要把活命的路走出来。你要是走不通这条路，大家不怨你，会恨你的。我问严国昌，那你说怎么办？他说，你召集 18 户人，开个会，这样干大家究竟给个什么意见？要是没有意见，干部倒霉了大家可要管。这样，严国昌提出了按手印的办法。

当时，严国昌已经 60 多岁了。我认为这个老头说得在理，就召集了 18 户人。这 18 户里，有些人出去要饭了，不在家。我们就让他家里人通知，要饭的人赶快回来，我们开个会，商量商量。那时候是要年饭。大年要过了，还没有到小年。大家听说这个事，都回来了，就开起了 18 户会议。这个会上说，要想救活小岗人的命，只能走分田这条路。但是有一条，这条路万一走不通，咱们都不后悔。到时候，需要坐牢了，我去坐牢，你们帮我把孩子养到 18 岁。有个大爷说，只怕你坐牢都坐不上，你是现行反革命，要枪毙，砍头！要是真正走到这一步，我们也都不是孬种。来吧，我们都先按上自己的手印！真是老严坐牢了，我们把他小孩养到 18 岁。

我当时找纸，找不到纸。找了半天，找了个小学生念书用的烂本子纸，翻出了几页好点的，写名字，按手印。有自己会写的，有不会写的，叫别人代写。写完了，按上了18个手印。当时大家都非常感动，也很激动，愿意这样干，继续这样干，杀头坐牢有干部承担。但是要干成了，我们第一步要完成国家的，可对？我们吃了多年党救济我们的粮食，我们有了粮食不能忘记党。要完成国家的，留足集体的，剩下的是自己的。对这三条，大家都没有意见。这样一来，小岗从春天开始，大家的积极性真是调动起来了。

我这当队长的，也号召群众，大家要好好干，自己救自己。过去要饭救自己，现在要靠种地救自己。过去来讲呢，大家都去要饭，小孩去要，大人去要，老人也去要，整个一年的生产就荒掉了。从现在开始，就是实在有困难，还得去要饭，也只能叫小孩去要，不能再叫劳动力去要饭了。没有粮食吃，哪怕大家都吃树叶子，有一分钱也去买种子，保证落实生产计划。挺过这一关，就有粮食吃，也能得到收入。

小岗村民的积极性调动起来后，田种好了，庄稼长得好。周围的、邻队的看到了，就眼红，议论起来了。分田这事，你能瞒过上级，可是瞒不过临队呀。这样，就反映到公社党委去了。

有一次，开完了生产队长会议，党委书记就找我说：严俊昌同志，你到我办公室去一趟，我有话给你讲。

我听了这话，心里有点害怕。怎么害怕呢？常言说，为人不干亏心事，半夜不怕鬼叫门。可是那时候我心里有事情啊。是不是分田的事真给他们掌握了？

党委书记问我，俊昌啊，据了解，你分田到户了，可是？

我说，胡扯！瞎掰！

他说，就是，我也不相信，哪个敢呀！

我又说，对！那是胡扯呢！我们那是小量包工，就是过去做活儿干过的小量包工，没有把土地分给群众。说得书记半信半疑，这回算是过去了。

又过了十天，又开了一次会。讲牛草、口粮、牲畜管理的事。党委书记又找我说，俊昌，你到我办公室去，我有话找你。我了解清楚了，你确实分田到户了。

我还是不承认，说不是的。他说，你今天不讲，上面党给的待遇，国家给的救济，小岗的就不再给你了。

我就说：要想还靠国家，那我们还不如逃荒要饭去。还是光想着吃国家的，就还得挨饿。我们吃救济这么多年了，不还是照样挨饿吗？

我回到村里，又和大家商量，上边知道了，不叫干，怎么办？有人说，怕啥？叫干和不叫干，不就是差几条耕牛吗？要是大家有决心，哪怕耕牛收去了，土地他收不去，搬不走，照样能干嘛！商量的结果，大家都同意我的意见，下了决心，我们坚决走这条路。手印我们都按过了，当干部的既不怕死了，还怕什么？可对？如果这么干，就得死，也是为救大家的命死的，我先到阎王殿报到去！也不后悔。

说不后悔，是我自己。人家不这么想。第二天，公社党委书记就找上门来了，要求我向党说实话，说清楚，如实汇报。我坚持不说，他就连着来了三天，弄得我觉都睡不着。我早上起来，还没吃饭，他就到了。就这样看我三天。到第四天，我看实在是瞒不住了。怎么办呢？就说吧。我对他说，书记呀，我对不起党。

虽然我不是共产党员，可是在党的领导下，受了党的教育，该实事求是。就是像你讲的那样，我确实把田分了。但是请你放心，哪怕把我严俊昌拉去砍头，我也绝对不连累别人。娄子是我捅出来的，到时候还能怕死，说是你党委书记支持我的吗？那是不可能的事情。

他说，你给我把田还并起来！分田绝对不行！就凭你这几句话，党就会放过我吗？我是一级政府啊！

我讲，不论怎么讲，不管啥时候，我也不并了，我也并不起来了。现在你看村里人都去逃荒要饭，家里什么都没有，我们分田是为活命，为吃饭。

我把田再并起来，我怎么管他们吃饭？不可能再并啊！死掉也不并了。

公社党委书记看说不动我，两手在屁股上拍了拍，走掉了。他去县里找县委书记，把小岗分田的事说了。当时的县委书记叫陈庭元。公社书记陪着陈庭元来到小岗。我正和大队会计、文书在田里做活。公社书记说，这是我们县委陈书记，听说小岗分田到户了，来小岗看看。陈庭元当时叹了口气，说：小岗既然分了田，你们继续干吧。干到秋天，试试看。干得好，我向党汇报。干不好，立即收回来。

这算是陈书记表了态。这表态以后，消息传了出去，说是公社党委斗不过我们村了。什么都给我们扣掉了。其实不是这样。陈庭元讲，你找人去看看，办办稻种。当时我派了严宏昌去办稻种，办回来了。我们就号召群众，不能再跑了，不能再去要饭了。干部要带头下地，干好了我们就能接着干，干不好就把田收回去。

当年，我们点了一百多亩花生，种下稻子。那一年，老天帮忙，风调雨顺，天时地利人和，种什么收什么。在小岗，那年的产量是少有的。小岗村的人彻底吃饱饭了。周围也都看到了，都想学。哪个不想过好日子啊！

我去公社开生产队长会。大队干部也有，生产队长也有，就问公社党委书记：我们可能跟着小岗这样干？乖乖那书记坐不住了，慌张起来了，说小岗那样干是陈庭元批的，你要跟小岗那样干，你就找陈庭元批去。陈庭元画个勾，我就批，你就能那样干。陈书记要是不批，哪个敢叫你干？

人家想学我们，可是我们心里不踏实。虽然群众想这样干，我们也这样干了，可这事是县里默许的，不是公开的，这不是正大光明的，心里头还是提心吊胆。县委书记心里也不踏实。他就去找区委书记。问：小岗这样干，你能给个什么文件？

区委书记说，你县委书记能批，我区委书记就能批。这就到区委了。区里也算支持。

这时候，出了一个事。一个记者写文章，写小岗，写得很厉害。他是这么写的：毛主席、共产党革命了多少年，胜利了，把田地并到了公社。小岗的严俊昌把田分掉了，要推翻社会主义。乖乖这家伙怪厉害！这么一写，县里顶不住了，要求我们把田并起来，要我带着严宏昌等人到公社去开会，听传达陈书记电话会议精神。

党委书记说，俊昌，我说这条路走不通吧。今天陈书记在常委会议上带头先做了检讨，承认错误，表示立即把土地并起来。

我想，奶奶的，这怎么并？人家粮食都收到家里了。庄稼还能长回头呀？路子明明是走通了嘛！现在并地，还是倒霉，不管！饿死也就是这样儿了。

这就顶上了。上面也没办法，就反映到地区去了。地区书记是王郁昭。他来了。来到我家，我不认识他。他问，你可是严俊昌？我说，是的。他就要我带他去看看。

他不说他是哪块来的。我问他，你是哪块来的？他说，你不要管我是哪块来的，你就带我看看。我说，管。我就带他看。

看完后，我送他，把他送到村子西口。看见西口停着一辆上海牌的轿车，黑色。看来是个当官的，还是个不小的官。

后来我知道他是王郁昭，是地区书记。他回去后，就开会，开常委会。他在会上说，小岗我去看过了，村长叫严俊昌，他确实是干了，把地分了。可是效果不错。不但不再吃国家救济粮，还对国家有贡献。我去农民家里看了，分了田以后，确实是丰收了。一间房子里，大半间都是粮食。

这个会上，常委们讨论对我怎么办，定不下来。如果定我的罪，那就有一个问题：党解放全中国干什么？解放全中国，就是叫中国人民过上好日子。现在严俊昌这个生产队长当得怎么样？等于国家没有救济他，他自己搞好了，粮食不是为国家省下来了吗？他走的还不是社会主义道路吗？他干出来的财富还不是在共产党的领导下吗？你说怎么定他的罪？

这个事定不下来，王郁昭就讲，我们地区里先担着，继续调查情况。

这就二回头又来到小岗，又找到凤阳县和陈庭元联系，说小岗的事我们先担着。

陈庭元跟他讲，小岗的事，我都做过检讨了。你这做地委书记的，责任大，就别去再担着了。结果王郁昭还是支持，对我说，我是地委书记王郁昭，谁要是找你谈话，你就说是我王郁昭叫你这样干的，我承担责任。

（原文刊载于 2016 年 6 月《武汉文史资料》）

陈锡文

　　陈锡文，男，1950年生，上海人。全国人大农业与农村委员会主任委员。中央农村工作领导小组原副组长兼办公室主任，中央财经领导小组办公室原副主任。曾任全国政协常委、经济委员会副主任。参与起草了自20世纪80年代中期以来的大部分有关农业和农村政策的中央文件，亲历并参与了农村改革开放的历史进程。

国民经济的格局变动与乡镇企业的发展

一

与其他国家相比较，中国特殊性的一个重要方面，就是哪怕只从经济的角度分析，也不能将农村问题简单地归结为农业问题。这个问题之所以必须首先提出，是因为在我国农村中至今尚滞留着数量惊人的超过农业需要的人口。

据世界银行的统计，1982 年，我国人口约占世界总人口的 22.1%，但我国的城市人口却只占世界城市人口总数的 11.6%，而我国的农村人口则占世界农村人口总数的 29.2%，其中处于劳动年龄（15 ~ 64 岁）的我国农村人口，占全世界农村处于劳动年龄人口总数的 32.7%。也就是说，全世界每三个处于劳动年龄的农村人口中，就有一个是分布在我国的农村。但我国的农业自然资源，在世界总量中所占的份额却远没有这样高，例如耕地，我国只占有世界耕地总面积的不足 9%。占世界总数 1/3 的农村劳动人口，只能与世界耕地总面积的 1/11 相组合，这就是中国农村发展所面临的极其严峻的困难之一。显然，要使中国农村富裕起来，必须通过一条相当独特的发展道路，以改变这种明显不合理的农村资源配置才有可能。

在世界范围内与其他国家进行一些必要的比较，既有利于加深对我国农村发展所面临困难的理解，也有利于我们在选择经济发展道路时保持清醒的头脑。从世界银行对 126 个国家 1982 年经济状况的统计数据中，我们可以得出这样三点认识。

1. 除个别天赋资源独厚而人口较少的国家外，一般国家在达到人均国民收入 800 美元时，农业劳动力所占社会总劳力的比重都低于 60%。

2. 大国^①人均国民收入超过 800 美元时，农业劳动力所占比重一般都低于 50%，而城市人口占总人口的比重在 40% 以上；特大国家^②在人均国民收入超过 800 美元时，农业劳动力所占比重比大国更低，而城市人口占总人口的比重较大国更高。

3. 与人均国民收入或人口总数方面较为接近我国的特大国家^③相比，我国或是在农业劳动力的比重上显得过高，或是在农村人均耕地占有量上显得过低。

到 20 世纪末我国要达到的经济目标之一，就是实现人均国民生产总值 800 美元。要达到这一目标，只能是设法降低我国的农业劳动力比重，同时提高城市人口的比重。所有已经达到人均国民收入 800 美元的国家，尽管所走过的发展道路各不相同，达到人均国民收入 800 美元之后的状况也有巨大差异，但在劳力结构和人口分布的变动方面，却无疑都与上述结论具有一致之处。我国当然没有理由忽视这种世界性的经验。

但是，如果农业劳动力比重的降低，与城市人口比重的提高，在我国也能够同步发展，中国农村发展所面临的困难就远不至于如此严峻，中国经济的发展道路也就不会有其相当的特殊性。

我国曾经参照苏联经济发展的模式走了 30 余年。从斯大林关于"工农业产品交换的剪刀差"的大量论述中可以看出，早在五六十年前，苏联政府就在自觉地建立这样一种经济发展模式：先从农业中提取城市和工业发展的资金，然后再在城市和工业发展的基础上，通过对农业的财政补贴、技术援助和吸收农村劳动力的途径，来提高农业的集约度，实现农村的发展。且不

---

① 国际上通常将人口超过 2000 万的国家列为"大国"。

② 这里指人口超过 1 亿的大国。

③ 这里指的是印度尼西亚和印度。

论这一发展模式曾给苏联农民带来过怎样的遭遇，但从 60 年代开始，它毕竟在苏联显示出成功的一面：苏联农业劳动力的比重，从 1960 年的 42%，降低到 1982 年的 14%，而同期城市人口则由占总人口的 49% 提高到 63%。显然，我国采用苏联的经济成长模式，至少在劳力结构与人口分布的变动上，并没有取得像苏联那样的成功。其原因是多方面的，需要另作专门的分析和研究。但能凭直观判断的重要原因之一，是苏联从不曾遇到过像我国这样的巨量农村人口。由于存在着这样巨量的农村人口，按苏联模式发展国营工业的资金动员能力当然也是巨大的。但是，由于原经济体制造成了工业投资效益的低下，致使国营工业体系的发展，甚至还不能完全满足城市人口自然增长所提出的对新就业岗位的需求。因此，我国在国民经济的成长过程中，不仅参照了苏联那种工农业分离发展的模式，而且不得不采取比苏联更为严格的城乡基本上隔绝的措施，以保证城市居民的就业和收入水平能与他们看得见的国营工业的发展水平大体相称。于是，我国农村发展面临困难的症结，就可归结为：国营工业体系发展所新创造的就业岗位，不能被有效地用于农业劳动力比重的降低，由此也就直接抑制了城市人口在总人口中比重的提高，同时也抑制了农业劳动生产率的提高。

在参照苏联模式发展经济的过程中，我们在很长一个时期内对城市工业化吸收农业劳动力的可能性估计过高，因此，事实上并没有意识到要去另辟一条农民从耕地上转移出来、发展非农就业的有效途径。结果，在坚持 20 余年城乡基本隔绝的体制下，造成农村滞留了大批的劳动力。正是从这个角度，我们有理由认为，在我国农村，就业问题比农业面临着更大挑战。诚然，在城市工业化的进程中，国家在财力和物力上对农业给予了大量的返还，然而，农业集约度的提高，如果不能使得单位面积耕地上活劳动消耗的减少，那么投资本身也就失去了它的经济意义。而事实上，也正是由于现代工业提供的物质技术装备对农业的投入，才更使农民感受到了必须有更多劳力离开耕地的那种经济上的压力。但是，面对原体制下无法打破的城乡隔绝状态，农民只能在农村内部寻找非农就业的岗位。农民的这种愿望，在不允许他们从事非农行业的政策限制和缴纳负担较重的情况下，当然没有实现的可能。党的十一届三中全会后，农村经济体制的成功改革，农副产品收购价格的较大幅度提高，使农民具备了将这种设想付诸实施的政治的和经济的条件。于是，乡镇企业才获得了蓬勃发展的可能性。

在城乡隔绝的体制下，发展乡镇企业无疑是降低农业劳动力比重的唯一可行途径。到 1984 年底，在乡镇企业中就业的农村劳动力，达到了 5206 万人，约占农村劳动力总数的 14%；其中非农就业者有 4924 万人，相当于 1983 年国营工业系统职工总数的 138.6%。如按目前农村平均每一劳力负担的人口（1.91）折算，在乡镇企业中就业的非农劳力，负担着约 9400 万人口的生活；而这部分收入可以不再依赖于农业的人口，相当于 1952～1976 年间我国市镇人口增加的总和。我国户籍制度下的市镇人口，再加上这部分由乡镇企业发展而造就的非农人口，已使我国实际上的非农人口比重，占到总人口的 32% 左右。同时，由于这部分非农人口的产生，使我国每一农业人口和农业劳力的平均耕地占有量，在统计口径上增加了 13.7% 和 17.9%，这对于我国农业扩大经营规模、提高集约化程度的前景，无疑也带来了新的希望。

由此，从乡镇企业的发展中，我们找到了一条有别于其他国家的降低农业劳动力比重的特殊发展道路，这就是，从耕地上转移出来的农业劳动力，可以不大量涌入城市，离土不离乡，开辟自己扩大非农就业的途径。很明显，对于我们这样一个农村人口众多，而城市人口又需享受大量财政补贴的国家来说，乡镇企业的兴起，其意义已经远远超出了农村本身的发展，它对于国民经济体制的总体改革，对于实现我国在 20 世纪末达到人均国民生产总值 800 美元的目标，都具有直接的推动作用。

二

乡镇企业的蓬勃发展，表现了我国农村极其丰厚的劳力资源不甘囿于

20亿亩耕地，而要求加入到国民经济大系统运转中来的强烈愿望。这种愿望的实施，将从一个侧面对改变我国现有的工农、城乡、就业、收入分配等格局起到有力的推动作用。改变8亿农村人口在国民经济系统中的地位和作用，显然与国家制定的在20世纪内要达到的经济目标具有高度的一致性，因此，乡镇企业的发展决不仅仅是农民的事情。乡镇企业已经表现出的巨大能量，要求将它的发展纳入整个国民经济全局的视野之内，并将它与国民经济已经和将要发生的格局变动联系起来作通盘的考虑。

乡镇企业中比重最大的是工业，1984年，乡镇企业的工业总产值达1254亿元，相当于1983年华北、西北和西南三大区除四川省外其余14个省、市、自治区全民所有制工业总产值之和；在乡、村两级工业企业中就业的职工人数达3232.4万，相当于1983年全国全民所有制工业部门职工总数的91%。这样一支规模宏大的"农民的"工业队伍，显然需要尽快在我国的工业体系中找到它的恰当位置。

众多发展中国家的经验与教训表明，在从一个农业国向工业国的发展过程中，工业的发展战略必须能够同时满足多重的经济目标，其中应当包括工业生产能力的提高、更多就业岗位的提供和日趋合理的收入分配体系的形成，否则，就难以避免社会落入"双重经济结构"的窠臼。在落后国家中，不建立起一系列大规模的现代化工业企业，就不能形成自己相对独立的工业体系。但是，现代化的大型工业企业，往往一方面需要最大限度地使用国内已有的基础设施，吸收国内技术和管理人才中的精华；另一方面则免不了要采用进口的技术和设备。因此，这类企业的分布一般都难以离开城市或已有的工业区，同时，它所需要的巨额投资与它所能创造的就业岗位也往往不成比例。因此，现代化的大型工业企业，有可能成为向工业化提供积累资金的重要源泉，也能够成为提高国内整个工业体系技术层次的向导，但在创造充足的就业岗位，实现城乡及区域间合理的收入分配格局等方面，却显然并非其所长。所以，不能将工业化等同于单纯地发展大规模的现代化工业企业。

从这个意义上讲，落后国家的工业发展战略，应该使整个工业体系表现出技术和规模上的层次性，从而使工业的发展能够提供与国内劳力资源相称的就业机会，并以此来实现城乡及区域间的收入分配的相对平衡。

我国乡镇工业的发展，已经为建立工业体系中低技术和小规模的层次作出了巨大的贡献。现在，它迫切要求与城市的国营工业系统进行某些必要的分工，以避免与城市国营工业系统在低技术层次上对低档次产品的过度竞争。没有这种分工，所谓的乡镇工业与城市"大工业"争原料、争能源、争市场的矛盾就不可能得到根本上的解决；没有这种分工，不仅将影响乡镇工业发展空间和农民非农就业机会的扩大，而且也将使我国的城市国营工业系统继续受低技术层次和低档次产品的拖累，难以实现产业的高度化。这显然将降低城市基础设施的使用效率，并使高质量的技术和管理人才得不到合理的使用，从而降低整个工业的素质和作用。

在这两个工业系统之间进行必要的分工，首先需要通过技术和经济上的联系，将这"两张皮"贴到一起，使其成为一个完整的国内工业体系；其次需要对国内外的市场需求，作出某些粗线条的划分，以确定用不同技术层次的加工能力，来满足不同的市场需求；再次还要区分某些同一产品的不同加工阶段，使产品加工链条上能够分解的各环节，在不同的技术层次中逐步完成。这样，就可能使我国的工业化过程，与城乡一体化的发展结合起来，使不同技术和规模层次的各种工业企业，能够互为补充、相得益彰，从而最大限度地提高每一层次工业企业的生产效益。

总之，对可能在较长时期内都将处于低技术和小规模层次上的乡镇企业的作用不可低估。乡镇工业不仅对国民收入的增长具有它不容人们轻视的贡献，更重要的是，它在创造就业岗位，并以此可直接地实现城乡及区域间收入分配的相对平衡方面，具有国营大工业难以比拟的长处。在我国，如果乡镇工业的发展受阻，巨量农村人口的就业和收入就只能都依赖于农业，这无疑将导致农产品成本不断提高。如果不想因此而扩大城乡之间的收入差距，它的后果，只能或者是降低城市居民的实际收入水平，或者是提高国家财政对农业的补贴，这显然是又背上了原经济模式解不脱的老包袱，将对国民经济的体制改革和格局变动带来巨大的障碍。因此，必须使乡镇企业的发展能够有继续开拓的空间。而这需要国营大工业系统努力提高自己的技术层次和产品档次，逐步实现产业的高度化来作保证。

（此文发表在 1985 年 10 月《经济研究》，有删节）

推进社会主义新农村建设

全面建设小康社会最艰巨、最繁重的任务在农村。正是从这一实际国情出发，党的十六届五中全会审议通过的《中共中央关于制定国民经济和社会发展第十一个五年规划的建议》（以下简称《建议》），从社会主义现代化建设的全局出发，明确提出了继续把解决好"三农"问题作为全党工作的重中之重，实行工业反哺农业、城市支持农村，推进社会主义新农村建设的要求。

推进社会主义新农村建设是适应我国经济社会发展新阶段提出的必然要求

建设社会主义新农村的目标，曾多次出现在党的文件中。十六届五中全会《建议》再次提出建设社会主义新农村这个目标和要求，有着鲜明的时代特征。

（一）改变农村经济社会发展明显滞后的局面，是全面建设小康社会过程中最艰巨的任务。

近年来，我国工业化、城镇化步伐加快，国民经济持续较快增长，但城乡发展差距却有继续扩大之势。农业、农村经济的发展在这样的新背景下出现了不少新问题，突出反映在粮食生产滑坡和农民增收困难上。城乡居民收入差距进一步扩大。

针对这种情况，党中央、国务院及时明确了要对农业、农村、农民实行

"多予少取放活"的方针，并出台一系列强有力的政策措施。中央在2004年一号文件中实行"两减免、三补贴"的政策，使农民从减免农业税、免征除烟叶外的农业特产税和种粮直接补贴、购买良种补贴、购买大型农机具补贴中，直接受惠451亿元。2005年的中央一号文件继续加大"两减免、三补贴"的力度，政策直接给予农民的实惠比上年又增加251.4亿元。由于这些政策措施的强力推动，以及市场粮食价格回升和气候比较有利等因素的共同作用，农业、农村经济形势出现了明显的转机。2004年粮食总产量达到9389亿斤，比上年增加775亿斤，当年增产的数量为有史以来之最；农民人均纯收入比上年增加314元，达到2936元，增长6.8%，是1997年以来的最高增幅。2005年，粮食生产和农民收入增长继续保持良好势头。

但是，农村经济社会发展明显滞后的局面是长期形成的，改变农业和农村的落后面貌必须付出长期艰苦的努力。正如2005年中央一号文件所指出的：必须清醒地看到，农业依然是国民经济发展的薄弱环节，投入不足、基础脆弱的状况并没有改变，粮食增产、农民增收的长效机制并没有建立，制约农业和农村发展的深层次矛盾并没有消除，农村经济社会发展明显滞后的局面并没有根本改观，农村改革和发展仍然处在艰难的爬坡和攻坚阶段，保持农村发展好势头的任务非常艰巨。"十一五"时期是承前启后的重要时期，只有切实推进建立有利于逐步改变城乡二元经济结构的体制，加快农业、农村发展和农民增收的步伐，促进农村经济社会全面进步，才能在20世纪头20年如期实现全面建设小康社会的宏伟目标。

（二）我国总体上已经到了"以工促农、以城带乡"的发展阶段。

城乡二元经济结构存在的时期，是许多发展中国家在工业化进程中难以避免的一个发展阶段。我国是在一穷二白的基础上、在自力更生的条件下开始推进工业化的，最初的积累资金只能主要来自农业，农业和农民因此为国家的工业化做出了巨大贡献。但与此同时，城乡的二元经济结构也在进一步强化。特别是近年来，相对于快速发展的城市而言，农村经济社会发展滞后的矛盾日益突出。我国农村人口占大多数，城乡之间发展的不协调不仅制约着农村生产力的发展和农民生活质量的提高，而且也明显制约着国内市场的扩大。我国社会消费品零售总额中在县和县以下实现的比重，1993年为42.0%，1996年为39.6%，2001年为37.4%，2004年只有34.1%。这从一个侧面表明，农村发展的滞后和农民收入增长的缓慢已成为影响经济持续快速增长的一大瓶颈。

针对我国城乡发展不协调的突出矛盾，党的十六大明确提出统筹城乡经济社会发展的要求，十六届三中全会进一步明确了这一要求。在十六届四中全会上，胡锦涛同志提出了"两个趋向"的重要论断："综观一些工业化国家发展历程，在工业化初始阶段，农业支持工业、为工业提供积累是带有普遍性的趋向；但在工业化达到相当程度以后，工业反哺农业、城市支持农村，实现工业与农业、城市与农村协调发展，也是带有普遍性的趋向。"我国现在总体上已经到了以工促农、以城带乡的发展阶段。我们应当顺应这一趋势，更加自觉地调整国民收入分配格局，更加积极地支持"三农"发展。从2004年和2005年两个中央一号文件中，人们能够明显地感受到，"工业反哺农业、城市支持农村"的方针已经开始实施，解决"三农"问题的政策力度正在不断增强。

近年来，随着我国经济的快速增长和综合国力的明显提高，逐步改变城乡二元经济结构的条件正日渐具备。按可比价格计算，我国2004年的人均国内生产总值是1989年的327.2%，财政收入也达到了26355.88亿元。与此同时，第一产业在国内生产总值中的比重从25%下降到15.2%；居住在农村的人口也从占总人口的73.79%减少到58.24%。全面推进社会主义新农村建设，努力实现城乡协调发展，已经成为我国现阶段经济社会发展的客观要求和迫切任务。

坚持以城乡统筹发展来推进社会主义新农村建设

《建议》提出的关于建设社会主义新农村的要求，一个鲜明的新特点是，要在积极推进城乡统筹发展的前提下建设社会主义新农村。我国现阶段统筹城乡发展，就是要实行"工业反哺农业、城市支持农村"的方针。《建议》提出：要"坚持'多予少取放活'，加大各级政府对农业和农村增加投入的力度，扩大公共财政覆盖农村的范围，强化政府对农村的公共服务，建立以工促农、以城带乡的长效机制。"因此，建设社会主义新农村，既要充分调动广大农民的积极性，也要切实贯彻好"工业反哺农业、城市支持农村"的方针。只有结合好这两方面的力量，才能按照时代发展的要求推进新农村建设。

合理调整国民收入分配格局，建立统筹城乡发展的长效机制。造成农村基础设施建设和社会事业发展滞后的重要原因之一，是财政和金融对农村的支持不足。2004年，我国农村固定资产投资占全社会固定资产投资总额的16.34%；各级财政支农支出占国家财政总支出的5.89%；农业贷款余额占金融机构各项贷款余额的5.55%。农村在上述各项资金支出中所占的比重，与农村人口所占的比例、农业和农村经济在国内生产总值中所占的份额相比，显然很不相称。《建议》明确要求："调整财政支出结构，加快公共财政体系建设。完善中央和省级政府的财政转移支付制度，理顺省级以下财政管理体制，有条件的地方可实行省级直接对县的管理体制"；"深化农村金融体制改革，规范发展适合农村特点的金融组织，探索和发展农业保险，改善农村金融服务"。根据这些要求深化改革，扩大公共财政覆盖农村的范围，改善农村金融服务，加快形成促进农业和农村发展的财政和投融资体制，是新阶段推进社会主义新农村建设的重要条件。

加快形成有利于农业、农村发展和农民增收的市场体制。建立城乡统一的市场体制包括许多内容，而当前农民最迫切的要求是《建议》提出的"逐步建立城乡统一的劳动力市场和公平竞争的就业制度，依法保障进城务工人员的权益"。农村人多地少，加快农村劳动力向非农产业和城镇的转移就业，是增加农民收入的必由之路。1990年，在农民的人均纯收入中，家庭经营和工资性收入的比重分别占75.56%和20.22%，而2004年这两项指标已变为 59.45% 和 34.0%。这表明，就业结构和收入来源的变化对农民增收的作用日益重要。因此，在加快城镇化进程中，应当通过加快完善市场体制来为农民提供更多、更便利、更公平的就业机会。

加快形成有利于促进农村公共事业发展的机制。农村发展的滞后还突出地反映在教育、卫生、文化等公共事业方面。在以往较长的时间里，由于受财力的限制，政府对农村提供的公共服务不足，农村的教育、卫生、文化等公共事业主要由农民和农村集体经济组织自己办，与城镇差距很大。近年来，这种状况已经开始发生变化。中央在 2003 年初就提出了"国家今后每年新增教育、科技、文化等事业经费主要用于农村"的要求；在 2005 年的中央一号文件中，对此再次作了明确规定。从 2005 年开始，在 592 个国家扶贫开发工作重点县实行了对农村义务教育阶段贫困家庭学生免除杂费和课本费、对寄宿生补助生活费的政策。《建议》进一步提出，"十一五"期间，要将"两免一补"的政策扩大到农村所有的义务教育阶段贫困家庭的学生，并实现对农村义务教育阶段的全体学生免收杂费。2002 年 10 月，党中央、国务院作出了《关于进一步加强农村卫生工作的决定》，明确了加强农村公共卫生工作、推进农村卫生服务体系建设、建立和完善新型农村合作医疗制度与医疗救助制度等任务，农村的卫生医疗状况有了一定的改善。在中央和地方财政的共同支持下，新型农村合作医疗的试点工作进展顺利。到 2005 年 6 月底，在开展新型农村合作医疗试点的 641 个县（市、区）的 2.25 亿农村人口中，已有 76% 的人自愿参加了这项制度。《建议》再次强调，要"加强农村公共卫生和基本医疗服务体系建设，基本建立新型农村合作医疗制度"。国务院将从 2006 年起，进一步加大中央和地方财政对建立新型农村合作医疗制度的支持力度，到 2008 年将在全国农村基本普及新型合作医疗制度。《建议》还提出，在已经取得试点经验的基础上，要"实施农村计划生育家庭奖励扶助制度和'少生快富'扶贫工程"。《建议》明确要求加大对农村基础设施建设的投入，加快乡村道路、农村电网和农村信息化等建设，逐步解决农村的饮水困难和安全问题，以及发展沼气等适合农村特点的清洁能源。《建议》还提出，要"坚持最严格的耕地保护制度，加快征地制度改革，健全对被征地农民的合理补偿机制"。这显示了对保障失地农民生存发展权的高度关注。在进一步完善国家、集体和家庭等多方面力量相结合的农村现有社会保障措施的基础上，《建议》还根据部分地区的试点经验，提出了"有条件的地方要积极探索建立农村最低生活保障制度"的要求。

以促进农村经济社会全面进步为目标推进社会主义新农村建设

推进社会主义新农村建设，必须全面深化农村改革，激发农村自身活力，在国家政策的扶持下，大力发展农村生产力，加快改善农村的生产生活条件和整体面貌，促进农村经济社会全面进步。因此，必须根据《建议》提出的总体部署，按照"生产发展、生活宽裕、乡风文明、村容整洁、管理民主"的要求，全面推进新农村建设的各项工作。

坚持和完善农村的基本经营制度，坚持以经济建设为中心，努力发展农村生产力，促进农民收入持续增长。建设新农村的首要任务，就是推进现代农业建设。《建议》明确提出了建设现代农业的总体要求："加快农业科技进步，加强农业设施建设，调整农业生产结构，转变农业增长方式，提高农业综合生产能力。"完成这一任务的关键在于，保护和调动广大农民群众发展经济的积极性。以家庭承包经营为基础、统分结合的双层经营体制，是党领导下的亿万农民在改革中的伟大创造，是我国宪法所规定的农村基本经营制度，具有广泛的适应性和旺盛的生命力。《建议》明确提出，要"稳定并完善以家庭承包经营为基础、统分结合的双层经营体制，有条件的地方可根据自愿、有偿的原则依法流转土地承包经营权，发展多种形式的适度规模经营"。我国农业的发展始终承担着保障国家粮食安全和增加农民收入的双重任务。因此，要坚持以经济建设为中心，把推进现代农业建设、提高粮食生产能力、促进农民收入持续增加作为新农村建设的出发点和基本目标。按照《建议》提出的要求，在稳定和完善农村基本经营制度的基础上，健全农业技术推广、农产品市场、农产品质量安全和动植物病虫害防控体系；在完善现有农业补贴政策的基础上，逐步建立符合国情的农业支持保护体系；在增强村级集体经济组织服务功能的同时，鼓励和引导农民发展各类专业合作组织，提高农业的组织化程度。

巩固农村税费改革的成果，全面推进农村综合改革，为建设社会主义新农村提供体制保障。新农村建设必须伴随一系列体制创新，其中一大任务就是推进以巩固税费改革成果为主要内容的农村综合改革。"十一五"时期的第一年，全国将全面免征农业税，农民种地必须交纳"皇粮国税"的历史在延续了两千多年后即将终结。这是国家、集体与农民三者利益关系的一次重大调整，由此必然提出加快推进涉及面更广、层次更深的农村综合改革的任务。取消农业税的积极意义显而易见，但也使农村原有的深层次矛盾凸显，并引发了大量的新情况、新问题。只有下决心深化改革，进行体制创新，才能巩固和发展农村税费改革已经取得的成果，才能保证农村经济社会的稳定发展和新农村建设的顺利推进。因此，《建议》提出，"十一五"期间，要"基本完成乡镇机构、农村义务教育和县乡财政管理体制等改革任务"。这些改革任务涉及农村经济社会的方方面面，核心是要建立起精干高效的农村基层行政管理体制和覆盖城乡的公共财政制度。应当从各地实际出发，在认真总结试点经验的基础上，积极稳妥地推进农村综合改革，为建设社会主义新农村提供可靠的体制保障。

搞好乡村建设规划，逐步改善村容村貌。在着力解决直接关系农民切身利益的各类生产生活问题的基础上，要切实加强乡村规划，使乡村的建设和管理符合社会主义新农村的要求。乡村建设规划的实施是一项长期任务，既要着眼于改善村容村貌，又要从当地实际出发，尊重农民的意愿，充分考虑农民的承受能力；既要坚持节约和集约使用土地的基本原则，又要便于农民生产生活，体现地方特色。农村各地的发展差距很大，改善村容村貌的工作也必然是起点有差距、过程有快慢、水平有高低，切不可脱离实际，违背农民意愿，盲目攀比，而必须坚持从实际出发，统一规划，分步实施，因地制宜，稳步推进。建设新农村，农民是主体。因此，《建议》对推进新农村建设提出了必须牢牢把握的两大重要原则，这就是"从各地实际出发，尊重农民意愿"和"通过农民辛勤劳动和国家政策扶持"。只有始终坚持这两大原则，社会主义新农村建设才能在符合农民意愿、带给农民实惠、得到农民拥护的基础上扎实稳步地向前推进。

注重培育和造就新型农民，形成良好的社会风貌，进一步完善村民自治机制。建设新农村，离不开培育和造就新型农民。《建议》要求"培养有文化、懂技术、会经营的新型农民，提高农民的整体素质"。这是把农村巨大人口压力转化为人力资源优势的根本途径，也是持续推动社会主义新农村建设的力量源泉。要通过发展农村教育事业、活跃农村健康的文体活动、加强农村精神文明建设、完善农民职业技能培训制度等措施，在农村形成良好的社会风貌，使新一代农民有健康成长的良好社会环境。在转变乡镇政府职能的同时，应切实加强农村基层组织建设。通过认真开展保持共产党员先进性教育活动，增强农村基层党组织的凝聚力、战斗力和创造力。要发展基层民主，通过完善"一事一议"和村务公开等制度，保障农民依法行使民主权利，健全村党组织领导的充满活力的村民自治机制，为建设社会主义新农村提供可靠的组织保障。

（此文发表在 2005 年 11 月 4 日《人民日报》）

统筹城乡经济社会发展，建立"以工促农、以城带乡"的长效机制，积极推进社会主义新农村建设

在工业化、城镇化加速发展时期，统筹城乡经济社会发展必须坚持推进城镇化和新农村建设并举的方针。一方面要避免出现城市"贫民窟"现象，积极解决好农民进城"扎根"的问题，稳妥处理好农民离乡"蒂落"的问题；另一方面要遏制城乡差距进一步扩大的趋势，实行"以工促农、以城带乡"和"多予少取放活"的方针，加强对农业农村的投入和支持，使土地、资金、劳动力等要素流动有利于农业农村发展，切实改善农业发展条件、加强农村公共服务、稳定基本经营制度、完善乡村治理结构。

大力推进现代农业建设

在自然资源约束趋紧，特别是农业物质装备水平和科技水平较低的情况下，提高农业的效率、效益和竞争力的出路在于加快现代农业建设，这是别无选择的战略性举措，也是建设新农村的重要内容。

1. 加强农业基础设施建设，改善农业发展条件。为确保国家粮食安全和农业可持续发展，必须保有最低限度的耕地，提高耕地质量，改善农业生产条件，保护农业资源和生态环境。长期坚持最严格的耕地保护制度，坚决制

止减少基本农田，加大土壤改良力度，加快建设高标准农田；大力加强农田水利设施建设，提高灌溉能力和灌溉效率，引导农民和社会力量建设水利；继续加大生态保护和建设力度，改善农业生态环境。

2. 加快农业科技创新步伐，转变农业增长方式。科技创新是提高农业综合生产能力和竞争力的关键，是转变农业增长方式、支撑农业持续发展的根本。努力提高农业科技创新能力，建立国家级农业科技专家协调机制和创新基地，启动一批重大农业科技专项和重点项目，力争在重点领域和关键环节取得突破，增加农业科技战略性储备，加大成果转化推广力度，提高农业的产出能力、改善资源利用和投入品使用效率。培育和造就新型农民，大规模开展农业生产技能培训，推动劳动者从主要依靠体力和经验向主要依靠科技转变。

3. 完善市场体系和调控机制，提高流通效率、保障市场稳定。发达的流通产业和现代的市场体系，是现代农业的重要保障；建立有效的调控机制，是实现供求平衡、维护市场秩序的必要手段。必须强化农村流通基础设施建设，发展现代流通方式和新型流通业态，培育多元化、多层次的市场流通主体；提高农民组织化程度，引导支持农民发展专业合作社和农产品加工贸易企业；健全农业社会化服务体系，通过对农业生产各环节的社会化服务，提高小规模农户生产的社会化程度；加强农产品生产环境和质量安全监管，完善市场服务；明确主要农产品产销和贸易的国家战略，制定产业和品种长远发展规划；加强对农产品进出口的有效调控。

强化农村公共服务

逐步实现基本公共服务均等化，是统筹城乡经济社会发展的重点，也是构建和谐社会的重要内容。

1. 加强农村基础设施建设，改善农民生产生活条件。改变农村的落后面貌，解决农民最急迫希望解决的生产生活问题，必须加强农村水利、交通、能源、信息等基础设施建设。加快解决 3.2 亿农村人口的饮水安全问题，特别是优先解决人口较少的民族、水库移民、血吸虫病区和农村学校的安全饮水；加强农村公路建设、养护和管理，尽快实现全国乡村道路通达、通畅，逐步实现县乡道路网络化；继续推进农村电网改造和建设，加强农村水能资源开发，加快推广农村沼气；加快农村信息化进程，推进信息进村入户。

2. 推进农村社会事业，促进农民全面发展。加快发展农村教育、卫生、文化和社保等社会事业，不仅关系到农业农村发展，也关系到工业化和城镇化进程，是提高民族素质的重大战略任务。巩固农村九年制义务教育成果、提高教育质量，采取有效措施大力发展农村职业技术教育；加强农村三级卫生服务网络建设，扎实稳步实施新型农村合作医疗制度，建立和完善符合农村特点的基本卫生保健制度和医疗保障制度；加强农村公益性文化设施建设，加快推进广播电视进村入户，逐步建立覆盖城乡的公共文化服务体系；逐步建立农村最低生活保障制度，完善农村救济制度，积极探索农村养老保险制度。

稳定和完善农村土地制度

稳定农村基本经营制度，保障农民土地财产权益，节约利用农地资源，不仅关系到农民的切身利益和农业的持续增长，而且直接影响到我国工业化、城镇化的长远发展。

1. 稳定农村土地承包关系，健全土地产权和使用制度。稳定农村土地承包关系，是坚持党在农村基本政策的核心，也是经济持续发展和社会和谐稳定的基础。当前重点是加大《农村土地承包法》等法律法规和相关政策的宣传力度，切实贯彻落实好承包期内不得调整、不得收回承包地等法律和政策；根据农村发展的实际和保障农民权益的需要，修订《土地管理法》等法律法规的有关条款，尽快制定《农村土地承包法》实施细则；健全农村土地产权（包括承包权）登记、纠纷仲裁等基础制度，制定城市和农村统一的土地权属登记办法，尽快出台《农村土地承包纠纷仲裁法》。

2.引导农村土地经营权流转，促进耕地要素市场发育。按照"自愿、依法、有偿"的原则，充分发挥市场机制在配置土地资源中的基础性作用，建立规范、公平的耕地经营权流转市场，提高土地利用效率，实现公平交易，保障农民权益。鼓励发展中介机构，完善耕地经营权流转市场体系；通过建立流转信息网络，开展耕地流转供求登记、信息发布、价格评估、法律政策咨询等中介服务，为耕地流转搭建良好平台；加强耕地流转相关的法制建设，依法规范管理耕地流转；加快征地制度改革步伐，进一步保障农民的合法权益。

3.完善农村宅基地政策和村庄规划，节约农村建设用地。节约集约利用稀缺的土地资源，是我国现代化建设过程中必须长期坚持的重大原则。完善农村宅基地政策，科学规划乡村布局，是节约农村建设用地的有效途径。改革现行宅基地制度、调整审批政策，着重解决一户多宅、"建新不拆旧"以及滥占耕地建房等问题；探索停止"一户一宅"宅基地供地制度的具体办法，开展农村宅基地制度改革试点。规划村庄布局要实行分类指导，在城市规划区内，村庄规划要与城镇建设规划相结合，实行统一规划、分步建设、逐步实现集中居住，并统筹考虑解决农民就业、子女教育、公共基础设施配置、社会保障体系等问题；在永久性的农村地区（基本农田保护区域），要严格保护国家划定的基本农田，村庄的规划和建设要本着节约使用土地、方便生产生活、体现农村特色、完善基础设施、有利村庄整洁的要求，顺应经济社会发展规律，因地制宜、因势利导，在尊重农民意愿和不超越农民承受能力的基础上逐步推进。

加大财政金融和产业支农力度

积极调整国民收入分配结构，继续坚持"多予少取放活"方针，逐步加大公共财政对农村的覆盖，引导金融资金和社会资金投向农村，鼓励工商产业向农村延伸，从根本上改变农村资金、技术和人才严重匮乏的局面。

1.加大财政金融支农力度，建立"以工促农、以城带乡"长效机制。加快公共财政覆盖农村的进程，调整财政支出结构，建立财政支农支出的稳定增长机制和"以工促农、以城带乡"的长效机制。国家财政新增教育、卫生、文化等事业经费和固定资产投资增量主要用于农村，逐步加大政府土地出让金用于农村的比重；深化农村金融改革，健全农村金融机构体系，创新金融业务，改善金融服务，鼓励金融机构增加对"三农"的信贷投放，引导邮政储蓄等资金回流农村；运用财税、金融政策引导社会资金投向农业农村；加快农业投入的立法进程，形成农业农村发展资金来源的法律保障。

2.健全农业支持保护体系，提高农业效益和竞争力。根据国家财力增长情况和WTO规则，不断巩固、完善和加强支农惠农强农政策，逐步形成目标清晰、受益直接、类型多样、操作简便的农业补贴制度。继续实行粮食直补、良种补贴、农机补贴、生产资料价格综合补贴和粮食最低收购价政策，继续加大对粮食主产县和财政困难县乡的奖励补助；加快建立农业风险防范机制，加强自然灾害和重大动植物病虫害预测预报和预警应急体系建设，积极推进农业政策性保险，对农户参保实行财政补贴制度。

3.引导产业支农，优化产业结构。推动城市涉农加工制造产业向县域合理转移，是以工促农、以城带乡的重要举措。制定鼓励政策，引导农产品加工业向县域集聚，支持城市加工制造企业通过收购、兼并、技术转让、产品扩散、分包加工等方式，参与县域企业改造升级，促进农村中小企业发展，扩大农民就地、就近转移就业空间，增加农民收入。

4.鼓励社会投入，促进农村发展。必须不断开辟新的农业投入渠道，综合运用税收、补助、参股、贴息、担保等手段，为社会力量投资农业农村创造良好环境，逐步形成社会力量广泛参与的多元化投入机制；鼓励社会各界捐助、投资建设农村生产生活设施；组织动员社会力量参与农民培训、医疗服务、文化普及等社会事业。

健全农民工保障和服务制度

农民工问题是我国城镇化进程中的一个特殊社会现象。在推进工业化、城镇化和新农村建设的过程中，必须根据农民进城务工和农村发展的阶段性特征，制定和实施过渡性政策。当前的重点任务就是要贯彻落实《国务院关于加强农民工工作的意见》，解决农民工实际困难，促进城乡统筹。

1.严格执行用工合同制度，保障农民工合法权益。加强劳动合同立法，全面推行劳动合同制度，是保障农民进城就业权益的基本前提。加强对用人单位订立和履行劳动合同的指导和监管，切实保护农民工工资收入、劳动安全、工伤保障等基本权益；建立健全农民工工资保证金制度，不断完善预防和解决拖欠工资的长效机制；加强农民工劳动保护，依法实行农民工工伤保险制度；禁止使用童工，维护女职工和未成年工特殊劳动保护权益。

2.加强农民工技能培训，提高转移就业能力。提高农民工素质，关键在于增加培训经费投入，提高培训质量，不断改善培训条件，强化培训手段，扩大培训范围。鼓励用工企业到劳务输出地开展定向培训，组织动员社会力量广泛参与农民转移就业培训。适应产业发展和升级的要求，从农民工中培育一批中高级技工。

3.为农民工提供基本公共服务，提高农民工的生活质量和社会地位。按照城乡统一、公平就业的要求，为农民转移就业提供基本公共服务。进一步加强服务体系建设，为农民工外出就业提供信息、中介、安全等服务；在编制发展规划、制定公共政策、建设公共设施等方面，要充分考虑农民工生活、住房、子女上学、医疗卫生和养老保障等需求；为外出务工农民回乡创业提供资金、信息、技术、营销等服务；抓紧研究制定有关政策措施，促进有条件的进城务工农民逐步融入城镇，在城镇"扎根"，最终变为市民，实现真正意义上的城镇化。这不仅有利于公平对待进城务工农民，而且有利于流动外出的农民最终脱离土地，为留在农村的农民创造扩大农地经营规模的条件。

发展壮大县域经济

县域经济是推动我国经济增长的重要力量，也是扩大农民转移就业的一大潜力所在，是促进农民收入增加的重要举措。

1. 培育县域产业支柱，壮大县域经济发展基础。加强城乡发展统筹规划和产业政策引导，为县域合理承接相关产业和企业创造有利条件。加快县域经济管理体制改革，积极探索省直管县的体制，扩大县域经济发展空间；科学合理制定县域产业布局和发展规划，重点在县城和中心镇发展农产品加工业和为城市企业配套的制造业；采取税收、金融、工商等方面的优惠政策，支持城市产业向农村转移和扩散。

2. 鼓励发展特色产业，形成县域经济支柱。立足各地农村的自然和人文优势，培育主导产品，优化区域布局，发展特色产业。因地制宜地发展具有地方特色、民族特色和历史传统的各种物质、非物质产品和产业，发展园艺业、特种养殖业和乡村旅游业；通过规划引导和政策支持，发展"一村一品"，培育一批特色明显、类型多样的专业村、镇，形成县域经济的产业支柱。

3. 发展服务产业，繁荣县域经济。大力发展直接为农业生产和农民生活服务的产业，是促进农民创业、就业的重要举措。以县城和中心镇为重点，根据农民的实际需求，发展商贸、餐饮、运输、旅游、信息、金融等服务产业，为农民提供农产品运销、生产资料、日用消费品，以及科技、信息、法律、财务等全方位服务。

加强基层民主和党组织建设

统筹城乡经济社会发展，建立充满活力、安定有序、公平正义的和谐新农村，必须进一步加强基层党组织建设、完善村民自治机制、推进基层民主法制建设。

1.加强农村基层党组织建设，进一步发挥党组织的核心作用。巩固和发展保持共产党员先进性教育活动的成果，围绕统筹城乡发展和建设新农村，加强农村基层党组织建设，发挥基层党组织凝聚人心、推动发展、促进和谐的作用。把政治素质好、工作能力强、群众公认的好党员选拔到基层党组织的领导班子中来，探索从优秀村干部中考录乡镇公务员、选任乡镇领导干部的有效途径；健全党的组织生活，解决生活困难党员的实际问题；加大对农村基层组织阵地建设的投入；加强党支部与村委会的协调配合。

2.完善村民自治机制，促进农村发展和稳定。健全村党组织领导的充满活力的村民自治机制，促进农村发展、构建和谐乡村。完善村民自治机制，重点要抓好健全村务公开和民主议事制度，让农民群众真正享有知情权、参与权、管理权和监督权；进一步实践好民主选举、民主决策、民主管理和民主监督，提高村民自治能力与水平；探索建立村民自我教育、自我管理和自我服务的新机制，完善乡村治理结构，发挥农民服务组织管理农村经济社会事务的作用；推进基层民主法制化，完善村民自治章程，规范村民自治行为和管理办法，发挥村民会议和村民代表会议在村民自治中的重要作用。

（此文系2007年作者根据中央安排，为召开党的十七大做准备的重大专题报告，有删节）

走中国特色农业现代化道路

党的十七大报告指出，我国"农业基础薄弱、农村发展滞后的局面尚未改变"。这是我国推进现代农业建设的现实出发点。同时也决定了我国必须走出一条具有中国特色的农业现代化道路。

坚持统筹城乡经济社会发展的基本方略

"解决好农业、农村、农民问题，事关全面建设小康社会的大局，必须始终作为全党工作的重中之重"，这是十七大报告提出的明确要求。把全党的思想统一到这个高度，才能为推进我国的农业现代化进程创造适宜的社会氛围。综观世界各国农业的发展，有不少国家在推进工业化、城市化的进程中，都曾因一度忽视农业而导致农业衰退、农村凋敝，致使整个国家的发展和稳定为此付出了沉重代价。随着工业化的发展，农业在国内生产总值中的比重逐步下降，农业所直接提供的税收在国家财政收入中的比重也变得越来越微不足道。这是现代国家经济发展的必然规律。但这丝毫也改变不了农业仍然是国民经济基础的地位。我国是一个人口众多的发展中社会主义国家，农村人口至今仍占多数。这个基本国情决定了"三农"问题始终关系着整个国家发展稳定的全局。如果因农业在国内生产总值和财政收入中的比重下降而忽视农业，那就违背了科学发展观的基本要求和经济社会发展的一般规律，会使我国的发展进程遭受重大挫折、付出沉重代价。因此，在全面建设小康社会的进程中，必须牢固树立把解决好"三农"问题作为全党工作重中之重的思想，坚持走统筹城乡经济社会发展的道路。

实施工业反哺农业、城市支持农村的方针

"建立以工促农、以城带乡长效机制，形成城乡经济社会发展一体化新格局"，这是十七大报告对加快形成新型工农城乡关系所提出的明确要求，也是推进我国农业现代化所不可或缺的体制和政策环境。我国农业和农村发展长期滞后，根本原因在于由城乡二元经济结构所派生的经济社会管理体制尚未打破，以及由此所导致的农村生产要素持续流失、对农业的资金技术支持明显不足的局面尚未改变。因此，加快建立逐步改变城乡二元经济结构的体制，实施工业反哺农业、城市支持农业的方针，是推进我国农业现代化的当务之急。任何国家的农业现代化，都不可能仅仅依靠农民自身的力量。建立公共财政体制，完善转移支付制度，形成既符合世界贸易组织规则，又具有本国特点的农业支持保护体系，是已经实现了农业现代化国家的普遍做法。随着工业化、城镇化水平的不断提高，我国在这方面也已迈出重要步伐。党的十六大以来，中央采取了一系列重大措施，如全面取消农业税收，对农民实行各项直接生产性补贴，中央财政建立对财政困难县乡和产粮大县的奖励补偿机制，明确要求各级政府把基础设施建设和社会事业发展的重点转向农村，建立健全和落实保障农民工合法权益的各项政策和制度等。这些都标志着具有我国特点的以工促农、以城带乡的长效机制正在形成。只要坚持这个方向，按照党的十七大提出的"形成城乡经济社会发展一体化新格局"的目标前进，具有中国特色农业现代化道路的体制和政策环境就一定能够日趋完善。

着力增强农业综合生产能力

农业的综合生产能力，是农业现代化水平的基本标志。发展现代农业、

扎实推进社会主义新农村建设，就必须花大力气增强我国农业的综合生产能力。我国不少农产品的生产总量位居世界前列，但从投入产出和经济效益看，仍明显落后于发达国家。如我国谷物、肉类、禽蛋、水果的产量均居世界第一位，但我国 2005 年每千公顷化肥的施用量高达 366.5 吨，是世界平均水平的 3.5 倍，分别是日本、美国、法国的 1.6 倍、3.6 倍和 6 倍，不仅生产成本高，而且还污染了环境。因此，推进我国农业现代化，必须着力增强农业的综合生产能力。

党的十七大报告针对我国农业现状中的突出矛盾，对增强农业综合生产能力的若干重要问题提出了明确的要求。

一是在注重加强农村基础设施建设的同时，要更加注重农村市场和农业社会化服务体系的建设。良好的基础设施是提高农业竞争力和农村居民生活质量的基础。当前，农业农村基础设施建设滞后的问题仍很突出。因此，要进一步加大政府投入，建立引导农民和社会力量等多渠道投资的机制，加强农田水利设施续建配套建设，加大病险水库除险加固力度，推进重大生态工程建设，加强水土流失综合治理，加快建设高产稳产的标准农田，解决农村安全饮水问题，加大乡村道路建设力度，提高农村信息化水平，推广可再生清洁能源和加强农村生活垃圾、污水集中处理设施建设等，切实改善农业生产和农民生活条件。但农业农村的发展，仅靠加强基础设施建设还不够。近年来大豆等行业受到进口产品严重冲击、猪肉等产品的价格大幅波动、肉禽果菜和水产品等出口遭遇技术壁垒限制等现象说明，在农业市场化、国际化水平日益提高的情况下，没有健全的农村市场体系和完善的农业社会化服务体系，农业的效益和国际竞争力将很难提高。对此，十七大报告指出，要"加强农村基础设施建设，健全农村市场和农业服务体系"。在强化农村基础设施建设的同时，必须大力发展农村现代流通方式和新型流通业态，培育多元化、多层次的市场流通主体；健全适应农业市场化、国际化的社会化服务体系；加强对农产品进出口的调控，维护国内农业生产和农产品市场的基本稳定。要在农业的产前、产中、产后的各个环节，加大对农户的经济和技术服务，帮助农户增强抵御自然和市场风险的能力，促进农业生产稳定发展、效益稳步提高。

二是在注重农产品产量增长的同时，要更加注重提高农产品的质量安全水平。以往，我国农业的主要矛盾是供给不足，目前则已进入粮食等主要农产品总量基本平衡、丰年略有结余的阶段。随着人民生活水平的提高，消费者对食品的需求，已从吃得饱向吃得好、吃得营养、吃得健康转变，农产品的质量安全状况已经成为影响农业效益和消费者健康的关键因素。国内外发生的食品安全事件也表明，质量安全已经成为农业和食品国际竞争力的决定性因素。十七大报告指出，在"增强农业综合生产能力，确保国家粮食安全"的同时，要"加强动植物疫病防控，提高农产品质量安全水平"。必须严格贯彻《农产品质量安全法》，加强动植物疫病防控，积极推行农业标准化，加快完善农产品质量安全标准体系，建立农产品质量可追溯制度，依法保护农产品注册商标、地理标志和知名品牌，严格执行转基因食品、液态奶等标识制度，加强农产品生产环境和产品质量的检验检测，保证上市农产品的质量安全。

三是在注重提高农业农村经济效益的同时，要更加注重确保国家的粮食安全。比较效益低是农业发展面临的重大挑战。而农业中种粮的效益尤其低下，这是对农民种粮积极性的极大制约。十六大以来，党中央采取了一系列强有力的支农惠农举措，对调动农民种粮积极性和促进粮食生产回升发挥了明显作用。但2006年全国粮食播种面积仍比1998年减少了1.25亿亩。现代农业是高效农业，不提高农业的效益，农业就没有出路。因此，必须继续推进农业产业结构的战略性调整和发展优势农产品产业带，促进农业的多元化经营、区域化布局、专业化生产，提高农业的产业化水平和整体经济效益。在优化农业结构的过程中，必须按照十七大报告的要求"加大支农惠农政策力度，严格保护耕地，增加农业投入，促进农业科技进步，增强农业综合生产能力，确保国家粮食安全"。各项支农惠农政策要向粮食主产区倾斜，健全完善的支持和保护粮食生产的政策体系，千方百计提高粮食生产的综合经济效益，以调动农民种粮和主产区各级政府发展粮食生产的积极性，稳步提高粮食生产能力。

四是在注重增加对农业设施装备投入的同时，要更加注重对新型农民的培养。发展现代农业固然必须提高农业的设施和装备水平，但归根到底，还必须依靠现代农民。因此，在加强农业设施装备的同时，必须着力提高农村劳动者的素质。2005 年，全国 5.04 亿农村劳动力中，小学及以下文化程度的占 34.10%，其中不识字或识字很少的占 6.87%。近年来，农业兼业化和农民老龄化的趋势已现端倪，不抓紧培养高素质的新一代农民，农业就将面临后继乏人的危险。因此，必须大力"培育有文化、懂技术、会经营的新型农民"，造就现代化的农业经营主体。要大力开展农业生产技能和市场经济知识培训，积极发展种养殖业的专业农户，培育从事农产品流通的经纪人及其组织。要加快发展农村职业技术教育、成人教育，加大对大专院校和中等职业学校农林专业学生的助学力度，并鼓励他们毕业后到农村去发展现代农业。

五是在注重提高农业生产能力的同时，要更加注重在坚持农村基本经营体制基础上创新农业经营形式。古今中外农业发展的普遍规律证明，家庭经营是最适合农业特点的生产经营形式。建国以来的经验教训则表明，家庭经营也是保护农民基本权益的有效形式。综观世界各国，凡农业已现代化的国家，无不实行家庭经营。因此，农业家庭经营与农业现代化并不矛盾，关键在于工业化要向家庭经营注入现代生产要素，城镇化要为扩大家庭经营的规模转移农村人口，市场化要为家庭经营提供完善的社会化经济技术服务。因此，宪法规定的"以家庭承包经营为基础、统分结合的双层经营体制"这个我国农村的基本经营制度必须长期坚持。在此基础上，各地要根据城镇化和农民转移的实际状况，如十七大报告所指出的那样，"按照依法自愿有偿原则，健全土地承包经营权流转市场，有条件的地方可以发展多种形式的适度规模经营"。与此同时，还要"探索集体经济有效实现形式，发展农民专业合作组织，支持农业产业化经营和龙头企业发展"，在稳定和完善家庭承包经营的基础上，不断提高农户发展生产和进入市场的组织化程度。

（此文收录在《十七大报告辅导读本》，人民出版社 2007 年 10 月出版，有删节）

深化农村土地制度改革与"三权分置"

关于农村集体耕地的承包主体

《农村土地承包法》讲得很清楚：农村土地承包采取农村集体经济组织内部的家庭承包方式。对于不宜采取家庭承包方式的"四荒地"等，可以采取招标、拍卖、公开协商等方式承包，但一是本集体成员享有优先承包权，二是如发包给本集体以外的单位或个人承包，须事先经本集体 2/3 以上成员或成员代表同意，并报乡（镇）政府批准，同时，要对承包者的资信情况和经营能力进行审查。

《农村土地承包法》还规定：农村集体经济组织成员有权依法承包由本集体经济组织发包的土地。家庭承包的承包方是本集体经济组织的农户。

尽管法律规定得很清楚，但还是有人在问：为什么只有农民才可以承包土地，我（非农民）就不可以承包？《物权法》在关于所有权问题的第五章第五十九条中讲得很清楚：农民集体所有的不动产和动产，属于本集体成员集体所有。因为农村集体组织的成员是本集体土地的所有者，他是凭着这个身份依法取得本集体土地承包经营权的；也正因为是农民具有这个身份，法律才规定他有权依法承包本集体组织发包的土地。因此，农民获取的土地承包经营权，是依法获取的用益物权，是农民的财产权利。这与在市场主体之间，通过依法平等协商、自愿订立合同取得土地的租赁权是完全不同的。在农村土地承包中，谁有权承包、承包的期限、承包的程序、承包后发包方和承包方各自的权利和义务都是由法律作出明确规定的，这与通常的订立租赁合同的方式也是完全不同的。

对此，总书记曾明确指出：家庭经营在农业生产经营中居于基础性地位，集中体现在农民家庭是集体土地承包经营的法定主体。农村集体土地应该由作为集体经济组织成员的农民家庭承包，其他任何主体都不能取代农民家庭的土地承包地位。农民家庭承包的土地，可以由农民家庭经营，也可以通过流转经营权由其他经营主体经营，但不论承包经营权如何流转，集体土地承包权都属于农民家庭。这是农民土地承包经营权的根本，也是农村基本经营制度的根本。

关于承包期限

现有的法律规定是 30 年。但中央在 2008 年就提出了"现有农村土地承包关系要保持稳定并长久不变"。在法律法规和政策中怎么体现"长久不变"，认识上还有不尽一致之处。

主要是三个问题：

一是"长久不变"要不要设期限？

二是如果设期限，应该多长？

三是新的期限从什么时候开始？

这些问题还都在讨论研究之中。

关于承包期内，发包方不得收回、调整承包地

这是《农村土地承包法》中第 26 条、27 条的规定。但现在看，这两条规定，或者与现实状况有矛盾，或者还面临着较大的争议。

1. 不得收回承包地的问题，矛盾主要集中在该条第三款：承包期内，承包方全家迁入设区的市，转为非农业户口的应当将承包的耕地和草地交回发

包方。承包方不交回，发包方可以收回承包的耕地和草地。

这面临三大现实矛盾：

一是已经明确农民的土地承包经营权是用益物权、是农民的财产权利，能否说收就收，即便收也应当考虑如何补偿的问题。

二是推进户籍制度改革以来，中央从提出不得以收回农民的"三权"作为进城落户的前提条件，明确要维护进城落户农民的"三权"。

三是目前除西藏外，30个省（区、市）都已宣布取消城乡两种户籍制度，实现统一的居民户籍制度，可见各地都已经不存在"转为非农业户口"的问题。

2.不得调整承包地的问题。该法的规定是：承包期内，因自然灾害严重毁损承包地等特殊情形，对个别农户之间承包的耕地和草地需要适当调整的，必须经本集体经济组织三分之二以上成员或者三分之二以上村民代表的同意，并报乡镇政府和县级政府农业等行政主管部门批准。承包合同约定不得调整的按照其约定。现在看，一是并非绝对不得调整；二是作调整的地方并不在少数，而且绝大多数原因都并非是自然灾害严重毁损，而是人地关系的变化。

到底怎么办？不允许调整，似乎不近人情，但允许调整，一是费那么大劲搞的农村土地承包经营权的确权、登记、颁证就根本没有必要。

二是稳定不了土地承包权，也就根本无法实行农村承包耕地的"三权分置"，那也就搞不了承包土地经营权的流转了。

三是允许不断的小调整，看似有利于化解眼前的矛盾，但却将使矛盾长期存在，使农村的土地承包关系永远无法稳定。

解决这个问题确实需要大智慧。有人提出，可否规定，经若干年（如5年），可对家庭人均承包耕地面积高出全村平均水平一倍的，与家庭人均承包耕地面积不足全村平均水平50%的家庭之间作适当调整，其余绝大多数家庭的承包地保持稳定。还有的提出，每5年，在人均土地面积最多的10%的农户，与人均土地面积最少的10%的农户之间作适当调整，其余家庭保持稳定。这些当然都是可以考虑的办法，但问题是确实要永远调整下去吗？

我们说，承包本集体的土地，是本集体组织成员的权利，因此问题的关键，是必须明确，谁是本集体经济组织的成员。但我们至今尚没有一部农村集体经济组织法，因此就无法科学、合理地确定成员。在农业部部署的农村集体产权制度改革试点的 29 个县中，首先遇到的都是这个问题。但经过广泛发动农民群众民主讨论，最后有 24 个县都采取了以群众普遍认可的某一时间点为界限，划定了本集体经济组织的成员，划定以后，实行生不增、死不减，明确今后新增人口只能通过家庭内部的继承、赠予等方式来获得集体经济组织经营性收益的分配权，即以群众普遍认可的时间点为界限，明确了集体经济组织的成员和村民之间的区别。为什么绝大多数地方都选择了这种办法，就是因为大家都认识到，不断地调整、重分，那是永无宁日的。集体组织的成员应当是对本集体经济组织做出了贡献的人，而不是生出来就是。更何况，我国农村集体耕地的承包，是家庭承包的形式而不是单个人的承包。但这个问题确实极为复杂，农民又长期受到平均主义思想的影响，要解决好这个问题，不花一番大气力确实难以做到。

关于"三权分置"

"三权分置"是总书记 2013 年 12 月 23 日在中央农村工作会议上的重要讲话中首次提出的。他说，改革前，农村集体土地是所有权和经营权合一，土地集体所有、集体统一经营。搞家庭联产承包制，把土地所有权和经营权分开，所有权归集体，承包经营权归农户，这是我国农村改革的重大创新。现在，顺应农民保留土地承包权、流转土地经营权的意愿，把农民土地承包经营权分为承包权和经营权，实现承包权和经营权分置并行，这是我国农村改革的又一次重大创新。这将有利于更好坚持集体对土地的所有权，更好保障农户对土地的承包权，更好用活土地经营权，推动现代农业发展。

农村承包土地的流转，在 1984 年一号文件中就提出来了，当时叫"鼓励土地逐步向种田能手集中"。1984 年中央一号文件中有三大政策，一是延长土地承包期，15 年不变；二是鼓励耕地向种田能手集中；三是允许农民自理口粮，到集镇务工、经商、搞服务业。随着农村劳动力的流动，土地流转的现象不断扩大，农民叫"明确所有权、稳定承包权、放活经营权"，听起来似乎和"三权分置"差不多，但在理论和政策上一直没能讲清楚三者之间的关系，以至在政策和法律中，讲要稳定的是承包经营权，讲允许流转、抵押担保、入股的也是承包经营权。直到明确提出"三权分置"，并对其作出了科学阐述，才把承包权和经营权分离开，明确要坚持的是集体土地所有权，要稳定的是农户的土地承包权，要放活的是承包土地的经营权，这样就使几个方面的关系都得到了明确，使所有的利益相关者都吃了定心丸。

总书记指出：家家包地、户户务农，是农村基本经营制度的基本形式。家庭承包、专业大户经营，家庭承包、家庭农场经营，家庭承包、集体经营，家庭承包、合作经营，家庭承包、企业经营，是农村基本经营制度新的实现形式。说到底，要以不变应万变，以农村土地集体所有、家庭经营基础性地位、现有土地承包关系的不变，来适应土地经营权流转、农业经营方式的多样化，推动提高农业生产经营集约化、专业化、组织化、社会化，使农村基本经营制度更加充满持久的制度活力。要在实践基础上，加强农村土地集体所有制的组织形式、实现方式、发展趋势等理论研究，为农村基本经营制度改革创造更广阔的空间。

总书记在关于农户承包土地经营权流转、农业经营体系创新方面，还有一系列同样极为重要的论述，一是放活土地经营权，推动土地经营权有序流转，是一项政策性很强的工作，要把握好土地经营权流转、集中、规模经营的度，要与城镇化进程和农村劳动力转移规模相适应，与农业科技进步和生产手段改进程度相适应，与农业社会化服务水平提高相适应，不能片面追求快和大，不能单纯为了追求土地规模经营强制流转农民土地，更不能人为垒大户。要尊重农民意愿和维护农民权益，把选择权交给农民，不搞强迫命令、不刮风、不一刀切。二是公司和企业租赁农地，要有严格的门槛，租赁的耕地只能种地搞农业，不能改变用途，不能搞旅游度假村、高尔夫球场、农家乐，不能盖房子搞别墅，不能违规搞非农建设。三是创新农业经营体系，不能忽视了普通农户。要看到的是，经营自家承包耕地的普通农户毕竟仍占大多数，这个情况在相当长时期内还难以根本改变。四是一方面，我们要看到，规模经营是现代农业发展的重要基础，分散的、粗放的农业经营方式难以建成现代农业。另一方面，我们也要看到，改变分散的、粗放的农业经营方式是一个较长的历史过程，需要时间和条件，不可操之过急，很多问题要放在历史的大进程中审视，一时看不清的不要急着去动。这是大历史，不是一时一刻可以看明白。在这个问题上，我们要有足够的历史耐心。五是农村土地制度改革是个大事，涉及的主体、包含的利益关系十分复杂，必须审慎稳妥推进。不管怎么改，不能把农村土地集体所有制改垮了，不能把耕地改少了，不能把粮食产能改下去了，不能把农民利益损害了。总书记的这些重要论述，为我们把握好实行"三权分置"、放活土地经营权，推动土地经营权有序流转，指出了明确的方向和必须把握的原则，是我们做好这项工作的根本保证。

现在要研究的主要还是两个问题：

一是一直在土地问题上讲"流转"，这个概念到底科不科学、准不准确？土地承包法中把土地流转归纳为四种形式，即转包、出租、互换、转让。现在看，其实真正的流转就是"出租"。因为"转包"随着农业税的取消已经不存在了；"互换"是地块换地块，实际上与流转并无直接关系；而"转让"，是原承包者放弃了承包权，并不只是承包耕地经营权的流转。如果现在讲的"流转"其实就是"出租"，那为什么不直接明确地称之为"出租"？如果明确就是出租，可能将更有利于在法律上对其进行规范，也更有利于在实践中明确当事人之间的利益关系，从而更便于进行操作。

二是既然明确了"三权分置"的创新意义主要在于允许把承包土地的经营权从土地的承包经营权中分离出来，那就需要在法律上明确，分离出来的经营权到底是个什么权？是物权还是债权？现在的认识并不统一。着眼于把承包权作为承包农户财产权来保障的观点认为，因为承包权是物权，因此经营权只能是债权。而着眼于保护经营者权益的观点认为，经营权也应当是物权，否则它就没法再次出租或抵押、担保；但反对者认为，如果经营权也是物权，那就明显侵犯了承包权人的权利。第三种观点提出，可否在一定程度上实行债权的物权化，即当事人可以在订立合同时约定，在得到出租人同意的前提下，承租人可以对租入的土地再次出租或用于抵押、担保。这个问题事关重大，不仅关系到从承包土地中分离出来的土地经营权的权能问题，更关系到整个社会财产关系中对租赁行为如何进行有效的法律规范。

（此文发表在 2017 年第 7 期《公民与法（综合版）》，略有删节）

对话陈锡文：创新路上——从粮食历史发展看农业供给侧结构性改革

陈锡文口述　高　芳整理

"供给侧结构性改革"最早是在 2015 年 11 月十八届五中全会《中共中央关于制定国民经济和社会发展第十三个五年规划的建议》里提出的。这当然是对所有经济领域讲的。后来在 2016 年"两会"期间，习近平总书记在参加十二届全国人大四次会议湖南代表团审议的时候明确指出，要推进农业供给侧结构性改革。

习总书记指出，当前我国农业的主要矛盾已经由总量不足转变为结构性矛盾，主要表现为阶段性的供过于求和供给不足并存。他还指出，推进农业供给侧结构性改革，提高农业综合效益和竞争力，是当前和今后一个时期我国农业政策改革和完善的主要方向。

下面，我着重从粮食历史发展的角度，谈谈个人对农业供给侧结构性改革的一点看法。

粮食这些年：从产量不足到"三量齐增"

从 2004 年一直到 2015 年，我国的粮食连年增产。2003 年粮食总产量是 8614 亿斤，2015 年是 12429 亿斤。12 年增加了 3800 多亿斤，平均每年就是 300 多亿斤。这是很了不起的成就，历史上没有过，是一件大好事。

但也要看到，近几年，我国的粮食存在产量、进口和库存"三量齐增"的怪象。

以 2015 年为例，这一年国内粮食产量 12429 亿斤，而需求是 12900 亿斤左右，大约差 500 亿斤。粮食由小麦、稻谷、玉米、大豆和薯类五大品种构成，总量是缺这么多，具体到每个品种呢？从进口结构看，2015 年粮食进口近 2500 亿斤，其中大豆超过了 1600 亿斤，其他八九百亿斤是稻谷、小麦、玉米和其他谷物。缺口 500 亿斤，实际进口 2500 亿斤，多进了 2000 亿斤。

为什么呢？大豆的缺口太大；稻谷、小麦、玉米我们不缺，为什么也进口？因为进口的便宜，就进来了。所以，我国的粮食面临两个问题：一是有些品种的产量满足不了市场需求，比如大豆；二是产量高的品种，价格在国际市场上没有竞争力，所以产得出来但未必都能卖得出去。前者反映了品种结构的矛盾，后者的矛盾是自身效益低、缺乏竞争力。加快推进农业供给侧结构性改革，在粮食问题上，必须要解决这两个问题。

我国当年入世谈判时，提出对国际粮食市场有一定程度的开放，但不是完全开放。我国是 WTO 成员，要合理地使用 WTO 的规则，以保护和发展我们的农业

相对于有些国家，我国农户的经营规模小、效益低、成本高、价格贵，于是有一种议论：既然这样就不如自己少种点，在外面买多便宜。我国的粮食比有的国家贵是个事实，但这里面的原因很复杂。第一，我国前些年经济增长速度太快，土地价格、资金价格、劳动力价格因此都上涨不少，反映到农业上，成本当然就高。政府为了保护农民的利益，就得提高收购价格，价格就上来了。第二，与我国的情况相反，2008 年美国引发全球金融危机之后，全球的市场需求下降，包括粮食在内的大宗产品国际价格都在下跌。这些年，我国粮价的上涨幅度和 2011 年以后国际市场粮价的下跌幅度差不多。

第三就是人民币的汇率变化。人民币汇率在很长时间内一直坚挺，从8元多人民币兑换1美元，到现在6元多兑换1美元。人民币兑美元升值，就意味着国际市场上的粮食卖到我们国内更便宜了。举个例子：原来1美元兑换8元人民币，每吨进口大豆500美元就是4000元人民币；如果1美元兑换6元人民币，同样500美元的进口大豆，到岸后就是3000元人民币。另外，现在石油价格跌到这个程度，海运价格就很低。和十年前比，现在每吨粮食的海运价格相当于那时候的1/3。每吨粮食的运价便宜了六七十美元，相当于减少了五六百元人民币。所以，很多因素结合在一起，才出现现在国内粮价高于国际市场的现象。

这些因素是不是永远这样呢？当然不是。汇率、国际原油价格等都不是一成不变的，国际上的粮价也有跌有涨，我们也不是一路在涨，东北的玉米价格2015年就降下来了。

关于多进口粮食的议论也缺乏专业知识。中国是WTO成员，每个WTO成员都一样，没有谁为了入世就会敞开胸怀对全世界的市场彻底开放。WTO成员对国际市场要有开放度，否则自己的产业就缺乏竞争力，但不能开放到把自己产业打垮的程度。所以，每个成员都是一边在要求其他成员多开放市场，同时又要保护自己的市场。我国当年入世谈判时，提出对国际粮食市场有一定程度的开放，但不是完全开放。开放到什么程度呢？这都要经过非常复杂的谈判，和希望向我国出口粮食的国家一个一个地去谈，一点点磨，直到最后取得一致意见，最后形成我们按WTO规则承诺进口的各主要粮食品种的关税配额。那时候谈下来的是每年进口的小麦关税配额最多是963.6万吨，玉米720万吨，大米532万吨。配额内进口的粮食，只收1%的关税；配额外再要进口就要实行65%的关税。目前，我国各粮食品种的价格并没有比国外高出65%，所以，配额外进口的粮食就算进来了也卖不出去。这就是关税配额制度的作用，而这是WTO规则所允许的。如果按有些人说的那样，多进口，那就要主动增加关税配额，甚至更大胆一点，宣布取消关税配额。可谁敢这样做？这关系到一个国家农业产业乃至其他各方面的安全，关系到农民的就业和生计安全。习总书记反复强调，保障国家粮食安全是农业供给侧结构性改革的基本底线。我们要牢牢守住这条底线。我国既然是 WTO 成员，就要合理地使用 WTO 的规则，以保护和发展我们的农业。所以，从这个角度来说，我们不能妄自菲薄、没有信心。同时也要有危机感，如果我们生产的粮食老是比别人成本高，竞争力低，这是不行的。

与粮食安全有关的是，我们 18 亿亩的红线要坚决守住。18 亿亩红线是中央在制定"十一五"规划的时候明确提出来的。为什么要有 18 亿亩？因为那时候我们的耕地面积就是 18 亿亩多一点，中国人口多，人均土地少，加上城市化建设还要占地，于是就要守住一个底线。那时候的想法是，如果我们将来 15 亿人，一共 18 亿亩地，平均每个人就一亩二分地，这是保证粮食安全的底线。从这个角度讲，要坚守 18 亿亩红线。现在粮食产量、生产效率提高了，但是社会在发展，观念在变化，越来越提倡发展绿色农业，还要退耕还林、退牧还草、退湖还渔，要减少化肥、减少农药……一方面粮食产业要继续向前发展，另一方面，我们肯定要减少投入品、要让土地休养生息、要让有些耕地还到山水湖河的生态圈里。正是从这个角度讲，土地的事对中国来说是马虎不得的，没有什么余地。

1956 年国家制定了一个农业发展纲要。60 年过去了，为什么大豆产量还是上不去？很明显就是科技含量不高

我国之所以进口这么多大豆，第一是因为食用植物油缺口太大。我国现在每年有将近 3000 万吨的需求量，但国内产量只有 1000 万吨左右。第二是大豆的植物蛋白含量很高，我们需要吃豆腐、豆浆，而且豆粕还是饲料重要的植物蛋白来源。

为什么大豆的需求在增长，而产量反而只降不升呢？农民不愿意种，是因为大豆产量低，效益低，种大豆不如种玉米。2016 年东北地区和内蒙古自治区的大豆目标价格是 2.4 元一斤，也就是一吨 4800 元。相比之下，国

外进口大豆的完税落地价格每吨不会超过 3500 元。榨油厂也好，饲料厂也好，当然就不愿意买国内的。可是，对农民来说，尽管价格已经提到每斤 2.4 元，但大豆的产量太低，亩产只有不到 250 斤，一亩地毛收入最多也就 600 元。同样的地种玉米，产 1000 斤左右很容易。前几年玉米价格高，每斤 1 元或再高一点，每亩就是 1000 多元的毛收入。于是，一边是大豆市场需求在不断扩大——2015 年进口 1600 多亿斤，一边是产量平平——我们自己只生产二百三四十亿斤，国内需求的 85% 以上都是靠进口。

要把自己的市场夺回来，就得有竞争力，而最实在的一条就是单位面积的产量要提高。国际上大豆亩产在 370 ~ 380 斤，而我们还不到 250 斤。为什么产量这么低？无论是品种的培育还是种植，我们的科技含量都是不够的。1956 年中央提出了《1956 年到 1967 年全国农业发展纲要》（修正草案），第二届全国人民代表大会第二次会议通过。《纲要》制定了一些指标，比如粮食产量，提出："从 1956 年开始，在 12 年内，粮食每亩平均年产量，在黄河、秦岭、白龙江、黄河（青海境内）以北地区，由 1955 年的 150 多斤增加到 400 斤；黄河以南、淮河以北地区，由 1955 年的 208 斤增加到 500 斤；淮河、秦岭、白龙江以南地区，由 1955 年的 400 斤增加到 800 斤。"1968 年我下乡到黑龙江种地，那个时候距离这个指标差很远，小麦亩产 300 斤、玉米亩产 350 斤，就算是好的，离《纲要》提的 400 斤还有很大差距。我们连长、指导员、团长、政委……一开大会就说"大家要努力，争取使粮食亩产上纲要，过黄河、跨长江"。现在再看黑龙江，小麦亩产 800 斤不稀罕，玉米 1200 斤也平常。

当时也提了大豆的指标——亩产 260 斤。我到黑龙江的时候是 200 斤上下，十年后离开的时候亩产也就 210 ~ 220 斤。但是，到现在还没到 250 斤。从《纲要》提出到现在，60 年了，为什么别的作物都上去了，大豆上不去？很明显就是科技含量不高，在新品种的研发、新的栽培技术推广方面明显不够，所以产量低、效益低，农民越来越不愿意种，成本显得越来越高。大豆这个事证明，我们必须加快农业的科技创新。

2007 年，我国对东北三省和内蒙古自治区的玉米实行的是临时收储政策；2016 年中央一号文件明确提出，让市场决定玉米价格

玉米多了，但农民还愿意种，这里面一定是哪里出了问题，那就是国家对东北等四省区玉米实行的临时收储政策已经不适应现实的情况。2007 年缺玉米的时候，为了鼓励生产，开始对东北等四省区实行玉米临时收储政策。2014 年提到了每斤 1.12 元，2015 年降到 1 元，可依然挡不住农民种玉米的积极性，因为比种大豆还是划算。但生产多了、库存多了，就得调整。所以，2016 年中央一号文件明确提出，要"按照市场定价、价补分离的原则，积极稳妥推进玉米收储制度改革"。这一年取消了对玉米主产区——东北三省和内蒙古自治区的玉米临时收储政策。文件一下发，东北三省和内蒙古自治区就减少玉米播种面积共 2300 万亩，超过 10%。2016 年是市场定价，那就不一样了。现在的情况是，辽宁的玉米每斤 0.8 元以上，吉林在 0.75 元左右，黑龙江是 0.65 ~ 0.70 元，甚至有的地方还到不了 0.65 元。实行临时收储政策时是政府收购，现在是市场来定价，是采购商、饲料企业、加工企业出价，于是就会形成一个均衡价格。农民也没有吃大亏，价格跌下来了，政府把原来放在价格里的补贴拿出来，再另外补给农民。财政对整个东北地区种植玉米的农户补贴了 390 亿元。黑龙江一亩地平均补 154 元，吉林大概能补到 170 多元。对农民来说，平均每斤玉米能补 0.15 元上下。比过去要吃亏一点儿，但总的来说不会亏损。从这一步来看，政策已经见效了。尽管刚刚一年时间，但是已经能看出来，农民开始根据市场的需要来调整自己的种植结构了。

而对于其他市场主体——粮食的购销商、饲料厂、加工厂等来说，他们也在研究：到底买进口的还是买农民种的、多买点存在库里还是只收购一两天的？要看看市场怎么样再说。这些行为在政府定价时都是没有的。

早在 1984 年的中央一号文件就明确提出，要帮助农民在家庭经营的基础上扩大生产规模，提高经济效益。2013 年 12 月，习总书记在中央农村工作会议上首次提出"三权"分置并行。土地流转了，经营规模扩大了，这是非常了不起的进步

一讲到现代农业，很多人脑子里出现的是像美国、加拿大、巴西、阿根廷这样的国家：一家一户种一两万亩地的大农场，大而先进的机械……但是，搞农业经济的人都知道，世界上大致有两种农业模式。一种是农业传统非常悠久的国家，像我国，可以证明的农业发展史有 8000 年到 1 万年。农业发展的历史越长，人口就繁衍得快、繁衍得多。凡是古代文明发育早的地方，都是人多地少，亚洲尤其东亚，再有像中东、西欧，都是如此。还有一种是新大陆国家的农业。15～17 世纪，航海家们逐渐发现了南、北美洲，大洋洲。那里只有很少的土著人，地广人稀，几乎没有开发。欧洲于是大批移民，新大陆开始发展。所有新大陆国家的农业开发史都不过四五百年，它们和我们是两类不同的农业。这些国家地广人稀、人少地多，可以搞大规模经营。

确实，规模不够，技术水平再高，效率也不行。像日本、韩国，还有我国台湾，说起来农业的现代化水平很高了，但是跟新大陆国家相比也没有竞争力，农户的平均耕地规模都只有二三十亩。日本除了北海道因地广人稀、气候寒冷而情况有所不同外，其他地区的农户经营规模平均就是 30 亩左右。韩国以及我国台湾大体上也是这样。

那怎么办呢？当我们回溯历史会发现，从往到今，我国农民一直在用自己的智慧，不断地进行着创造。

人民公社时期，几十户人家一个生产队，几百户人家一个生产大队。一个小队经营三五百亩地，一个大队能到一两千亩。然而，这种所谓的"规模"，就像堆到一起的一麻袋马铃薯，看起来很多，可分到每一户、每一个劳动力就很少了，效率低下。十一届三中全会之后实行包产到户，解决了过

去生产体制中的吃大锅饭，生产效率上来了。

到了 1984 年，中央一号文件《关于一九八四年农村工作的通知》明确提出，要继续稳定和完善联产承包责任制，"帮助农民在家庭经营的基础上扩大生产规模，提高经济效益"。《通知》说，延长土地承包期，15 年不变，同时提出，鼓励土地逐步向种田能手集中："社员在承包期内，因无力耕种或转营他业而要求不包或少包土地的，可以将土地交给集体统一安排，也可以经集体同意，由社员自找对象协商转包，但不能擅自改变向集体承包合同的内容。转包条件可以根据当地情况，由双方商定。"

这既明确土地承包权是每家每户的，承包的期限要足够长；同时又鼓励土地的流转、集中。可见，早在 1984 年，中央政策就已经很明确：包给你了，你不种就给种田能手种。1984 年中央一号文件颁发后，一部分发达地区的农民就开始流转土地：自己去务工经商，家里的地没有人种，给隔壁邻居、给熟人种，承包权还是自己的。所以，这些年来，土地其实一直在流转。80 年代后期，在发达地区，"明确所有权、稳定承包权、放活经营权"的讲法就开始出现了。

对于所有权、承包经营权，80 年代是叫"两权分离"——所有权归集体不变，承包经营权归农户。所有权和承包经营权分离，但没有讲承包权和经营权是不是可以分离。例如，我承包了集体的土地，从法律讲，集体的是所有权，我的是承包经营权。我如果流转给了你，那我到底给了你什么权？给了你之后，我还有没有什么权？时间长了我还拿得回来土地吗？这些都没有明确。十几年来，类似"我从你那里租来这么长时间，我施了有机肥，我打了机井，你想拿回去就拿回去？"这样一些矛盾纠纷时常发生。承包权和经营权可不可以分？分开之后怎么运行？这些问题在 2013 年年底之前没有从法律上、政策上讲清楚。

2013 年 12 月的中央农村工作会议上，习总书记首次提出"三权"分置并行，这对原来的"两权分离"是一个重大的创新性发展。2016 年习总书记在小岗村也讲，我们要顺应农民保留土地承包权、流转土地经营权的意愿，把农民土地承包经营权分为承包权和经营权。

从习总书记的讲话中可以看得明白：农民天经地义依法享有承包本集体土地的权利，因为农民家庭是集体土地承包经营的法定主体；承包过来之后，可以自己经营，也可以流转给别人，但不论经营权如何流转，集体土地承包权都属于农民家庭。这个讲清楚之后，第一，对承包户来说，没有后顾之忧；第二，对于流转到经营权的一方，也不要有什么非分之想。这样，法理关系就清楚了。

从农业部的统计来看，土地经营权的流转这几年一直在加速。我们有23000万个家庭承包了集体的土地，其中近30%即约7000万户或多或少流转了自家土地，流转的面积已占到整个承包土地面积的1/3以上。2016年10月，中共中央办公厅、国务院办公厅出台了《关于完善农村土地所有权承包权经营权分置办法的意见》，农民就更踏实，更无后顾之忧了。

土地流转了，相应地，拿到经营权的这一户，就可以扩大经营规模。根据农业部最近公布的数字，我国种植面积在50亩以上的农业经营主体达到了350万个。这350万个主体，规模有大有小，总的经营面积是3.5亿亩。平均一户100亩，相当于原来十几户人家种的地。这是非常了不起的进步。

伟大的农民自己在琢磨、在创造。于是，在我国出现了世界上最奇特最有创造性的农业现象：一家一户很小的地块，但是可以用最大最先进的机械

通过"三权分置"让承包户放心地流转土地，是实现规模经营的一种方式。在推进中，一方面觉得不错，另一方面也出现了一个问题。我们看到，新大陆国家的农业机械很先进，作业规模很大。可是，我们每个通过土地流转实现规模经营的主体平均只有百八十亩耕地。用这种大型机械设备，转两圈就完了。如果种一百亩地就买这样一套设备，大量时间会闲置，肯定是赚不回来。

随之而来的就是一个很自然的困惑：要流转到多少土地才能用得上先进的大型机械？日本、韩国和我国台湾就掉到这个"坑"里：不断租地、再租地。在台湾有一个说法叫"小地主，大佃户"，小地主就是指一家一户的地是农民的，每个地主的地都很少，但都租出去集中到一个佃户这里就很大。可是也就能达到几百亩，新大陆国家的先进农业机械还是派不上用场，效率自然也就上不去。

那么，是不是我们就不能用这样的先进机械呢？实际上，到东北看看会发现，国际上最先进的，甚至刚刚研发生产出来的大型机械，我们的农民已经用上了。最大型的拖拉机有 550 马力，约 200 万元一台，加上其他设备，几百万元才能买一套。这说明，农民买的时候就知道，这不是自己一家用的，是给更多的人提供服务的。齐齐哈尔的克山县有个仁发合作社，我去调研过，有 1000 多户农民的土地入股，合作社土地规模有 56000 亩。这样的农场，当然可以放心大胆用这些农业机械。

除了土地入股合作社这种方式，还比如山东的供销社。农民进城打工了，地没法种，供销社说，我帮你种，你给我交钱，我种好了粮食给你。这就是托管和代耕。所以，为什么人口在老龄化，而我们的粮食还能增产呢？因为上了年纪也不耽误种地，只要在地头树底下抽着烟，看着大机械耕种，种完把钱一付就完了。另外，很多地区还有农机合作社，为农民提供耕作服务。

所以，除了通过土地流转扩大经营规模外，第二种就是扩大服务的规模。于是，在我国，出现了世界上最奇特最有创造性的农业现象：一家一户很小的地块，但是可以用最大最先进的机械。这个问题，日、韩和我国台湾都没能解决，它们配了很多小型机械，成本就高。我们很多农户家都没买机械，可小麦收割的机械化率能达到 95% 左右。我国一年有将近 4 亿亩的冬小麦、春小麦，到了麦收季节，在农业部门统一调度下，全国四五十万台的大型联合收割机，有 30 多万台跨区作业。长江以北地区最早收冬小麦的是河南南阳，5 月底。收春小麦最晚的是黑龙江，要到 8 月底。这三个月的时间里，黑龙江的大型农业机械被组织起来用火车统一运到河南，一路往回收，收到家，正好该收自己的，什么都不耽误。所以，我们的大型联合收割机每年作业天数比美国、加拿大的都多。因为不是只给自己家收，是给几十户、上百户农民提供服务。前些日子我在跟几个国家的农业部官员讨论时，他们说：我们了解到，关于无人机在农业植保上的应用，中国现在是世界老大，远远超过其他国家。我说：很重要的一点就是，我们搞服务的农业经营主体，无论是家庭还是农机合作社，买机械时想的不是只给自己用，而是给一大片农户提供服务。就我了解，以这样的方式来扩大农业社会化的服务规模，其他国家似乎还没到能跟我们比肩的程度。我们的农民自己在琢磨、在创造。

最后，我们什么时候才能实现规模经营呢？有人讲，解决问题的关键是让农民离开土地。怎么离开？城镇化。这个思路对吗？对，可问题是这需要条件和时间。事实上，进入新世纪开始几年，每年新增农民工近1000万人，后来慢慢降到每年增加800万、500万、300万、200万，2015年只增加了60多万，2016年1~9月份只增加了80来万。这说明，城里吸收农民工的能力也不是无限的。习总书记在2013年12月召开的中央城镇化工作会议上明确指出，"在人口城镇化问题上，我们要有足够的历史耐心"。城镇化是一个很长的过程，不能指望几年、十几年内就能完成，不能为了提高农业效益就告诉90%的农民"你们走"。

可是，多数农民不离开土地，就没法实现规模经营。2015年年底中央召开中央农村工作会议，2016年中央一号文件里就提出要发展农村的新产业、新业态，促进农村的一、二、三产业融合发展。通过这种方式，同样可以在农村创造出很多非农产业和就业机会。像农家乐、乡村旅游、民宿，现在就红红火火搞得很热闹。

总之，总书记讲的推进农业供给侧结构性改革，根本目的一是提高效益，二是提高农产品竞争力。这关键在两条：一是科技创新，二是体制创新。怎么扩大规模呢？至少两种办法：一是扩大土地流转、集中，二是发展社会化服务。这两种殊途同归，都是为了提高效益和产业的竞争力。

（原文刊载于2011年2月《纵横》）

温铁军

温铁军，男，1951年生，北京人。管理学博士，国务院特殊津贴专家。曾任中央农村政策研究室、国务院农村发展研究中心副处长，农业部农村经济研究中心处长，中国经济体制改革研究会副秘书长，中国经济体制改革杂志社社长兼总编，中国人民大学农业与农村发展学院院长、二级教授等职；以及多个国家级项目首席专家。现任西南大学中国乡村建设学院执行院长，福建农林大学新农村发展研究院执行院长，中国农业银行独立董事，新希望六和集团独立董事，中国农业经济学会副会长等职。国务院学位委员会第六、第七届学科评议组成员，国家环境咨询委员会委员，国家粮食安全专家委员会成员。

制约"三农问题"的两个基本矛盾

从历史发展的角度看，中国其实并不能算是农业大国，而是农民国家。因为占总人口70%以上的农民"自给自足"的粮食约占常年产量的70%；占小农总数85%的农户其农业产出的商品率低到仅够维持简单再生产。所以，中国从来就没有纯粹的农业调控政策；从来宏观决策研究的着眼点往往在于解决农民、农村、农业这"三农"问题。

对农民、农村和农业这"三农"问题起制约作用的矛盾主要是两个：一是基本国情矛盾——人地关系高度紧张；二是体制矛盾——城乡分割对立的二元社会经济结构矛盾。正是受制于这两个愈演愈烈的基本矛盾，我国农业因小农经济严重不规模化，土地随人口增加愈益分割细碎而无法与市场经济接轨的问题，才在市场经济作为改革方向确立之后，越发受到改革者的关注。

第一个国情矛盾造成农业的主要生产资料和劳动力之间的关系严重扭曲，以至于中国不仅过去、现在也不得不长期作为"农民国家"（而并非农业国家），自立于现代市场经济之外。这是自从清康熙年间以"新增人丁永不纳税"为开疆拓土的后续政策，导致人口百年翻两番，以及20世纪50年代的人口政策导致半个世纪翻两番的历史留下的。近中期看，这一基本矛盾只可能相对缓解而不可能根本消除。

第二个体制矛盾则进一步加剧了第一个矛盾的作用，但在研究和调整上仍有可为之处。人们已经认识到城乡分割二元结构导致城市化大大滞后于工业化。大包干后恢复的小农村社经济无力抗拒城市垄断资本集团的进一步剥夺，因而城乡差距不断扩大。但现在还几乎没能采取有效政策加以解决。

在这两个矛盾制约下，农民是"3个月种田，9个月过年（赋闲）"，农村人口过剩压力很大。按现行人地比例，到20世纪末农业劳动力将过剩2.4亿，农村人口过剩5亿多。另有研究报告显示，到21世纪初即使决策足够理性并且不出现大的反复，城市化率能达到60%，在人口增长到16亿时仍将有6亿人口留在农村。因此，人地关系仍然不可能根本改观；更何况假设条件很难满足。

其二是在经济高速增长时，大批农民劳动力作为"粮食高消费人口"进城打工，会直接影响需求，拉动粮价上涨。1992年以后的投资高潮导致基建项目大上，劳动力需求上升，大量农村过剩劳动力流入城市，有统计说6000万人，也有说8000万人。这些人由非商品粮消费者变为商品粮消费者。而他们的人均消费量又是城市居民的两倍甚至三倍以上（前者每月20多斤，后者要达到60多斤）。如果是8000万人，新增粮食需求量（主要是计划外部分）约为500亿～600亿斤每年。由此分析1993年在全国粮食增产的同时广东却出现大米，主要是劣质米开始抢购的现象，进而造成全国性的米价上涨，农民进城打工新增加的需求拉动至少是原因之一。

类似的现象50年代初国家"一五"计划时期也曾发生过，当时采取的对策是"统购统销"。但城市的成规模需求与小农经济的不规模供给之间，供需体制不对称。政府也无法与一亿多小农谈判，因为交易费用过大。于是为了保证国家工业资本原始积累所必需的低价粮食供给，压抑农民抵制，就搞集体化运动。其实一锄一镰式的简单生产力相加，当然不意味着规模经营，也并非生产关系的进步……现在，这个现象又发生了，而且对策也有某些相似之处。例如1994年被农民称为"二统购"的定、议购总量增加50%以上，部分城市恢复票证供应，以规模经营加集体经济为主要内容的二次飞跃也渐成议题。本文对此并无肯否，只是感到"历史的经验值得注意"。马克思说过，历史上大的事件往往重复出现，如果第一次是悲剧的话，那么第二次就是笑剧了……

　　现在农业和农村面临的最大问题是两个基本矛盾没有缓解，使农业无法与市场经济体制结合。尽管我国农业现在有一定的商品率，但历史上早在宋代，农业就有15％的产品是为市场生产的。现在若要进入市场经济体制，首先要有市场主体。显然，自给自足的小农不是市场主体，它不是为"卖"而是为"活命"才生产的。土地也主要不是作为生产资料，而是作为社会保障资料按人头分给农民的。这就是说，市场体制要求的价值规律，对于农村最主要的生产资料的分配，还不能起支配作用。农业要素不仅不能优化配置，而且在人口大量增加的情况下，所有的土地都不得不按人头重分，农村叫作"三年一小调，五年一大调"。农产品的价格调整也没有余地。国内主粮价格一般都高于"天花板"，玉米一度超过国际价格水平80％以上。但进出口因外贸、流通的垄断利润太大，根本无法对国内价格起调节作用。转手倒一个批件就是几十万，加上中间环节，进口粮食到销地的价格反而比国内市价还高。近几年的教训告诉我们，不打破外贸、金融、流通等部门的垄断，就农业谈农业或单纯强调增加农业投入都对，但是却都没有实际意义。

（此文发表在1996年第4期《战略与管理》）

关于农村"社会主义公有制实现形式"的讨论意见

对农村社会主义公有制实现形式的认识

80 年代初我国农村推行了统分结合、双层经营、以家庭联产承包为主的责任制，当时约 80% 的农村社队实行的是按人口或劳力平均承包土地。这项农民主动推进的财产关系大变革，实质上是在坚持集体所有的公有制的前提下，体现了社区范围内劳动者对社区财产的部分占有权、使用权和收益权；初步实现了劳动者与生产资料的直接结合。正是在农民获得财产和身份权利基础上，才有乡镇企业异军突起，吸纳了农村过剩劳动力，进一步促进了农村经济的市场化；逐步形成了以集体经济为主、多种经济成分并存的新的所有制结构。这就是农村社会主义公有制实现形式的改革。其有利于现实生产力发展的表现在于：经过十几年的改革，农村经济在国民生产总值、国民经济年增长率、工业产值和增加值、第二第三产业就业劳动力等重要指标上，都已经大于城市。

尽管农村的集体经济是社会主义公有制经济的重要基础；但是在农村改革与发展中，集体土地和乡村集体企业的产权不清问题日益突出，集体资产流失日益严重，集体企业负债率上升、效益下降、农民的财产权利得不到有效保护等问题，都阻碍着经济发展。因此各地农村公有制有效实现形式的探索也在不断深化。特别是各发达省的农村改革试验区，已经在土地制度、乡镇企业制度、合作组织等方面，结合当地的实际情况进行了十年超前探索。根据各省的改革实证经验，会议上多数同志认为当前农村以家庭联产承包责任制为基础的公有制，主要有四种实现形式：

一是社区型以土地为中心的股份合作制，农民以土地承包权做股的方式，从价值形态上稳定了由成员共同占有的财产权利。

二是乡村集体企业中以职工持股共有为内容的企业股份合作制，通过企业资产折股来体现劳动者占有自己创造剩余价值形成资产的权利。

三是乡镇集体资产管理委员会及其经营公司，在乡镇范围内，以各村村民代表大会或股东代表大会的形式，体现农民拥有乡镇集体资产的所有权。

四是农村各种类型的合作经济组织，农民以自己拥有的生产资料和劳动进行合作经营，收益共享。

与会代表就农村公有制实现形式的本质属性进行了讨论，在基本原则上意见分歧不大，认为：上述四种农村公有制实现形式所体现的本质内容符合马克思主义基本原理，是劳动者联合起来支配自己的资本；劳动者所得收益是现在的劳动报酬和过去劳动形成的剩余价值的转化。可以认为，这种农民创造出来的社会主义初级阶段的"劳动者共有制"，与过去的"归大堆"、否认农民财产权利的"集体化"有本质不同。其之所以能促进生产力大幅度发展，就在于这种产权制度安排，的确使亿万农民作为"主人"的财产权利得到保护，因而使广大劳动者成为农村改革的主力。而这一点显然有别于国有企业改革的制度安排。

农村集体经济改革的制度经验

各地在探索农村公有制有效实现形式中积累的制度经验，可以初步归纳为以下几点：

1. 在清产核资中要全环节地计算资产；在折股量化中社区要根据土地承

包期折成股权、按照原集体化时期的基本核算单位作股给社区成员，实行社员股权"生不增，死不减"，以利产权流动；企业则要根据劳动者工龄和贡献等因素折股量化给职工。这种初始产权的设置是对劳动者财产权利的真实体现。

2.建立劳动者参与决策、监督的组织制度；在集体经济改制中形成股东代表大会和监事会的选举上，以及董事会对管理者的任命上，都要坚持实行"一人一票"的民主制度；以防止少数人滥用权利。但在日常经营活动中，要保证管理者的独立决策权。

3.根据发展需要，保证利润的较高比例用于积累，在分配上一般都应明确规定限制当期股金分红，若股息红利超过股本25%的一般都要求转为新股，或留作任意公积金以冲抵亏损、防范风险。

4.无论哪种改制，如果不留出一定比例的集体股，就应规定一定比例的利润分配用于乡村两级的公共开支和支农投入，以保障乡村集体公益事业和农业的发展。

改制中存在的问题

1.认识问题

努力寻找能够极大促进生产力发展的公有制实现形式，绝不意味着"改制就是改私"。一个时期以来，一方面是党内有些同志偏离了"社会主义自我完善"的改革目标，误认为只有"私有化"才能解决过去集体经济产权不清、资产流失的问题。另一方面，也有部分同志脱离农村实际地认为"股份合作制"非驴非马，甚至把劳动者以持股形式占有他们劳动剩余价值形成的资产，说成是集体资产流失，或当做"私有化"来批判。

此外尤其要注意的是，有的地方政府和某些部门以为可以借改制之名，行平调和侵吞集体资产之实。这些认识都是不利于深化农村集体经济改革的。

会议对于上述问题的看法并未形成统一认识。主要是因为，无论南方已经大量出现的少数大股东占有，还是北方仍然维持的那种名义"集体公有"、实为"内部人控制"，都事实上必然既排斥合作经营和民主监督，也无从体现公有制的本质属性。

2. 集体资产保值增值问题

从近年来改制中出现的腐败案件引发的产权纠纷或造成的农民上访看，以往集体经济改制的教训，的确值得实事求是地分析。在乡村两级合作经济组织不健全、不规范，产权主体缺位的情况下，对集体企业产权采取出售或拍卖的形式，往往更容易使回收资金改变性质，或转变为消费资金，甚至被少数人非法占用。

相对而言，采取对农民和企业劳动者按成员权利和贡献份额折股量化，同时规定按一定比例缴纳现金配股的方式，尽管不符合某些理论，但事实上更有利于调动基层干部群众发展公有制经济的积极性，能够形成对劳动者集体资产保值增值监督机制。

与会代表对"折股量化"无疑义。

3. 股权设置不合理问题

有的地方在企业改制中不认真发动群众，不实行"三公原则（公开、公平、公正）"，客观上使企业家阶层占有"买方市场"优势；再以此为借口规定经营者有权得到30%以上比例的大股，并允许用企业未来收益分期抵付。这种改制往往掩盖了少数腐败分子的"黑箱操作"；改制后的企业也不能实行劳动者一人一票制，更无法体现劳动对资本的支配，实际上可以定性为私营企业。

试验区的调查表明，一般情况下农村集体企业资产主要来源于四个方面：一为土地资本转移收益；二为节省下来的职工福利和社会保障开支；三为银行信贷"负利率"和税收优惠；四为企业家和工人的劳动剩余。

据此，在股权设置上的基本安排应是：一归社区成员共有；二归企业职工按工龄和贡献占有；三归乡村集体或政府；四归企业管理层和技术骨干。

与会代表对企业家持上述"大股"问题的分析有不同看法。有的认为：为了调动企业家积极性，对少数人持"大股"的企业仍应允许保留集体性质。

4. 试点与推广问题

在以往试验区完善集体经济的产权改革中，各地都是精心设计、谨慎操作。但已经成功的经验由于现行领导体制不顺而得不到重视，形不成有影响的决策意见。致使有些地方或非试验区在"自发"推广改制经验中，受各种舆论影响，出现不顾实际情况搞"一刀切"的弊端；也有的地方不能认真学习试点经验，使好的制度安排在实施中走了形，甚至有的原来承担股份合作制改革试验任务的地方，在全面推广点上经验时工作粗糙，出现了"一风吹"的问题。这些都影响了农村社会主义公有制经济的健康发展。

5. 法人地位问题

由于合作社和股份合作制的立法滞后，各种类型的合作经济组织和改制后的股份合作制企业没有法人地位，得不到必要的产权保障和政策支持；再加上宏观金融环境不利于中小企业，有的地方认为"一卖就灵"，重改轻管；一旦改制后政企分开，集体企业不仅没有相适应的资本市场，甚至告贷无门。

政策建议

1. 总结经验、提高认识

要坚持一切从实际出发，尊重广大农民的愿望和选择；只有让大多数劳动者成为改革的受益者，才有我们祈望的"长治久安"。因为资源禀赋较差、人口负担过重的中国农村，客观上承受不起私有化和两极分化的制度成本。当前应明确承认农民作为财产主体的基本权益，在改制中体现共有的、合作制的原则。因此，一切能够反映社会主义初级阶段公有制的本质属性，有利于劳动支配资本的形式都应鼓励发展。

检验改制成功与否的根本标志是小平提出的"三个有利于"，结合农村人口和劳动力过剩的实际情况，则应看大多数劳动者的积极性是否提高。在改制中要根据各地各企业的实际，参照上文对企业资产4个来源的结构分析，合理设置股权，必须因地制宜，试点先行，逐步推广，切忌"一刀切""一风吹"。

对于上述建议，有的同志认为概念不清，也有的与会者认为主要应注意"旧体制下平均主义大锅饭"的影响。

2. 深化农村集体资产管理体制综合改革

注重建立健全乡村合作经济组织，特别是在乡镇一级，一定要有各村农民代表组成的集体资产管理委员会，行使集体资产所有者的权利，并对集体资产评估结果和改制方式予以确认。对于改制回收资金，应作为合作经济组织内部的集体资产投资基金，由该委员会委托集体资产经营公司予以运营。

会议对此一致同意。

3. 适时进行基层政治体制改革

在集体经济改制的同时，应率先在县以下实行政社分开、精兵简政、乡村自治、税费改革，减少行政干预，给乡村集体经济组织和改制后的企业以经营自主权。

有的同志提出，由于政治体制改革比较敏感，在中央没有统一部署时不宜与集体经济改制同时进行。

4. 改善各种农村公有制经济的外部环境

加快合作社和股份合作制企业的立法；在金融、税收等方面给予农村合作经济以必要的政策优惠；允许进行适用于中小企业的区域性资本市场试验。

（此文收录在《三农问题与世纪反思》，生活·读书·新知三联书店2005年7月出版，略有删节）

中国的问题是农民问题，农民问题是就业问题

"非农"经济有所好转，农业问题亟待解决。

在亚洲国家度过金融危机开始复苏、进口需求上升的拉动下，同时也受我国政府既加强出口退税，又严厉打击走私等诸多有利因素影响，2000年上半年农村以乡镇企业增长和农民外出打工增加为标志的非农经济形势有所好转。

但是，由于内需增长缓慢，农业先是受到固定成本自90年代初期以来连续上涨的矛盾制约，近年来又进一步受到"软成本"即各种服务费用上涨的制约。种地亏本、投入产出比严重不合理，导致以粮食为主的种植业主产品播种面积下降，弃耕撂荒大量出现，尽管这似乎与目前强调的"调整农业结构"政策相辅相成，但实际上是长期累积矛盾不可能在农业内部解决的表现。

乡镇企业出口好于内销，农民外出打工人数增加

上半年乡镇企业增长形势出现好转，主要有四个特征：

其一，据农业部分析，上半年我国乡镇企业产品出口大幅度回升，出现了出口好于内销的局面。由于国外市场需求回升，宏观经济增长明显受进出口影响，上半年我国经济增长的对外依存度发生了自1995年以来第二次超过45%的情况。这也使得乡镇企业得到发展机会：上半年全国乡镇企业产品出口交货值3426亿元，同比增长16%，增幅比去年同期提高8.8个百

分点。

其二，出口增加不仅拉动乡镇企业较快发展，而且出现了经济效益好于生产的现象。统计显示，上半年，全国乡镇企业累计实现增加值12581亿元，同比增长12%；营业收入43573亿元，同比增长12.6%；上缴国家税金1013亿元，同比增长16%；实现利润2724亿元，同比增长14.7%。效益指标好于生产指标。

其三，乡镇企业90年代中期以来改革不断深化，机制优势进一步发挥。一方面是规模乡镇企业发展强劲，上半年全国销售收入500万元以上的乡镇工业企业累计实现增加值2407亿元，同比增长15.8%；另一方面，个体私营经济再次成为乡镇企业发展的新动力，个体私营企业实现增加值8094亿元，同比增长15.7%。特别是浙江、广东、福建、江苏等省，个体私营企业整体实力不断增强，发展领域逐步拓宽。

其四，由于地处沿海的广东、浙江、江苏等省乡镇企业出口增长较快，拉动了农民外出打工。另据农业部农村经济研究中心的农户调查分析，今年上半年农民外出打工人数约9000万，与去年相比也有所增加。

农民收入可能增加，有利于启动内需

上述情况对于农民收入连续三年增长幅度下降的局面可能会有所改善。据国家统计局农调总队近期的研究表明，农民人均纯收入每增长1%，对工业品的消费支出就相应增长1.3%。今年农民收入如果真能够增加，对拉动国内需求会起到明显的作用。

尤其是国家1998年实行积极财政政策以来，农村电网改造、道路交通条件改善和电视进村工程的推进，都越来越有利于农民对工业品的消费增加。我国农村约2.4亿个农户家庭，1999年，农村居民洗衣机、冰箱、彩电等每百户拥有的数量分别为24台、11台、38台。如果未来10年内全国2.4亿农户家电普及率达到1999年城镇居民的水平，可能会需要2.1亿台彩电、

1.6 亿台冰箱、1.3 亿台洗衣机。如果按 1999 年产出水平计算，仅农村居民增加的消费需求就相当于 5 年的彩电产量、13 年的冰箱产量和 10 年的洗衣机产量。任何商品在农村的普及率只要提高一个百分点，就会增加 238 万台（件）的需求。由于农村居民对工业品的消费相对其纯收入正处在加速增长期，农村居民消费在耐用消费品、服务、建房和生产投资方面蕴含着巨大的潜力。

此外，按照 1999 年平均每个农户年内新建住房面积 5.4 平方米的平均造价计算，每户新建住房投资达 800 元左右。如果今年 2.4 亿农户年内新建住房面积超过 12.8 亿平方米，投资总额可能超过 1900 亿元。另外，每年约有 10% 至 15% 的农户需要翻盖房屋。初步测算，今后农民住房投资每年将在 2000 亿元以上。如果引导得当，并且能够以优惠政策吸引这部分投资向农村小城镇集中，就完全有可能成为"十五"计划期内我国扩大内需的一个重要方面。

农业滞销局面难以改观，生产和服务费用不断增加，失去可持续发展条件

我国从 1992 年邓小平南方谈话刺激国民经济进入高速增长以来，农村外出打工迅速增加，农业劳动力绝对量有所减少，而农机总动力、化肥、农膜、农村用电量则呈数十倍地增长。同期，农民在收割、加工、运输、育种育苗、播种等作业环节上的生产服务性消费也进一步扩大。国家统计局的农业核算资料显示，1999 年农林牧渔业服务性支出达 1225 亿元，比 1995 年增长 40% 多，年均增长 9% 左右。

对此，一方面可以认为是农业产业化、规模化经营带动了农产品生产、加工、储藏、运输、销售等产前、产中、产后各个环节的独立和在新基础上的联合，这些都对农业基础设施投资增加了需求。但是另一方面，农业投资的增加，又导致农产品成本不断上涨。据农业部测算，90 年代农业成本上涨年均递增 10%。这导致农业特别是粮食生产的投入产出比严重不合理的问题越来越突出，迫使国家在 1994 年至 1996 年连续提高粮食的国家定购价格，却又造成改革开放 20 年来第三次粮食等农业主产品的卖难和积压，我国大多数农产品在价格和品质上都已经没有国际竞争力。再加上各种负担摊派到土地上，迫使农民大面积弃耕撂荒。

一般市场经济条件下，农产品滞销、价格下降所引起的规律性反映应该是削减成本，控制产量。但由于农村除了恢复家庭经营之外的其他体制改革相对滞后，尤其是在农村传统政治体制不适应农户经济的矛盾下，农村所有盈利行业的垄断程度都在加强，而这些部门的改革更加滞后，农民不得不向政府下伸到农村的垄断部门支付日益增加的"服务"费用。

农民说："服务就是收费，管理就是喝醉。"近年来，农民反映特别强烈，问题比较突出的是医疗卫生、交通通信、文化教育等部门，越来越多的农民看不起病，上不起学，负不起电费，打不起电话。从统计局数据看，这种"服务性消费支出"占农民生活消费支出的比重已由 1995 年的 15% 上升到 1999 年的 22% 左右。

启示："如果欲支农，功夫在农外"

综上所述，仍然希望有关政策部门重视我们在 1993 年发表农村调查报告时用的标题："如果欲支农，功夫在农外"。当务之急是把农村经济可持续发展与国民经济宏观结构调整结合起来，改变城乡二元结构的对立性矛盾在决策上的不良影响。

如果 20 年前农村改革开始时我们说：中国的问题是农民问题，农民问题是土地问题。那么，进入 21 世纪这话应该改为：中国的问题是农民问题，农民问题是就业问题。今年农村劳动年龄人口已经超过 5 亿，"整、半劳动力"过剩已经超过 3 亿。政府需要明确强调以促进就业为所有国策中的"重中之重"，抓紧研究就业促进法。无论任何发展规划、建设项目，都应该尽可能带动就业，宁可速度慢一些，技术层次低一些。

从近期决策问题看，在国家"十五"规划的安排上，一方面应该以政策优惠促进农村小城镇的改革与发展，推动农村过剩人口进入城镇；另一方面重视乡镇企业对解决农村过剩劳动力就业问题的特殊作用，加快适应乡镇企业发展的投融资体制改革。同时，还要打破部门垄断、推进政治改革，为促进农村合作事业发展创造必要条件。

从中长期决策问题看，西部开发是 21 世纪可持续发展的重大决策，应该坚持初衷，把调整东西部之间人口与资源的严重不平衡关系、启动内需并为国有企业改革创造必要的市场需求这三个方面，作为该项国家战略的主要目标。

其中，尤其要注意防止西部照搬某些东部已经导致我们受制于人的经验。既然国家以财政和政策性投资支撑西部开发，就理所当然地应该把这种中国人自己筹措的内部资金用于解决中国人自己的内部问题。而这 30 年里最需解决的内部问题，就是用西部调水工程开发荒地资源，用"以工代赈"和"以工授地"的方式吸引东、中部农村过剩人口。否则，我们即使在荒原上修了高速公路，留下闪闪发光的铁轨和长长的输油管线，而恰恰没有人，没有农业村落和小城镇沿途拱卫，仅仅凭借这些工程是保障不了中国西部战略安全的。

（此文系作者应"和讯网"和《财经》杂志要求写作，2007 年 8 月于网上刊发）

中国的"城镇化"道路与相关制度问题

小城镇发展状况

改革开放以来，乡镇企业在 1985 ~ 1996 年期间曾经有过很好的发展条件。农村工业化的发展打破了城乡分割的体制。截至 1998 年，乡镇企业的增加值已占全国国内生产总值的 27.9%。整个乡镇企业吸收劳动力就业达 1.25 亿，占目前全国城乡非农就业总数的 35.7%。其中乡村 50% 的新增非农就业集中在县城、建制镇和集镇周围，初步形成了约 1.7 亿的农村小城镇人口（其中标准的城市人口约 1 亿）。

随着农村工业发展造成的就业结构变化，小城镇有了发展动力。乡镇企业吸纳就业与建制镇增加同步：1983 ~ 1986 年，中国的乡镇企业每年吸纳 1300 万劳动力就业，同期每年平均设镇 1600 个左右，1987 ~ 1991 年，乡镇企业每年吸纳 700 万劳动力就业，同期每年平均设镇 350 个左右。累计 80 年代小城镇净增加 8192 个。

这些农村城镇主要依靠民间投资发展。每年小城镇建设方面的农民投资达 700 亿 ~ 1000 亿元，分布在 4.5 万个乡。用仅占全国基本建设投资 4% ~ 6% 的资金，形成了相当于全国 37% 的城镇人口（口径同上），有效地分流了大中城市发展的压力，弥补了国家资金紧张的不足，拓展了城乡商品市场，拉动了城市化需求[1]。

20 年的农村改革已使小城镇建设获得了长足的进展。由于国家统计体系没有专门的小城镇统计指标，因此只能从 1997 年国务院 11 个有关部委对全国小城镇建设的抽样调查以及各地反映的情况来看小城镇的发展。

1. 小城镇的发展促进了农村剩余劳动力的转移

抽样调查表明，镇区非农人口占主体地位，就业人口的比例大大高于城市，平均每个调查镇的镇区就业人口占镇区总人口的 71.6%，比城市平均就业水平高出 23 个百分点。

2. 有利于促进经济发展和提高农民收入

抽样调查显示，调查镇平均社会商品零售总额为 1580 万元，其中生产资料占 34%，生活资料占 66%，平均每个调查镇镇区有集贸市场 4 个，年商品贸易成交额达 1.9 亿元。小城镇镇区的居民收入在农村中具有较高水平，镇区居民人均纯收入为 3100 多元，比全镇（含农村人口）平均水平高 900 多元，比全国农村人均纯收入高出近一倍。

3. 小城镇产业的集聚和人口的集中，促进了二、三产业的发展，第三产业已成为小城镇发展的重要组成部分

从抽样调查看，第一产业人口仅占就业总人口的 17%，第二产业就业比重为 44.4%，第三产业比重占 38.6%，说明了城镇人口密集度和二、三产业比重的正相关关系。从镇区企业情况看，平均每个镇有企业 950 个，其中第三产业 680 个，占 72.2%。随着小城镇社会经济的发展，企业和居民家庭对社会化服务业的需求范围将会越来越广泛，需求强度会越来越高，第三产业在小城镇经济中的比重也将逐步提高。

4. 在小城镇的企业类型中，非国有经济占主导地位

从调查镇企业经济类型来看，集体经济和个体经济占有较大比重。平均每个调查镇镇区企业的就业人口结构，集体企业占 28%，个体企业占 25%，

---

[1] 参见谢扬发表在《经济与信息》2000 年第 4 期上的文章。

国有企业占22%。值得提出的是，非城关镇就业人口的所有制结构中，集体占27.5%，个体占27.8%，国有占16.4%，民营占8%，与全国城市就业人口所有制结构统计中的国有企业占64.9%相比，小城镇就业人口主要被非国有企业吸纳。

5. 建成区人均占有土地面积规模适度

从被调查镇情况看，建成区平均面积为176公顷，占镇域总面积的2.77%。平均人均占地面积为108平方米，与全国城市人均占用土地水平相比（小城市人均占地143平方米；中等城市108平方米；大城市88平方米；特大城市75平方米），小城镇人均占地水平与中等城市持平。建成区布局基本合理，住宅占地最多，占建成区总面积的31.8%，工商业和金融业占24.4%，公共建筑、交通均为8%，市政占地为4.5%。

中国农村小城镇发展的主要问题

1. "两个基本矛盾"与"两个历史阶段"

以乡镇企业发展为主的农村工业化，和以小城镇建设为中心的农村"城市化"问题及其相关政策研究，最近10年来逐渐引起国内外的广泛讨论，而中国小城镇的发展之所以具有其特殊性，主要是由中国"两个基本矛盾"与"两个历史阶段"造成的。

所谓两个基本矛盾，是指"人地关系高度紧张"的基本国情矛盾和"城乡分割的二元结构"的体制矛盾。研究结果表明：人地关系高度紧张产生了巨量的剩余劳动力和小农村社经济，而城乡分割体制和小农村社经济又使这些巨量剩余劳力被滞留在越来越狭小的土地上，加剧了人地关系的紧张。从而形成了一个恶性循环。

所谓两个历史阶段，是指在改革开放前，以中央政府为主导，在农村通过"统购统销"的流通体制和"人民公社"的组织体制相辅相成的制度体系，获取大量农业剩余，进行国家工业化建设的原始资本积累过程和改革开放后由地方政府主导的地方工业化的资本原始积累阶段。这两个阶段都是工业资本的原始积累，都需要把农民和农村作为提取积累的对象，尽管本质上没有差别，但提取积累的主体分别是中央和地方的不同层次政府，因此出现了前30年大城市得到发展，后20年小城镇（市）大量增加的阶段性特征。

2. 小城镇资本积聚的两个主要来源

改革以后开始的地方工业化阶段与过去有所不同：

一方面是后20年中，家庭承包经营制度为核心农村土地产权制度的变革的推行，农民获得了土地剩余收益的索取权，使得农产品出现了剩余，为农村集市贸易的恢复创造了条件。随着国家统购统销体制的改革，农产品市场的迅速恢复成为现实。

另一方面，对农村非农就业5%限制的取消，农民获得了就业自由，在农村剩余劳力绝对过剩的压力和农业比较利益低下的驱使下，必然要向收益更高的非农产业转移。在城乡分割的经济体制下，就地兴办乡镇企业成为必然的选择。

因此，农产品市场复兴和乡镇企业的发展以及由此所带来的农村工业品市场的形成，成为农村小城镇资本积聚的两个主要来源。

3. 制约小城镇发展的因素

采取城镇化发展战略的决策理由，显然不是理论界讨论的规模效益或者其他经济理性，而是对小城镇在国家没有投资的情况下仍然大量增加的客观情况的认可。所以这个决策是比较符合实际的。但宣布了"小城镇，大战略"，并不意味着小城镇发展就一帆风顺。

其一，80年代末以来在由地方政府主导的"地方工业化"和城市化的高速发展过程中，县以下地方政府利用土地进行资本原始积累，由此引发出政府腐败及其与农民和农村基层组织的一系列矛盾。在中央最近已经明确农民地权30年乃至长期不变的政治承诺影响下，如果不能通过产权制度创新找出政府和农民都愿意接受的办法，土地征占的冲突会愈演愈烈，农村基层的稳定很难维持。

其二，人口与资源关系高度紧张的基本国情矛盾对中国经济发展的制约越来越突出。如果能够通过综合改革打破城乡对立的二元结构、促进农村小城镇发展，加快自给性消费的农业人口转变为市场消费的城镇人口，则尚有可能改变"大中国，小市场"的局面；倘若再延宕下去，中国将很难通过进一步调整经济结构创造的增长，来参与 21 世纪的国际竞争。

1952 ～ 1998 年我国工农产品剪刀差表

单位：亿元

年份	1952	1957	1960	1965	1970	1975	1980	1985	1990
金额	24.56	49.32	127.23	122.31	163.02	223.82	300.34	391.80	726.45
年份	1991	1992	1993	1994	1995	1996	1997	1998	
金额	968	1251	1718	2189	2671	2826	3144	3591	

资料来源：根据徐志全《中国工业化非均衡进程与农业政策选择》一书的有关资料和作者的推算数据制作。

4. 对于教训的认识

我们在近年来大量调查研究的过程中认识到：在 20 世纪末中国城市化加速发展中，一方面地方政府资本原始积累导致城镇建设大规模占地已经不可逆转。目前这种制度软约束条件下的行政控制，实际上不能有效抑制各级政府在财政严重亏损压力下对耕地"农转非（从农业用地转为非农业）"巨额增值收益的渴求。另一方面，乡镇企业资本增密和以私有化为主的改制中，出现了始料不及的资本排斥劳动、使农业劳动力的非农就业连年下降的问题，同时也并不因为产权清晰而出现原来坐落在乡村的企业向小城镇自然流动集聚。这两个方面的问题都给小城镇发展带来阴影。

而且，我们不得不承认：小城镇尚未起到通过大量吸纳农业人口和促进乡镇企业集中，来缓解人地矛盾，调整产业结构的作用。

地方政府正是利用现行农村集体经济在体制上的弱点，通过土地低价征占，高价出让，最大限度获取土地资本的增值收益。而同时由于地价过高，农民和企业向小城镇转移的积极性大大降低，小城镇发展由此也陷入两难困境。

简单结论

1. 发展小城镇的目的是解决"三农问题"

我们认为：城市化固然重要，但城市化并不是目的。

就中国农村经济可持续发展面临的资源的、制度的环境制约而言，农村以小城镇建设为主的城市化是手段。考虑到其他发展中国家城市化进程导致农业、农村衰败和农民破产的教训，中国提出"小城镇，大战略"，在人口压力大而资源严重短缺的基本国情矛盾制约之下，主要目的是逐步调整产业结构、就业结构和城乡关系，力争合理地解决农业、农村、农民这"三农问题"。

这需要一系列的改革措施。而区域经济发展本身决定了不同的经济区域有不同的发展模式，需要分类指导：应该进一步改革农村社区土地和乡镇企业产权制度；通过培育城镇积累功能和自我发展机制，使已经非农就业的劳动力和过剩的农村人口进入小城镇，从而减轻有限的农地已经超载的农业人口负担，以保证中国农业有可持续发展的必要条件。

2. 解决与小城镇发展相关的产权问题

第一，乡镇企业的产权改革，应推广农民共有的股份合作制，保持其原有的以社区公共福利和劳动力就业最大化为目标的属性，同时必须对县以下城镇政府占用资产的集体所有制属性，通过清产核资，推行股份合作制，重新予以明确。

第二，农村小城镇的土地制度必须体现农民作为农村财产的所有者的权益，我们认为，对于县以下小城镇建设在内的农村土地资源配置，应在同意规划的前提下，允许农村集体土地以作股等多种方式参与城镇开发，鼓励农民把在农田基本水利建设中创造出来的"地滚地、地换地"等经验用到城镇建设中，分享土地农转非所带来的增值收益。

3. 重点发展中心镇

由于小城镇近 20 年的发展基本上是数量的扩张而人口规模严重不足，因此应该明确强调发展包括县级城关镇在内的中心镇，一般乡镇则限制发展。这需要各地根据经济区划合并乡镇。15 年来，中国各地事实上已经合并了约一半乡镇，从 1984 年进行"撤社建乡"时的约 9 万个，减少到现在的 4 万多个。如果在 15 年内集中发展 1 万个中心镇，2800 个县市平均每县市 3 ~ 5 个，可将未来需要转移的 2 亿农村人口的一半集中在这里。另外，如果小城镇的建成区面积由目前平均每个镇 0.3 平方公里扩大到 1 平方公里，按每平方公里投资 1 亿元计，现有近 2 万个小城镇中有 70% 扩容，则可能需要投资总额 9800 亿元。15 年平均下来，每年就要有 650 亿元，如果计入带动效应，则每年就会有不少于 2000 亿元的投资，每年约可增加 700 万城镇人口的市场消费。新增消费额至少每年可有 360 亿 ~ 400 亿元，相当于农村市场消费额每年增长 2 个百分点，这有可能成为拉动经济增长的长期因素。

4. 改革管理体制，理顺建制镇与村自治的关系

城镇化发展应该与村民自治协调，不得违反村民自治的有关法律。

建制镇可以与上级分权，但无论怎样设立机构，其管辖范围应该限制在建成区内，不能干涉有自治权的村，不能靠剥夺农村和农民筹集城镇建设经费。

（此文收录在《三农问题与世纪反思》，生活 · 读书 · 新知三联书店 2005 年 7 月出版）

中国农业困境与生态化解困

按照很多专家的分析，2016 年应该是中国经济下滑到底的一年，产能过剩的话题这几年也一直在讲。但这些讨论很少跟农业企业现在面临的形势直接相关。其实，早在 20 世纪 90 年代中期，当粮食产量超过 1 万亿斤的时候，我们就曾经提出粮食增产和人口增加的曲线是并行的，在中国没有完全开放农产品市场的条件下，以国内的粮食生产为主来保证国内的需求，那如果粮食在短期内连续增产，就会出现过剩。20 世纪 90 年代出现过粮食四连增，曾经导致库存费用过高、财政补贴、银行占压等一系列宏观问题。

进入新世纪，当我们开始强调"三农"问题、加强农业投入时，又出现了粮食十二连增，是不是也会出现类似的问题？同时，还有一个说法是："三农"支出现在是国家财政支出的最大项，2014 年已超过 11300 亿元，2015 年应该会进一步增长，大概每年有 10% 的增长率。客观来看，国家对农业的投入和补贴都非常大。但是，我们必须看到，国内农产品生产成本的"地板价"（最低价）在国际价格的"天花板"（最高价）之上，这种倒置的结构很难持续。所以，由于长期的粮食过剩，没办法再增加库存，从 2016 年开始要减少补贴，包括粮食补贴、化肥补贴、农药补贴等。这样就会产生连锁反应，粮食生产者的积极性很难保证，农资生产企业也会受到不利影响。

再看看国际形势，我们跟那些大农场模式的国家（比如澳大利亚）陆续签了自由贸易协定，这就对国内农产品形成了市场空间的挤压，因为澳大利亚的农产品价格很低，产品质量又好，而国内的价格很高。总体来看，2016

年农业的国内、国际情况都是不利的。这个冬天恐怕会比较难过，下一个春天可能比较短暂，下一个夏天可能比较炎热，接着就是秋风肃杀，形势不会太好。

世界农业的三大模式

在我们以往的农业教学中，使用的教科书基本是西方的，因此无法解释世界的农业形势到底如何。现在世界范围内的农业形势不再是单一的产业问题，比如美国也有沙尘暴，他们那种大农场模式也是破坏环境的。

根据我们的研究，将世界上的农业经营分为三类：

一是前殖民地国家的大农场农业，即典型的"盎格鲁-撒克逊模式"。现在很多人仍然在强调中国要学习大农场农业。但是，大农场农业是因为彻底殖民化造成资源广大的客观条件而形成的，主要包括加拿大、美国、巴西、阿根廷、澳大利亚、新西兰等国家。我们是世界上最大的原住民人口大国，不可能搞大农场。东亚的工业化国家，像日本、韩国也是原住民国家，都没有大农场。像日本现在要加入 TPP，最大的难题就是农业，一旦加入，面对着大农场低价格的农产品竞争，日本农业必垮无疑。所以说，东亚的原住民社会永远不可能跟殖民地条件下的大农场农业直接竞争。今天我们讲全球化竞争，但农业是不能加入全球竞争的，除非另辟蹊径。

二是前殖民主义宗主国的中小农场模式，即以欧盟为代表的"莱茵模式"。因为大量地向外溢出人口，人地关系相对宽松，形成中小农场，也同样没有跟大农场进行竞争的条件。只要一签订自由贸易协定，欧盟国家的农产品普遍没有竞争力，农民收入就会下降，农业就会维持不住。

三是未被彻底殖民化的原住民为主的小农经济，即"东亚模式"，因人地关系高度紧张而唯有在国家战略目标之下的政府介入甚至干预，通过对农村人口全覆盖的普惠制的综合性合作社体系来实现社会资源资本化，才能维持"三农"的稳定。

而中国农业目前是这种状态：一方面是东亚原住民国家，但又不采行"东亚模式"，而试图采行美国的大农场模式，像现在讲的产业化、大规模、集约化等这一套，都属于这种模式。说得直白一点，我们是原住民的小农经济，没有条件去跟殖民地条件下的大农场竞争。如果不把这个问题搞清楚，在农业政策领域以及企业战略上就会犯根本错误。

从农业 1.0 向 4.0 如何演进

我们最近提出了从农业 1.0 向 4.0 的演进。因殖民化产生的"盎格鲁－撒克逊模式"，将农业作为第一产业，规模化获取剩余价值，为工业化提供原始积累。由此，就引申出另一个路径：立足于殖民化大农场，就有了农业金融化的方向。很多农业企业关注的 ABCD 四大跨国农业公司①，它们的优势就在于，立足于一产化的大农业，直接进入金融化，即一产化农业派生出的金融化。ABCD 四大公司的收益并不来源于大规模农业，而是来源于在资本市场上产生的收益。

我们对世界粮食金融化问题的研究显示，它们仅用气候题材影响资本市场上粮食价格的波动，就需要 200 多亿美元的投入，而且美国政府还投入 200 多亿美元用于气候研究。这就是金融化的美国经济，也是金融化的美国农业获取收益的主要来源。从 20 世纪 80 年代新自由主义问世以来，美国农业企业就不再以农业为主了，而是以金融为主。

我是新希望六和的独立董事，在董事会上提出的建议就是：注意培育非农领域的业务。如果只在农业领域发展，我们很难以现有的资源条件和现有的价格环境产生收益。农业二产化并不是必然的，像美国、加拿大的农业并不进入二产化，而是直接进入金融化。二产化是设施化、工厂化，而美国、澳大利亚都是靠天然资源维持农业，没必要搞设施化、工厂化。欧盟、日韩

---

① 即美国 ADM、美国邦吉 Bunge、美国嘉吉 Cargill、法国路易达孚 Louis Dreyfus 这四家公司的简称。

则是设施化农业，中国是世界最大的设施化农业国家，全球超过70%的农业大棚都在中国。因此，别说我们的农业设施化不够、二产化不够，其实最多。

二产化农业带来的直接后果是生产过剩。中国农业的产量世界第一：我们生产全球70%左右的淡水产品，67%的蔬菜，51%的生猪，40%的大宗果品，这些产品都过剩。我们现在的粮食产量占世界的21%，人口占世界的19%，还有两个点的余量。即使粮食不再增产，只要节约，就足够养活未来的新增人口。

二产化可以拉长产业链，产生收益，但农业劳动力的收入并不同步增长，农村并没有产生发展所需的金融工具的条件，同时二产化又对资源环境造成严重破坏。现在农业造成的面源污染大大超过工业和城市，是面源污染贡献率最高的领域。

接着就开始进入农业的三产化，甚至还有日本提出的农业六产化。早在2006年的"一号文件"中就强调了农业的多功能性，提出第三产业跟农业结合。第三产业和小农经济直接结合的可能性是有的，但因为第三产业的主要部门——金融、保险、流通等，都是被金融资本和商业资本控制的，如果不采行"东亚模式"，第三产业跟农业的结合就只能是旅游、养生、景观这些业态，所产生的综合收益并不高。因此，靠三产化解决"三农"问题，好处并不大。

再看农业四产化，就是农业4.0版，一方面是"互联网＋"，另一方面是社会化的、城乡合作的、互动的、生态化的。如何让农业体现出中央倡导的生态文明战略，这是下一步农业3.0版和农业4.0版要考虑的问题。我的看法是，传统社会特别是原住民社会，农业从一开始就应该是3.0、4.0结合的，而不能从1.0过渡，因为没有1.0的发展条件。

四大规律不可逆

我们知道，原生农业是在欧亚大陆两端发生的。现在西方了解的都是在亚洲大陆西端的两河流域形成了早期的原生农业，因为这块地区离西方人近，他们对欧亚大陆的东端不了解。在欧亚大陆的东端也是"两河"：长江、黄河。西端的两河间距很窄，是单一作物种植，是半岛型农业；而东端两河间距很大，是大陆型农业，北方是旱作农业，南方是水作农业。中国从一开始还处在原生农业时代，农业就是多样化的。而西亚的"两河"农业是单一的，后来扩展到欧洲西部，形成了欧洲的次生农业，也是以相对单一的作物为主，这个农业方式就是欧洲人带向世界的、以种植小麦吃面粉为主的农业和食物方式。现在的澳洲、美洲、非洲，只要是西方人殖民过的地方，都以吃面包为主，而亚洲则是杂食。我们不必将亚洲原住民大陆所生存下来的多样化、生态化的农业方式再改造成单一化的，否则就脱离了本土的条件。

基于这些道理，所谓的农业1.0、2.0、3.0，发生变迁的主要原因是气候变化。从这个角度看中国历史上游牧民族跟中原之间的关系演变，就很清楚了，都跟气候变化带来的农业产出多少有关。而气候变化是周期性的，是不以人的意志为转移的客观现象，人类社会只能做适应性改变。所以我们看到早期的长城，是沿着400毫米等降水线修筑的，是从东北向西南的斜线。中国的东部大陆是太平洋季风影响的农业，西南地区则依靠印度洋暖湿气流，这样就有了四川的盆地农业，西北地区靠的是西伯利亚的风。所以，东亚大陆上人类赖以生存的农业，是被自然、地理、气候等条件决定的，不是制度决定的。

农业发展到现在，我们遭遇到的农业产业化问题是四大经济规律不可逆。

一是根据"要素再定价"规律可知：由于符合农村外部资本要求的土地

规范流转占比很低，导致能够用于支付农业资本化的成本所必需的绝对地租总量并没有明显增加；同期，加快城市化造成农业生产力诸要素更多被城市市场重新定价，在这种"外部定价"作用下的农业二产化所能增加的收益有限，根本不可能支付已经过高、且仍在城市三产带动下攀高的要素价格，于是农村的资金和劳动力等基本要素必然大幅度净流出。农业劳动力被城市的二产、三产定价，农业企业家进入农业跟农民谈判，其提供的一产劳动力价格就不可能被农民接受。农业劳动力的老龄化表明其竞争力丧失殆尽。这个规律告诉我们，农业的基本生产要素（包括劳动力、土地等）现在已被其他产业定价了，不能再按照农业去定价，这就是现代农业的困境所在，农业产业化就失败在支付不起要素价格。

二是根据"资本深化"规律可知：农业产业化内涵性地体现着"资本增密排斥劳动"、同步带动农业物化成本不断增加。推行美国舒尔茨《改造传统农业》带来的相应后果，则是大部分过去在兼业化综合性村社合作社通过内部化处置外部性风险条件下还能产生附加值的经济作物、畜禽养殖，一旦交给产业资本开展大规模二产化的专业生产，就纷纷遭遇生产过剩；单一品类生产规模越大、市场风险越高。如今，一方面是农业过剩的情况比比皆是；另一方面则是在城市食品过分浪费的消费主义盛行情况下，大部分规模化的农业产业化龙头企业仍然几无盈利，中小型企业甚至债台高筑转化成银行坏账。

三是根据"市场失灵"＋"政府失灵"规律可知：追求资本收益的农业经营都会造成"双重负外部性"——不仅带来水土资源污染和环境破坏，也带来食品质量安全问题。正因"双重失灵"，愈益显著的"双重负外部性"已经不断演化为严峻的社会安全成本。

四是根据"比较制度优势"规律可知：农业企业走出去遭遇很多失败的原因，在于中国经验在话语权和制度建构权等软实力领域目前尚难以占据比较优势，很多企业的企业文化不适应国际市场上的主流趋势，必然遭遇尴尬。

因此，在目前资本全面过剩的条件下，我们要及时了解世界范围内的农业企业都在作什么改变，他们都在强调改变过去的发展模式，正在向社会化这一方向演进。这是解决农业问题的出路所在，需要我们给予足够的重视。

（此文发表在 2016 年第 2 期《农经》）

对话温铁军：三农问题——非不能也，而不为也

王 平

"三农"问题是怎样被提出的？

社会上一般误认为"三农问题是近年来才被决策层采纳的"，但有"温三农"绰号的温铁军却不能苟同。他在 2003 年 4 月 9 日回答安徽《决策咨询》编辑部记者采访时，针对性地回顾了十多年来关于"三农"问题的提出和观点的形成过程。

记者：温铁军同志，从我能够搜集到的资料看，是您早在 1996 年就把"人地关系高度紧张的基本国情矛盾和城乡二元结构的基本体制矛盾"作为两个制约"三农"问题的关键提出的。我们的问题是，您为什么把农民问题置于"三农"问题的首位，为什么说"中国并不是一个农业大国而是一个农民大国"？还提出"中国还没有形成真正的农业经济科学"，要想解决"三农"问题必须进行综合的改革，并且出路在"三农"之外，这如何理解？

温铁军：这几个问题在我 1993 年以来的文章中都作了很详细的说明，拿来读一下答案就出来了。为了不耽误读者的时间，也给你们一个"独家"，我想换个话题。

安徽不仅是大包干的发源地之一，其实，也是我们 10 年前讨论并且基

本上形成"三农"问题的主要观点的地方。因此，尽管我历来不愿意参与北京学术界的争论，但却认为应该把"三农"问题提出的过程作为背景介绍给安徽的读者。

其实"三农"问题有关讨论的源头是比较远的，并不是近来才提出，而且应该说是科学决策的产物和集体智慧的结晶。

说远，可以从 1985 年农村政策部门提出"打破城乡二元结构"，讨论开通城乡的政策算起。因为从那以后，耕地的"双重功能"问题、"8 亿人给 2 亿人搞饭吃"的问题等等，农村政策负责人早就都提出来了。其实，我们历来就强调城乡二元结构属于中国的"基本体制矛盾"，直到去年党的十六大把这个观点写入正式文件。所以，应该说经历了 18 年了。

说近，可以从 1991 年后的关于农民负担的调研和政策讨论算起。从那以后，今天才引起人们关注的农村的税费改革、金融改革、机构改革和流通改革等，各种"农业外部"宏观环境的改革早已相继进入试验课题，至今也有十多年了。

说最近，也得从 1996 年"三农问题"这个概念的正式见诸报刊发表算起。那以后的问题，似乎更加复杂、日益严峻。因此，最少也有 7 个年头了吧。

1985 年农村政策部门提出的开通城乡的建议没有条件实行，1988 年价格改革失利、通货膨胀发生，1989 年搞"关停并转"导致城市"三角债"、经济下滑，在这样的宏观变化影响下，农民收入的增长速度开始连续三年下降，这在改革后是第一次出现这样的情况。

当时，农业部范小建司长（现任副部长）骑自行车微服私访了 20 多个县，了解农民负担问题，并把调查结果上报给农业部，指出农民收入下降导致相对负担很重，已经影响到党和农民的政治关系。刘中一部长对他的调查做出了积极的反应，并且力排众议，决定以个人名义实事求是地向上汇报。这时期，还有党的十三届八中全会前后的很多讨论。可见，20 世纪 90 年代初期就已经发现并涉及了"三农"问题的相关内容,政府有关部门是清楚的,只是还未引起社会上足够的重视。

第二次关于"三农"问题的深入讨论是在 1993 年。政府换届之后,农业部的刘江部长组织人员到各地蹲点,当时农村实验区办公室主任杜鹰同志(现任国家发展和改革委农村司司长)带人在安徽蹲点,对财政、金融、税收、计划和工商等各部门做了大量调查,形成了题为《农业大省面临的困境》的调查报告。该报告那时就已经强调,农业农村问题涉及包括财政、金融、税收、计划和工商等的宏观政策和外部环境,不应该再就农业谈农业。刘江同志也对此给予了很高的评价。1993 年年中,我作为调查组成员,根据安徽调查在《经济日报》上公开发表了题为"如果欲支农,功夫在农外"的文章,认为农村问题主要受宏观政策影响,而不是简单的农业问题。

之后的 1993 年到 1996 年期间,由于邓小平南方谈话后中国经济进入高涨期,需求拉动农产品价格上涨,农民收入又有增长,农村困境相对缓解;同期的城市改革力度加大,反映农村问题的声音虽然小了,但讨论却在不断深化。

一方面,当时主管经济工作的朱副总理曾经强调"三不",即土地不能动、粮价不能低、负担不能重;另一方面,从 1993 年开始,在温家宝和陈俊生等领导同志的指导下,现在人们重视的问题,如土地制度、税费与农村管理体制改革、农产品流通体制改革、农村金融改革和乡镇企业的股权交易,以及西部贫困地区和山区、牧区的可持续发展问题,都已经列入政策试验课题。

尤其是在 1995 年 2 月的中央农村工作会议上,江总书记提出四个方面的问题,指出三大差距在扩大,并警告这样下去"恐会酿成大祸"(后来此话不幸而言中),使政策界在认识上有所转变。例如,当时尽管没有宏观部门统一协调,但仍然形成国家十一部委于 1995 年自动联合起来,开展农村小城镇改革发展试验的现象,并在江苏昆山召开了第一次"小城镇改革与发展经验交流会"。这在 25 年的改革决策中是前所未有的，表明决策研究领域的大多数同志对"三农"问题的认识还是比较一致的。

此外，1992 年邓小平南方谈话后，数千万农民工进城，农村劳动力流动的问题也提出来了。随之，国务院发展中心、中国社科院、农业部农研中心等 8 个单位的专家联合研究农村劳动力流动问题。这就涉及城乡二元结构如何突破、城镇化如何发展等课题。具体政策实验也相继开展。可以说，从 20 世纪 90 年代以来，随着农村问题不断演化，有关部门的认识在不断深化，也有好的研究思路和具体做法。

在 1995 年秋粮上市之前，我们对中部粮食主产区进行调查，认为用价格政策过度刺激粮食生产，会导致 1995 ~ 1996 年度粮食出现过剩。在一次全国政协召开的座谈会上，我把粮食可能出现过剩的问题提了出来。与我同感的还有前国家体改委农村司的李铁，不过，那时我们确实是"少数"，尽管也汇报了，可那些跟从主流的人却没反应，我就写了《粮食问题不是粮食的问题》，大胆分析"丰收的代价"，从粮食周期这个农民都懂的常识谈起，分析粮食问题与财政、金融、外贸等宏观政策相关。这与 1993 年写"功夫在农外"的思路是一致的。

由于 1996 年粮价继续提高、继续刺激粮食高产，因此，当年粮食产量提前四年实现了 2000 年的粮食产量目标。从当时来看，以粮食为主的农业确实挺上去了，以粮为纲的感觉似乎又有了。但其结果是什么呢？由于人口并没有随着粮食产量而增长上去，也就是说，消费并未增长上去。简单说就是：有了 2000 年的粮食产量，而没有 2000 年的人口，必然出现过剩。正是基于此，《粮食问题不是粮食的问题》一文才被许多报刊转载，大家开始觉得这种提法有意思了。学术界也有类似的研究，例如北京大学宋国清教授关于粮价被动地受物价指数影响的量化研究，针对性地对当时主流认定粮价带动物价的观点提出反诘。

1997 年后粮食果然积压，重现了 1984 年粮食大规模增产后出现的卖粮难问题。因此，农民收入增长速度又连续下降，农业农村的矛盾又开始凸显出来，继而引起了那种"王顾左右而言他"式的讨论。我又写了有一定针对性的"关于农业农村问题的不同意见分析"。先内部征求意见，到 1996 年秋季，我在《战略与管理》上公开发表了《制约"三农问题"的两个基本矛盾》，综合以往政策试验的研究成果，提出人地关系高度紧张的基本国情矛盾以及城乡二元结构的基本体制矛盾，认为只有宏观政策对应解决，或缓解这两个基本矛盾，"三农"问题才能得到合理的解决。

至此，"三农"问题作为一个概念正式见诸报刊。需要再次强调一下，"三农"问题的提出过程由来已久，大多数人的意见是一致的，这是集体智慧的结晶。从 1985 年"开通城乡"的提出，到 1991 年范小建的调查、刘中一部长对调查报告的肯定和十三届八中全会前后的讨论，再到 1993 年杜鹰同志主持在农业大省安徽的调查被刘江部长肯定，最后是 1996 年以后关于粮食政策的不同意见……总之，大凡了解农村基层的政策研究人员从来都坚持认为，农村问题主要是宏观方面的问题。

"三农"问题是怎样被研究的？

记者：这期间，决策层对解决"三农"问题搞过一些试点吗？

温铁军：在 1993～1994 年期间，直接受中央农村工作领导小组指导的农村实验区办公室提出了第二批试验课题，其中就有在安徽太和等地进行农村税费改革的试点，那时就认为，税费改革是深化农村第二步改革的一个重大突破。但之所以这样强调，是因为当时是把税费改革与粮食购销体制改革结合在一起的。

这与后来搞的自上而下的改革的最大不同在于：1993 年税改与粮改相结合的办法本来就是基层创造的，很有"中国特色"：在免除农民税费的同时，一亩地缴 100 斤粮。全国当时 2 亿亩耕地，那么国家会得到至少 2000

亿斤的粮食储备，足够平抑市场，不用担心粮食安全问题。而且，这 2000 亿斤粮食是按公粮方式收的，没有成本。正常情况下，政府手中只要掌握 1500 亿斤粮食就够了。当时全国有 5 个省份分别布置了农村税费改革试点，有的地方农民缴 100 斤粮食不够，提高到 120 斤，复种指数高的"吨粮田"也不超过 150 斤。由于基本上防止了跑冒滴漏，把这些粮食折算成现金，农民最多也就得 70 多元。

其实，坚持农村调查的人当时不光是提出问题、进行调查，而且还通过实验进行具体政策操作。除了上述涉及中长期发展的政策试验课题外，1993 年还在河南搞了商、粮、供、贸、物五大流通系统全面改革的流通体制改革实验，也就是说，无论是发现问题还是提出解决问题的政策，都早已不在单纯农业领域中了。

客观上看，1995 年我们为什么说"粮食问题不是粮食的问题"，1996 年又写了《制约"三农问题"的两个基本矛盾》，其实主要就是根据上述的课题，根据基层的经验，从客观实际入手，逐步创造农村经济可持续发展所需要的条件。因此，1993 年以来的那些成果，都是根据基层经验和科学试验提出的，相关的政策思路也是清晰的。

综上所述，如果要按照温总理强调的，改变那些不适合或不适应农村生产力发展的生产关系或者上层建筑，既不能照搬某种理论，也不能就粮食谈粮食，就农业谈农业。需要认真反思，不唯书、不唯上，重新端正"实践是检验真理的唯一标准"的思想路线。

由决策层的重视到全社会的关注

记者：决策层和全社会是如何重视和看待"三农"问题的？

温铁军：中央对这个问题在政策层面上的认识也是在不断地深化。比如，1998 年江泽民同志到苏南视察，指出乡镇企业是农村发展的大战略，同一年又指出城镇化是个大战略。温家宝同志对我们在政策科学中的试验和国家各有关部委在这方面的研究也予以肯定，决策的科学性逐渐在中央层面上反映出来。1998 年中共十五届三中全会，正式形成了一个政治局讨论通过的跨世纪的农村工作指导性文件。之所以说这个文件的意义非常重大，是因为它把家庭承包、乡镇企业、城镇化都作为农村发展的大战略肯定下来。尤为重要的是，十五届三中全会的文件，开宗明义地指出，农村改革是党领导下的农民群众的伟大创造。这个提法之所以很重要，就在于重新体现了历史唯物主义的真理。

接着，1999 年前后，中央的农村政策讨论中就不再单纯强调以往的农业结构调整，取而代之的是所谓农村经济的重大战略结构调整，这是十五届三中全会以后，中央在决策思路上的一个重大提法，它与以往在决策领域中做的研究和实验还是相关的。可见，中央对"三农"问题认识的程度是相当高的。

在中央科学决策的鼓舞下，1999 年夏季，我根据那几年的课题研究和在中国农大做的博士论文摘要，改写成《三农问题：世纪末的反思》，这篇文章后来发表在 1999 年 12 月份的《读书》杂志上，不仅把现在的"三农"问题，也把 100 多年来历史上的"三农"问题做了分析。到 2000 年，我又进一步把课题报告扩充为一本书，正题是《中国农村基本经济制度研究》，副题还是《三农问题的世纪反思》。没想到的是，课题和文章都分别得了奖。这也许表明了学术界的认可。到这时，"三农"问题在理论上的梳理大体上也清楚了。

2000 年初，湖北李昌平给朱总理写了一封信，把"三农"问题形象概括为三句话："农民真苦，农村真穷，农业真危险。""三农"问题在社会上引起了较大反响。同期，1999 年上海学者曹锦清到河南农村基层考察以后写出《黄河边上的中国》；李昌平又把他的信引发的一系列的事情，写成《我向总理说实话》，于 2001 年出版，进一步引起社会广泛反应。他们的工作起到了很大的宣传推动作用。

到这时，政策理论成果有了，社会反响也有了，那么，到 2001 年"三农"问题的提法写入文件，就正式变成一个不仅为决策层理论界关注，而且引起全社会广泛关注的问题。

"三农"问题在政策思路上的变化

记者：从你的介绍可知，党和政府历来对"三农"问题非常重视。那么，决策层如何破解"三农"难题？

温铁军：城乡二元结构的概念第一次写进十六大的文件中，这是从 1995 年 2 月江泽民同志对三大矛盾予以明晰以来的一个有重大意义的变化，这表明我们党已经把城乡差别当作全面建设小康社会的重大阻碍，说明新的领导集体已经清醒地认识到了中国进入 21 世纪后所面临的主要矛盾。这是对 90 年代以来"三农"问题清醒认识的结晶，是与时俱进的直接表现。

十六大之后，离 2020 年要全面实现小康的目标，我们剩下的时间不多了，而重点难点都在农村。今年 1 月 7 日召开的中央农村工作会议上，胡锦涛总书记和温家宝总理对这些问题的表述非常之客观、非常之现实，反映出"实事求是"这一党的优良传统在十六大和今年的农村工作会议上都有明确的体现。"三农"问题在党的领导同志交接班的时候得到特殊强调，在以胡锦涛总书记为首的新一届领导集体的日程中提到了一个相当重要的位置。今年 1 月 7 日召开的中央农村工作会议一个最重要的提法："'三农'问题是全党工作的重中之重。"与十六大提出的全面建设小康社会的大目标结合在一起，把"三农"问题提到了前所未有的高度。接着今年 3 月份召开的两会，又把"三农"工作作为经济工作的重中之重。这对我们从事农村研究的人来说是非常欣慰和深受鼓舞的。

因为有了这样的高度重视，最近一两年，所有关于"三农"问题的讨论都在广泛地展开，比如农村教育问题、医疗问题、税费改革与基层管理体制改革问题，以及农村土地问题、农民权益问题、村民自治问题，等等。尤其是胡锦涛同志在平山县西柏坡讲的"两个务必"，这对我们关于"三农"问题严重性的讨论具有高度的指导意义。如果我们好大喜功，文过饰非，不能坚持"两个务必"，就无法讨论今天严峻而复杂的"三农"问题。

记者：那么，有哪些迹象表明"三农"问题正在从政策层面上加以解决？

温铁军：我们应该看到，这两届中央领导集体在"三农"问题上都有很明确的政策思路。具体表现在"十五"计划提出"以人为本"，提出每年转移农民工进城的具体目标，并强调了城镇化和乡镇企业的发展。可以说从"十五"计划以来，中央高层的政策思路是越来越清楚。再比如，尽管通过农村税费改革解决农民负担过重的试点遇到很多困难，去年仍然下发了"两办"文件强调农民负担"一票否决"，农民负担是"高压线"，谁碰就摘谁的乌纱帽。接着，今年国办一号文件出台了打破一切限制农民工进城的政策。要促进农民能够通过非农就业增加收入，就要破除一切限制和障碍，使进城的农民工得到公正的待遇，给农民工以国民待遇的问题正在通过打工的政策得到体现。为此，各地也都做出相应的调整和改革。前所未有的"干货"是，今年农村工作会议强调了财政新增的科教文卫开支，要向农村基层倾斜。另外，今年两会的政府工作报告又特别强调了发展县域经济，发展乡镇企业和城镇化。

最近，温总理又提出了农村金融改革的问题。信用社正朝着农村合作银行改制，农村金融的其他形式也被提上议事日程。在温总理的高度关注下，国土资源部正在总结允许农村集体土地直接进入一级市场的各项实践经验。进入一级市场的方式是，公益性的建设允许农村集体土地入股；工商企业用地允许农村集体土地租赁。这就是说，把土地的增值收益留给农村和农民，并且中央正在出台文件，严格限制征占范围，只有纯粹公益性用地由政府出面征用，其他一律走市场。此外，在计划投资上，开始强调和农村、农民直接相关的一些领域要增加投资，比如说，适合农村发展的道路建设、水利建设，以及其他与农民生产、生活息息相关的"六小工程"，将成为今后的农村投资重点。财政正在增加向农村转移支付的力度。总之，党和政府不仅在认识上，而且在政策思路上都开始向农村和农民倾斜。

综上所述，中央对"三农"问题的政策思路越来越清晰，这将有利于"三农"问题的缓解和解决。

（原文刊载于 2003 年 6 月《中国改革》）

李昌平

　　李昌平，男，1963年生，湖北监利人。中国乡建院院长。曾在乡镇工作17年，历任四个乡镇党委书记。2000年3月，上书朱镕基总理，指出"农民真苦、农村真穷、农业真危险"，引起中央对"三农"问题的关注。9月辞职南下广东打工，并呼吁"给农民平等国民待遇"，被评为《南方周末》2000年年度人物；因长期致力于探索解决"三农"问题的开创性实践，被《南方都市报》等机构评为2006年"中国最具行动能力三农人物"；因为创造性地在农民组织中创建"内置金融"而使农民财产权（抵押贷款权）得以实现，被《财智生活》等机构评为2013年十大"财智绅士"。

给朱镕基总理的信

总理：

我叫李昌平，今年37岁，经济学硕士，在乡镇工作已有17年，现任湖北省监利县棋盘乡党委书记。我怀着对党的无限忠诚，对农民的深切同情，含着泪水给您写信。我要对您说的是：现在农民真苦，农村真穷，农业真危险！

盲流如"洪水"

开春以来，我们这儿的农民快跑光了。连续20多天来，"东风"大卡车（坐不起客车）没日没夜地满载着外出打工的农民奔向祖国四面八方的城市。我们乡有40000人，其中劳力18000人。现在外出25000人，其中劳力15000多人。今年人员外流和往年比有新的特点：一是盲流。过去一般是有目的地流动，今年多数农民是抱着碰"运气"和"要死也要死在城市，下辈子不做农民"的一种负气的心情外出。二是人数多、劳力多。过去外出打工的主要是女孩和部分剩余劳力，现在是男女老少齐外出。三是弃田撂荒的多。过去出门一般都待田转包出去后再出门，今年根本不打招呼就走人。外出的人数还在上升，估计今年全乡弃田弃水面积将达到35000亩，占全乡总面积的65%。现在我们全力以赴做调田转包工作，估计今年至少要撂荒20000亩以上。

负担如"泰山"

我们这儿的田亩负担在200元/亩。另外还有人头负担100～400元/人不等。两项相加350元/人亩左右。一家五口种地8亩，全年经济负担2500～3000元（不含防汛抗灾、水利等劳动负担）。农民种地亩产1000斤谷子（0.4元/斤），仅仅只能保本（不算劳动负担），80%的农民亏本。农民不论种不种田都必须缴纳人头费、宅基费、自留地费，丧失劳动力的80岁的老爷爷老奶奶和刚刚出生的婴儿也一视同仁交几百元钱的人头负担。由于种田亏本，田无人种，负担只有往人头上加，有的村的人头负担高过500元/人。我经常碰到老人拉着我的手痛哭流泪盼早死，小孩跪在我面前要上学的悲伤场面。我除了失声痛哭外，无法表达我的心情。痛苦与无奈一切尽在哭泣中。今年的负担还要加，您说这是怎么回事啊！少壮去打工，剩下童与孤，又见负担长，唯望天地哭！

债台如"珠峰"

1995年，约85%的村有积票，现在约85%的村有亏空，平均每村亏空不少于40万元。90%的村有负债，平均负债60万元以上，月利率20‰。1995年约有70%的乡镇财政有积累，现在90%的乡镇财政有赤字，平均赤字不少于400万元，平均负债不少于800万元，月利率高达15‰。村级负债每年增加10万～15万元，乡级负债每年增加150万元左右。

农民负担一年比一年重，村级集体亏空一年比一年多，乡镇财政赤字一年比一年大。我们棋盘乡不搞任何建设只交上面的税费，发干部的工资，支付债款利息，收支两项，乡村每年净亏1000万元。这样下去基层组织和政府怎么运转？

干部如"蝗虫"

1990 年棋盘乡吃税费的干部不过 120 人，现在超过 340 人，并且这种增长的势头无法得到控制，新上任的领导无法顶住内外压力，不得不滥用权力安排一帮子人吃"皇款"，年年有新官，干部增长何时休？官取于民，民取于土，落在水上，打在泥上，农民怎么受得了！

责任制如"枷锁"

"交足国家的，留足集体的，剩下的全是自己的"，联产承包责任制曾让亿万农民欢欣鼓舞。可是现在农民交足国家的，留足集体的，必须贴自己外出"打工"的血泪钱。负担的日益增加，价格的逐年回落，被农民视为生命的土地已成为农民的沉重包袱，联产承包责任制被农民视为套在他们脖子上的枷锁。出生在集镇，就不要人头负担，出生在农村就年年交人头费几百元，这是多么不公平啊！

政策如"谎言"

中央扶持农业的政策，保护农民积极性的政策，很难落到实处。近年来，没有对农民发过贷款，即使有极个别的其月利率在 18‰以上（高利贷）。没有按保护价收过定购粮，相反，国家收粮还要农民出钱做仓容。国家不收粮，农民自己消化还要罚款，甚至没收。农民负担年年喊减，实际负担额极个别地方虽没有增加，但农民收入下降了，相对负担却是年年加重的。政策和策略是党的生命，且能如此儿戏，几亿农民不相信中央的农村政策，这种后果将是可怕的！

假话如"真理"

谎言讲一百遍便像是真理。现在真话无处说。上级领导来听农民增收就高兴，汇报农民减收就批评人。有典型，无论真假，就记录，就推广：基层干部观言察色，投领导所好，到处增产增收，形势大好，所以真话听不到了。如果有人讲真话、实话，马上就有人给印上帽子"政治上不成熟，此人靠不住"。我今天给您写信报告基层情况是一名基层党员应做的工作，是讲政治、讲正气的表现，是符合党章规定的。可是我却经历了近三个月的思想斗争，因为我自己也觉得给您写信是"不成熟"的表现，是"靠不住"的表现。现在会说假话，并且通过媒体把假话变成"真理"的人，被视为"成熟"的人，有培养"前途"的人。现在作为一名农村基层干部不出假典型，不报假数字，不违心说话，不违心做事，做实事求是的干部太难，太难啊！

我在农村工作已有 17 年，先后担任过四个乡镇的书记，从来没有像现在这样沉重过。我不知道全国的情况，至少我说的情况在湖北省有一定的代表性。现在农民太苦了！农村的工作太难了！农业潜在危机太大了！

90 年代初期，总书记亲自下乡调查研究，"三农"问题得到又快又好的解决。现在亿万农民再一次呼唤党中央国务院关注农村、农业、农民，为农村的发展拨开云雾，指明航向。

站在一个基层干部的角度，我建议中央从四个方面着手解决"三农"问题。

坚决刹住浮夸风

请您给全国发一封信，再一次告诫全党实事求是，反对浮夸风，重申人民的利益高于一切。浮夸与跑官买官是同胞兄弟，都是以升官发财为目的，以牺牲人民的利益为代价。跑官买官的人，多半是喜欢搞浮夸的人。浮夸风是农民负担过重的思想根源。

切实减轻农民负担，增加农民收入，调动广大农民的积极性

农业的根本问题是农民积极性的问题。农民积极性不仅仅是农业的根本问题，也是社会稳定和经济发展的根本问题。调动农民积极性，一靠中央，二靠地方。

从中央而言：

1. 要减免农业税。中央要带头减农民负担，中央政府完全有这个实力。

2. 中央要加大农业计划和政策保护的范围，加强对农业、农村、农民保护的力度。（1）制订区域种植计划，减少大宗农产品种植面积。（2）制订农业生态保护计划，增加西部、北部植被面积。（3）制订粮食对口援调计划，保证产粮区粮食有市场，退耕还林、还牧、还渔的地方有定价粮供应。（4）强化粮棉保护价政策。（5）制定支农贴息小额贷款政策。（6）制定土地金融政策促进土地有序、有偿流转，加快集镇建设步伐，促进二、三产业发展。（7）制定小集镇建设、居民建房专项贷款政策。（8）制定商品粮基地大型水利设施国建、国有、国管政策。（9）发行国债帮助各乡村放下高利贷包袱，后由县乡村逐年还国债。（10）适度通货膨胀，提高农产品价格。

从地方而言：

1. 要下大力减少吃税费人员。至少要减到1990年的人数，至少减1/2。

2. 要合村、合区、合乡。就湖北荆州而言1000人以下的村要合并，20000人以下的管理区要合并，60000人以下的乡要合并。

3. 要加快政府"退"的步伐。政府不能包揽一切。鼓励社会办学、社会办小农水、社会办试验场等等。

4. 要实行负担改革，把众多的收费税机构合并，实行"一票制"。凡只

收费、以收费代管理、阻碍生产力发展的部门人员要进行清理，其职能由政府的农办等内设办组室代替。

5.干部离任实行"两审制"，即"审编制"，任职时人员编制是多少，离任时不能增加。"审赤字"，任职时财政和村级集体"赤字"是多少，离任时不能增加，只能减少。

6.吃税费干部实行末位淘汰制，确保干部能上能下得到执行。基层干部千万不能终身制、铁椅子。要坚决杜绝干部家庭化。有不少乡镇干部的亲化严重，就那么大一点地方，老子是领导，儿子、姑娘、女婿、侄子都在一起当干部。群众称为"一人当官，鸡犬升天"。一家只能留一人当干部，原来从哪里来，现在到哪里去。

强化群众监督，严治腐败，确保政令畅通，取信于民

上有政策，下有对策；有令不行，有禁不止。现在农村政策很难执行。农民讲："经是好的，关键是歪嘴和尚把经念歪了！"近些年来，有些干部因贪占挪等问题被依法判刑，可仍旧还保留工作籍，照发工资，照常享受干部待遇，这些情况还比较普遍，群众称为："官官相护，无法无天。"造成这种情况的根本原因是监督不够，腐败惩治不严。1996年中央发布13号文件以来，全国通报了很多加重农民负担致死人命恶性案件，处罚了一些乡镇干部。乡干部是"羊官"，替罪羊而已！其实问题出在下面，责任本在上面。乡镇干部的违纪行为都是上面"逼"的，上面装清官，下面做"羊官"，这就是"官官相护，无法无天"的根本原因。

任何形式的监督，都不如群众监督。现在农村要加强能代表农民自身利益的组织（农会）建设，代表农民讲话，行使监督权力，确保中央农村政策严肃执行。授权于民，取信于民。授予一定数量的人民代表或农民联合签名罢免县乡不合格领导的职务的权力。

鼓励改革创新，加强调查研究，坚持从群众中来到群众中去的政策路线，制定结合实际的农村政策

现在问题成堆，不改革没有出路。联产承包责任制要完善，农村负担办法要完善，县乡机构要改革，农村基层组织要创新，工作方法方式要创新……"稳定压倒一切"被一些人片面理解，以为稳定应该压倒发展，稳定应该压倒改革。中国有 10 亿农民，农民最有创新精神，农村的基层干部最了解农村的实际，很多人也有很高的学历和很强的能力，应给予他们讲台和改革创新的宽松环境。农民和农村的基层干部生活在社会的最底层，很多文化产品把他们贬低得一钱不值，其实他们艰难，甚至忍辱负重地支撑着整个国家和民族。农民用 100 亩地的纯收入养活一个国家干部，自己却外出打工谋生。基层干部受尽各种屈辱完成各种税费，自己工资却无着落，拿着"白条"回家过年。如果县以上领导干部都能像王任重同志那样，每年能在乡镇工作两个月，和他们一起研讨问题，探求政策，我想"上有政策，下有对策，有令不行，有禁不止"的现象就不会发生，农村、农民、农业问题决不会是今天这个样子。

我说的都是实话，但不一定正确，请您批评指正。

（此文系作者 2000 年 3 月 2 日寄给朱镕基总理的信）

我向总理说实话（选段）

纵论"三农"问题

9月19日，我和农业部的一位农村问题专家被请到了湖南电视台《有话好说》栏目接受采访。我之所以答应做客《有话好说》，一来是因为我被编导胡双峰和主持人马东的那种敬业精神和责任感所感动；二来是因为我想借《有话好说》这个有影响的栏目和农业部农村问题专家公开讨论一下国家大事，为农民讲几句话，为乡镇干部叫叫屈，为国家的农业献点策，为湖北、荆州、监利的改革"贴点金""加点油"。

参加做节目的，有湖南省农业厅的领导、农垦局的领导、县乡干部、村干部、农民、大学生，也有监利在湖南长沙打工的农民。

在《有话好说》，我们围绕减轻农民负担、增加农民收入等农村改革展开了讨论。

离开棋盘的我，有一种"解放"的感觉。回答主持人和观众的提问，没有了往日的禁锢，而变得一针见血。

我认为减轻农民负担的关键就是要大刀阔斧精简机构和人员，就是要从各级领导干部的子女、亲戚和自己的小圈子先开刀。如果各级领导干部不率先牺牲自己的私利，社会既得利益阶层不仅不会放弃既得利益，相反还会进一步强化既得利益。农民是社会的最弱势群体，农民的利益最容易受到损害，如果允许"一人当官，鸡犬升天"，那么当干部发展成为一个强势利益集团时，农民的负担就只会越来越重，不会减轻。

我认为时下进行的精简机构和人员的做法，只是采取的一种变通的办法，如：50岁以上一刀切——退休，年轻的同志一刀切——上学，县里的干部挤乡里的干部，乡里的干部挤村里的干部，公办教师挤民办教师，都是不行的，这都是应付式的办法。正确的办法其实只有一个：有多少钱，办多少事，设多少岗。实事求是地重构县乡政府体制，竞争上岗、优胜劣汰，下岗的同志执行下岗工人的待遇。在精简机构和人员的问题上，现在不下狠心，将来只有一条路——解散重来。

我认为减轻农民负担太难，对大多数农民而言，保持1995年收入水平（种一亩地，纯收入300元钱）就相当可观了。改革开放以来，1978年至1997年，农民人均纯收入年均增长接近8%，除去农民中的高收入户和非农业增收成分，普通农民人均纯收入年均增长不足4%。1997年后，农民收入增幅连续4年下降，不到4%，如果除去农民中的高收入户和非农业增收成分，普通农民人均纯收入增长应该是个负数，出现了种粮亏本的局面。

90年代中期以后，在整个经济波动中，农民受到双重压力，一是农产品价格大幅度下降，农业收入大幅减少；二是在非农业中就业的农民工受到排斥，使打工收入和非农业经营收入减少。而在这些年，农业税费却是逐年增加的。1993年，全国农业各种税费为125.74亿元，1998年增加到398.8亿元，平均每年增加54.6亿元。正税之外，农村的各项收费负担增加更多。这两减两增，是造成现在农民真苦、农村真穷的经济原因。

这几年粮食等农产品价格大幅下跌，农民为此付出了很大的代价，有人做过一个计算：粮食总产平均以一万亿斤计，1996年11月，大米、小麦、玉米三种粮食的平均市场价格为1.0355元/斤，当年农民粮食所得10355亿元；到1999年11月，这三种粮食的平均市场价格为每斤0.7075元，农民种粮食所得为7075亿元，比1996年减少3280亿元。当然，农民自食自用部分占大头，农民的现金收入没有减少这么多，但单从粮食收入这一项，农民年收入（包括实物性收入）就减少了3280亿元。如果把其他农业收入也粗略算进去，1999 年与 1996 年相比，农民从农业生产获得的收入，要减少 4000 亿元。2000 年农业减产又减收，农民从农业获得的收入将比 1996 年减少 4000 亿元以上。从 1997 年到 2000 年，农民减收了 16000 亿元以上，这就是农民在这次国家宏观调整中所做的牺牲和贡献。

据统计，农民购买力占全国比重由 80 年代中期的 53% 以上，下降到目前的 38%，即占人口总数的 70% 以上的农民消费总额比不上占人口总数不到 30% 的城市居民。由此看来，增加农民收入是国民经济良性发展的需要。

主张给农民同等国民待遇

农民收入难以增长的根本原因在于农民没有取得同等的国民待遇，城乡差别、工农差别、脑力劳动和体力劳动的差别不仅没有缩小，现在还在扩大。例如：农民进城打工，不仅要交城市里的各种费用和额外费用，还要交农民户口的人头负担。脑力劳动者和城市人月收入达到一定数目后，才征个人所得税，农民种地亏本也需交各种税费和人头税；工人失业后有失业保障费，农民失业还要交钱；城里人可以申请贷款消费，利率极低且多年偿还，在农村农民贷款生产谈何容易，且高利息，当年还；城市的水、电、路一切基础设施都是国家包办，而农村的一切基础设施都是农民自己出钱办……不给农民国民地位，不消除"三大差别"，农民收入就不可能真正得到增长，一个时期增长了，也会很快降下去。

不从政治上、经济上、法律上保证农业、农民、农村应有的基础、根本、主体地位，一切都无从谈起。

增加农民收入，才能拉动市场，国民经济才可能走出通货紧缩的旋涡，国民经济才能步入良性发展的轨道。

（此文收录在《我向总理说实话》，光明日报出版社 2009 年 3 月出版）

土地流转的过去、现在和将来

2010 年中央一号文件提出：全党务必居安思危，切实防止忽视和放松"三农"工作的倾向。如何贯彻落实中央精神，关键在于稳定和完善党在农村的基本政策，要始终把实现好、维护好、发展好广大农民根本利益作为农村一切工作的出发点和落脚点，进一步完善农村土地承包法律法规和政策，继续做好土地承包经营权流转管理和服务工作，健全流转市场。只有这样，农民致富才能实现，粮食安全就有保证，"三农"问题才能解决，农村的繁荣稳定和农民全面小康也就有了希望。

土地流转的过去：伴随着承包制，农村的土地开始流转

20 世纪 80 年代初到 90 年代初的土地流转，受承包期短的限制，土地流转一般在村组内农户之间或亲戚朋友之间进行，流转费在 200 ~ 300 斤 / 亩谷子或玉米。80 年代的土地流转，动因主要有：部分农民加入乡镇企业和流通领域就业；专业化养殖等多种经营的发展；少量的农民进城。这个时期的土地流转是自发的，自主自愿的，也算是公平交易。

90 年代中期开始，由于农民负担日益加重，不少农民种地亏本，撂荒现象日益严重。各地政府为了禁止农民撂荒，普遍向撂荒农民加征 100 元 / 亩左右的撂荒费。于是出现了两种形式的流转：一种是亏本转包，承包农户把自己的承包地给他人种，不仅不收租，反而倒贴 100 ~ 200 元 / 亩；另一种是承包农户为逃避沉重的负担，将承包地一撂了之。对这些撂荒地，村

干部不得不将其调整集中，以"合同"的形式集中转租给种地大户，承包期一般 10 年以上。这种流转在 2002 年之后，随着农民负担逐步取消，撂荒的农民又回村要地了。于是，产生了突出的农村土地纠纷问题，回乡要地的农民依据的是《土地承包法》，不愿还地的租地大户依据的是《合同法》。一时间搞得最高法也不得不出台"司法解释"，规定此类土地纠纷由地方政府调解和仲裁，基层法院不得受理。最后，《承包法》大胜《合同法》，种地大户有条件退出了土地，重新实现了"均田地"。

90 年代中期开始的土地流转，和 80 年代有本质的不同，部分农民流转土地虽然也是自主的，但是被迫的，并且是亏本流转；部分农民一撂了之，其土地由村干部转租给"大户"，更不是自己的意愿。

土地流转的现在：新农村建设热潮，催生各地不同的土地流转试验

当下土地流转主要有三种形式：

第一种是类似 80 年代的土地流转，基本上在村内农户、亲戚朋友之间流转。这种流转方式最近 3 年有了新发展，即农户承包地向农民互助社、合作社流转。例如，2008 年春，河北东光县古树于村的王杰华和另外 6 个村民发起创办了资金互助社，205 人入社，每人互助资金 500 元。互助社成立后做的第一件事是集中团购农资，一亩地（两季）肥料便宜 150 元。互助社做的第二件事是土地流转，将村民从土地上解放出来。原来农户之间相互流转土地，每亩 350 元 / 年，现在流转给互助社，500 元 / 亩。两年时间不到，全村有 980 亩土地流转给互助社了。互助社购置了大型农机具，全村 85% 的劳动力离开了土地。不仅粮食产量增长 25%，全村人均纯收入 9000 多元，翻了一番多。互助社两年积累 40 多万元。

第二种土地流转形式叫"占补平衡"或"建设用地指标异地流转"。有些地方利用国家"土地占补平衡"政策，鼓励村庄在新农村建设过程中，对

新村庄实施统一规划和建设，对旧村庄进行统一整理和改造，以节约土地。如果村民集体将节约出来的村庄建设地实施"非转农"，政府则给予一定的现金奖励或建设用地指标奖励，准许村民集体将"非转农"获得的"建设用地指标"拍卖获利。这种"非转农"及"建设用地指标异地流转"的土地流转形式，是了不起的创举。全国现有旧村庄占地3亿亩左右，不少村庄宅基地、自留地等原本数百亩或更多，通过新村规划和建设，一般都可以节约一半的土地。江苏太仓对于村庄在新农村建设中节约出来的土地复垦后，政府奖励给村庄相应数量的建设用地指标，1亩建设用地指标可以拍卖20万~30万元，极大调动了农民节约用地的积极性，也大大加快了新农村建设步伐。这种形式的土地流转试验，在浙江、重庆等地都有。这种形式的土地流转对守住18亿亩耕地红线意义重大。

第三种土地流转是资本下乡整合农民土地，土地向农业资本集中。即鼓励和扶持资本下乡，成片经营千家万户小农的土地。

土地流转方式引热议：两种不同观点，都有其片面性

对于上述三种主要形式的土地流转，引起较大争议的是第三种土地流转。支持者认为，土地向农业资本转移至少有三个好处：一是加快农业现代化水平，提高规模效益，增强我国农业的国际竞争力和发展后劲；二是促进农村劳动力向沿海和城市转移，在增加农民非农就业收入的同时，进一步保持中国的"比较优势"，加快工业化和城市化步伐；三是有利于农村土地产权进一步明晰，增加农民财产性收入，提高农村市场化程度。

反对者则认为，第三种土地流转方式有很大风险，弊大于利。主要的风险和弊端有：资本拥有者下乡搞农业，主要是搞经济作物及其产业化，对国家粮食安全不利（小农的因为粮食自给自足，客观上对国家粮食安全有利）；一旦政府鼓励大资本兼并小农土地，往往难以避免官商勾结和强制转让，必然会对弱势的小农造成伤害；小农大规模离开土地后，一旦出现经济危机，

可能会出现数千万农民工失业和无法返回家园的局面，这样的风险存在不可控性，或许会导致改革成果功亏一篑；土地向资本集中，必然会影响到《宪法》规定的农村基本经济制度和"村民自治制度"。

其实，上述两种截然不同的观点，都是有道理的，但都有其片面性。主张流转的一方，片面认为只有通过资本下乡，才能实现农村和农业现代化，才能较快使更多的劳动力转移到工业化和城市化中来，加快工业化和城市化的步伐。其实，日本至今也不支持大资本下乡兼并农民的土地，而是变"分散的传统小农"为"有组织的现代小农"，由"有组织的现代小农"主导农业和农村现代化。日本的转型很成功。韩国和我国台湾地区学日本，也很成功。在亚洲国家中（人多地少），菲律宾实践过资本下乡兼并小农，整合农业的农村、农业现代化道路，在大资本力量的推动下，农村农民问题快速转化为城市工人问题。后来，菲律宾经济增长开始急剧下降，失业问题逐步引发全国性社会动荡。菲律宾从 20 世纪 60 年代开始重新搞土改，以给弱势者一小块土地安身立命，土改至今还在进行；更糟糕的是菲律宾的粮食等食物主权完全受制于国内和国际资本集团了。日本经验和菲律宾的教训，我们不能视而不见。

反对土地流转的一方，其片面性在于为了否定而否定，没有积极的对策。其实，土地不流转是不行的，土地也一直在流转。实践中有大量的流转形式是有益无害的，前面讲到的农户之间、亲朋好友之间的土地流转，农户土地向互助社、合作社和集体经济组织流转等等，不仅不能限制，政府要热情鼓励和大力扶持。反对流转的一方，还存在另一种片面性，即见到资本参与土地流转就反对。其实，对于先富起来的资本，回到自己的村庄，帮助本乡本土的父老乡亲共同富裕，在村民自愿的前提下，让村民农地集中流转给"社会企业"经营，也应该支持。

土地流转的将来："一个前提"和"五个有利于"

笔者认为，今后相当长的一个时期，土地流转要坚持"一个前提"和"五个有利于"。

一个前提是：农民自愿、自主，关键要自主。现在，不仅农业税费都取消了，撂荒费也取消了，种粮还有补贴，承包地有利可图了。这和80年代相似。按理说，这种状态下的土地流转是不需要外人操心的，农户土地流转或不流转或休耕撂荒，是农民自己的事情。最近几年，不仅政府官员为农民土地流转操心，就连城市人也都特别关注农民土地流转，比农民还操心。这是不正常的，要警惕土地流转中农民主体地位和自主性被侵犯。

五个有利于：一是有利于粮食安全，十几亿人口的国家，吃饭始终是大事。特别是石油价格高企，生物能源产业化已经成为现实，汽车也要吃粮食了，粮食安全更脆弱了、更紧迫了、更复杂了、更重要了。二是有利于巩固和完善农村基本经济制度和村民自治制度，农村基本经济制度是农村社会结构关系和村民自治制度的基础，一旦破坏了，比照城市制度供给，成本会极高，每年至少需要中央财政支付万亿元，甚至数万亿元。三是有利于农业机械化和劳动力转移。四是有利于农民共同富裕和全面小康。五是有利于增强中国转型发展的"韧性"——经济、社会、政治安全性和稳定性。改革发展可以慢一点，决不可重来一次。

如果坚持"一个前提"和"五个有利于"的原则流转土地，笔者认为未来土地流转的主要形式可能会是农户承包地向农民互助社、合作社和村民集体经济组织流转。河北省东光县古树于村的土地流转模式就是这样的。

（此文发表在2010年2月19日《光明日报》）

解决农民问题之中国方案

在市场经济条件下，市场主体强者恒强是千真万确的硬道理。我国是一个以小农为主体的世界第一人口大国，既然选择以社会主义市场经济为基本国策，那么扶持小农也必然是基本国策。在实现中华民族伟大复兴中国梦的征途中，防止出现小农掉队或返贫的现象，一直是党和国家的重大任务之一，党和政府为此进行了艰难探索。

"消灭小农"论：通过消灭小农实现"富裕农民"

20世纪90年代，国内外学界一种非常普遍的观点认为，当中国参与资本主义全球化、承接全球一般制造业梯度转移且人均GDP达到4500美元时，就会基本完成工业化和城市化，农村户籍人口将下降到15%以下，农民问题（包括小农破产与贫困问题）也就在这一"消灭小农"的过程中解决了[①]。这一观点的依据是全球先发国家和地区的"普遍经验"，据说亚洲"四小龙"之前的所有先发国家和地区，在参与全球化后无一例外地在人均GDP达到4500美元时解决了农民问题[②]。按照这一推论，当中国的人均GDP达到4500美元时，中国农村便只剩下2亿农民（且不再是小农）了，农民贫困问题应该就迎刃而解了。

---

① 周游：《城镇化与城市现代化网》，江苏人民出版社2006年版，第18～19页。

② 肖红波等：《从世界工业化、城镇化和农业现代化发展规律探讨中国"三化同步"的标准及发展路径》，载《农业现代化研究》2013年第3期。

　　然而，这一所谓"普遍经验"真的能够在中国应验吗？非常遗憾。中国在承接全球一般制造业梯度转移后，国民经济确实经历了数十年高速增长，人均 GDP 由几百美元增长到了现在的 8000 美元，但中国农村户籍人口数量依然还有 9 亿多，不仅没有减少，比改革开放初期还增加了 2 亿，中国的实际城市化率还不到 50%[①]。实践证明，上述所谓"普遍经验"并不适用于中国，中国有其自身的特殊性，而且不是一般的特殊。

　　那么，中国为什么特殊呢？笔者曾以"中国拐点"一词来解释中国的这种特殊性：当中国承接全球一般制造业梯度转移时，全球一般制造业便会出现"中国拐点"，即由少数人为多数人搞制造逆转为多数人为少数人搞制造[②]。在亚洲"四小龙"承接全球一般制造业梯度转移时，一般制造业每 100 元 GDP 能够转化为国民收入 70 元，而当中国承接全球一般制造业之后，其每 100 元 GDP 转化为国民收入的只有 35 元。所以，中国在承接全球一般制造业梯度转移后，只产生了 2 亿多"农民工"及更多的留守老人和儿童，这是因为这些"农民工"的工资收入不足以支付其家庭"市民化"的高额成本。

　　值得庆幸的是，改革开放以来我国绝大多数小农在加入全球化之前的乡村工业化、城镇化过程中，就已经告别了贫困甚至实现了小康，这是世界公认的一个了不起的成就。但随着我国加入到全球化行列，人均 GDP 虽已达到 8000 美元，却依然还有 9 亿多农村户籍人口，这是国内外专家学者和顶层设计者所未曾预见到的。我们必须面对一个基本事实：20 世纪 90 年代人们所设想的借鉴国际先进经验，通过市场化、全球化和深度工业化、城市化，达到"消灭小农"、实现"富裕农民"（即彻底解决农民问题）的战略目标基本没有实现。

---

①《中华人民共和国 2016 年国民经济和社会发展统计公报》，http://www.stats.gov.cn/tjsj/zxfb。
② 李昌平：《当前农业农村发展的主要问题和路线政策选择》，载《经济导刊》2014 年第 12 期。

"兼并小农"论：通过减少农民实现"富裕农民"

在全球化、市场化背景下，在我国波澜壮阔的工业化、城市化过程中，通过消灭小农达到"富裕农民"的战略目标并没有实现。不仅如此，20世纪80年代我国农村每个5口之家如果种10亩地、养10头猪，就可以过上比城市3口之家更好的生活，而现在一个农户种20亩地、养20头猪，却不足以养活3口之家了①。农民种同样多的玉米，其2016年的收入不到2014年的1/4；养同样多的羊，其2016年的收入不到2014年的1/5。对于这一现象，经济学家们的解释是"小农规模不经济"，"小农不懂市场"②。也就是说，在市场经济条件下，我国9亿小农大面积返贫的可能性是客观存在的。

怎么办呢？当前的主流话语似乎有了微妙变化：从主张融入资本主义全球化的"消灭小农"论，变成了鼓励资本下乡的"兼并小农"论，即鼓励农村土地向农业大户或农业龙头企业集中（通过流转或入股），并且通过制定养殖业行业标准为小农进入设置门槛。"兼并小农"论者认为，土地兼并有益无害，小农既作为土地主人获得财产性收入，又作为农业工人获得工资性收入，而且他们进城务工也无后顾之忧了。鉴于小农"市民化"的成本太高，他们还可以拿被兼并的土地（或股权）进行抵押贷款，作为进城成为市民的"首付款"。"兼并小农"论者相信，这样一来就可以大大提高中国的城市化率。换句话说，只要农民进城了，被市民化了，中国的农民问题或贫困问题就解决了③。这真的行得通吗？答案可能是残酷的。菲律宾曾经就是这样

① 以广东省为例，改革开放30年来，随着广东社会经济的快速发展，农民收入稳步增长，农村居民人均纯收入从1978年的193元增加到2008年的6400元，为1978年的33.2倍，翻了五番多，年均增加206.9元。参见张长生：《坚持科学发展，争当实现农民收入翻番的排头兵》，载《南方农村》2009年第4期。
② 王永华：《土地制度、规模经济与农民贫困问题研究》，山西财经大学博士学位论文，2015年。
③ 冯小：《去小农化：国家主导发展下的农业转型》，中国农业大学博士学位论文，2015年。

做的,但其实践证明:这条路可能很难走得通。

1898 年美国从西班牙手中接管了菲律宾。在美国殖民统治时期,菲律宾经济经历了数十年的快速增长,一度成为亚洲仅次于日本的"经济强国",被西方人称为"亚洲典范"。在经济快速增长时期,韩国,中国香港、台湾及东南沿海的大量劳动力输出到菲律宾就业。在农业现代化道路的选择上,菲律宾精英阶层师从美国,认为必须依靠资本的力量消灭小农,改造农业和农村①。在菲律宾政府和知识精英的主导下,西方农业跨国公司和本国资本家逐步控制了菲律宾的农业和农村金融保险、土地交易,农产品加工、流通、仓储,生产资料的生产和销售,以及农业技术服务、基础设施等领域,菲律宾小农则只能从事农业产业链条中风险最高、利润最薄的种植和养殖生产。在残酷的市场竞争中,大量自耕农和佃农在大公司挤压下破产,失去土地后沦为资本家的农业工人。然而随着技术进步和农业结构调整,农业资本家和大地主所需要的工人数量越来越少,于是大批失地农民和失业农工被迫背井离乡进城打工。但由于朝鲜战争结束后菲律宾经济增速下降,城市就业岗位减少,很多进城的"农民工"找不到工作,成为城市失业者。当失业演变成严重的社会问题和政治问题时,菲律宾军人走上政治舞台,进一步加剧了政局不稳、社会动荡和经济衰退,导致了更严重的失业问题,形成一种恶性循环。从 20 世纪 60 年代起,菲律宾劳动力开始反过来源源不断地输出到日本、韩国,中国台湾、香港及世界各地,"菲佣"成了菲律宾的"名片"。

在菲律宾农业现代化过程中,发生了五个快速转变:农村问题快速转变成为城市问题,农民问题快速转变成为工人问题,失业问题快速转变成为社会问题,经济社会问题快速转变成为政治问题,国内城乡矛盾快速转变成为国际贸易摩擦。很多研究者认为,菲律宾错误的农业现代化道路,是其由"亚洲典范"走向"亚洲病夫"的主要原因②。在经历了半个多世纪的曲折之

---

① 何爱、徐宗玲:《战后菲律宾土地改革、政策变迁与农业发展》,载《汕头大学学报》2011 年第 3 期。

② 陈明华:《菲律宾农业的衰落与政府的对策》,载《南亚研究》1999 年第 5 期。

后，菲律宾政府终于认识到了这一道路的错误，于是从 20 世纪 60 年代中后期开始，以日本、韩国，以及中国台湾地区为师，收购农业资本家的土地分配给无地农民和城市流民，这项改革迄今尚未结束。

就在菲律宾走向衰落的同时，同样是人多地少且同属美国势力范围的日本、韩国以及中国台湾地区却迅速崛起。尽管菲律宾的衰落和日本、韩国，以及中国台湾地区的崛起原因是复杂的，但其中一个重要原因不容忽视，那就是日本、韩国，以及中国台湾地区选择了一条与菲律宾完全不同的农业现代化道路——"日本模式"。所谓"日本模式"，就是不依赖资本来改造和消灭小农，而是在土地改革和"耕者有其田（均田制）"的基础上，在限制大资本下乡的同时，扶持小农组织起来，建立以金融合作为核心的综合农协，变传统小农为组织化的现代小农。比如，包括金融保险在内的农村经济都由综合农协来主导发展，小农不仅分享种植业、养殖业的收益，而且分享农村金融保险、加工、储藏、流通、市场资料生产供应、技术服务、农产品超市和土地流转等诸方面的全部收益[1]。日本、韩国和中国台湾地区限制大资本下乡历时数十年甚至上百年，有限开放大资本地区下乡则是在其"组织化的现代小农"已非常强大之后。在日本、韩国，以及中国台湾地区农业现代化过程中，农地的转移只许在农民之间进行，避免了小农在短期内大量破产的现象，农村劳动力的转移也不是被迫的，进城农民和城市居民享受同等的国民待遇，农民及农民工的收入与城市居民收入基本相当。

通过以上比较，我们可以得出一个基本结论，即日本、韩国，以及中国台湾地区的农业现代化道路是正确的，理由如次：

首先，在人口密度较大的农业国家和地区，农业现代化道路的选择对全局具有决定性作用。如果选择扶持资本、消灭小农的道路，农民将被迫非农化或市民化，劳动力价格会变得非常低，这虽有利于"出口导向经济"的发展，但也会导致内需严重不足、国民经济自主性不强以及社会、环境等问题

---

[1] 徐祥临：《借鉴日本农协基本理论与经验发展我国三位一体农民合作经济组织》，载《马克思主义与现实》2015 年第 1 期。

增多，其风险是非常高的。如果选择扶持小农走合作（组织化）发展道路，则农民非农化或市民化的自主性会提高，农民与工人的收入增长会同步，内需会随着发展扩大，国民经济自主性增强，与之相关的各种风险是可控的。

其次，由于农村人口基数较大，因而减少农民是一个长期过程。农村经济是农民收入的重要来源，必须保护农民能够分享农村经济（包括金融保险、农产品加工、储藏、流通、生产资料生产供应、技术服务、土地流转与交易等）的收益，而不应假现代化之名抢农民的饭碗，否则便会和菲律宾一样发生"五个快速转变"。

再次，农业现代化的主力是农民及农民组织，关键是要保护农民或农民组织，帮助农民提升能力，增强农民组织经济实力，而不是靠资本家来拯救农民或带领农民致富。在市场经济条件下，指望资本家拯救小农无异于与虎谋皮，不仅靠不住，反而会赔了夫人又折兵。

最后，金融在现代经济发展中具有核心作用，在农业现代化过程中也是如此。如果日本、韩国，以及中国台湾地区的综合农协不成立"农信部"，综合农协就没有生命力，农民就没有金融自主权，而金融自主权正是实现与保护农民土地产权的基础。在日本、韩国，以及中国台湾地区，农民的农地抵押贷款是通过农协内部的金融部门实现的，而不是通过银行。要保护农民，首先要保护他们的金融自主权，日本、韩国，以及中国台湾地区都用了数十年甚至近百年时间来保护农民的金融合作社，限制私人资本下乡办银行。

当前我国经济发展已进入"新常态"，高速增长的阶段已经过去。一方面，随着一般制造业向印度、越南等人力成本更低的国家的转移，我国房地产业的高峰期也已过去，工业化和城市化吸收农村人口就业的能力正在下降；另一方面，我国城市的固定资产价格已经极高，农村的固定资产价格却很低，北上广深一套300平方米的房子足以买下大半个村庄，农民以土地来换取社会保障的可行性非常低。因此可以说，我国农民市民化的最有利时机已经过去了。

尽管我国人均 GDP 已经达到 8000 美元，但却依然不得不面对 9 亿多小农这一客观现实。在这种情况下，我们是选择借鉴日本模式即以内生动力为主解决小农问题，还是选择借鉴菲律宾模式即以外部力量为主解决小农问题，成为我国农业现代化的一个战略性问题。"兼并小农"会不会导致中国"菲律宾化"？会不会导致贫困农民转化为"贫困流民"？对此我们必须认真进行研究和思考。菲律宾可以向全世界输出其过剩劳动力，但拥有 14 亿人口的中国恐怕不行。

"小农再组织化"论：通过组织农民实现"富强农民"

我国宣布到 2020 年将"告别贫困"，但我们必须明白，在市场经济条件下，只要还有 9 亿多的小农存在，相对贫困或返贫现象在短期内是无法消灭的。在这 9 亿多小农中，每年从市场竞争中败下阵来的返贫者不会是个小数，即使未来三年通过"消灭农民"或"兼并农民"能够使农村人口再减少 1/3，到 2020 年我国依然还有 6 亿农民（即小农）。假如这 6 亿小农每年有 2% 摇摆于脱贫与返贫之中，其数目也将高达 1200 万，这不是一个小数。倘若真的如此该怎么办呢？如果将这 1200 万人交给市场去解决，问题只会越积越多；如果仍像现在一样举全国之力进行"精准扶贫"，显然既不经济也难以持续[1]。

那么，在市场经济条件下有没有既能让所有小农越来越富、又能避免每年出现大量返贫现象的办法呢？我认为是有的。例如日本、韩国的小农，为什么在市场经济条件下也能够很富裕且不会出现大面积返贫现象呢？即使他们出现了小规模返贫，也可依靠综合农协自主脱贫，根本不需要政府举全国之力加以应对。

---

[1] 苑丰、刘武芳：《以机制创新实现精准扶贫"平台脱困"》，载《岭南师范学院学报》2017 年第 2 期。

在日本和韩国，小农依靠自主而强大的农业协同组织来闯市场，政府几乎所有的支农政策都是对接于基层农协的。在各个基层农协内部，形成一个以农协内置合作金融为核心的全产业链综合服务体系，包括金融保险（土地抵押贷款）、统购统销、仓储加工、物流配送、技术品牌、核算结算等各种服务应有尽有。基层农协为小农提供从生产到生活、从摇篮到坟墓的所有服务，而且国家的政策和法律还赋予农协一些"特权"，如合作金融保险、粮食收储加工、农村市场交易、社区超市经营管理、领办农业龙头企业等，都有特殊的税收优惠。小农只需执行农协的"生产计划"和技术标准就可以，基本不用操心其他事情，其收入是稳定、有保障的，不会出现辛辛苦苦干一年却亏本破产的情况，即使遇上天灾人祸也不用担心，因为农协为其提供了足够的合作保险。农协在享有很多法定"特权"的同时，也必须承担照顾弱势群体（即扶贫）的义务，也就是说，政府在有关政策体系中置入了"精准扶贫"的长效机制。为保护小农，日本、韩国通过农协的形式把众多分散的小农组织起来，形成强势的市场利益共同体，既保障了小农能够平等参与市场竞争、分享市场经济的好处，又尊重了市场原则，还照顾了弱势群体。

从满足农民的根本利益出发来组织农民，是中国共产党最宝贵的历史经验之一。我国农村土地的集体所有制是把农民组织起来的产权和财权基础，也是农民组织行使事权和治权的基础，这更有利于农民结成利益共同体集体闯市场和实现共同富裕。然而当前我国农村土地集体所有制的优势没有得到很好发挥，我国农民自治组织如村民委员会、专业合作社等数量虽达近200万个，但其作用发挥严重不足，服务农民的功能和能力尚待提高，参与市场竞争、保护农民市场权益、照顾农村弱势群体的功能和能力尚待提高。因此，我国农民或小农在市场经济的海洋里仍是弱势群体，增产不增收甚至减收、勤劳不致富甚至致贫的现象时常发生。必须承认，我国的农民及农民组织尚不适应市场经济，只有重建有市场功能的农民组织，不断提升小农的组织化程度，赋予农民组织强大的服务功能和市场竞争能力，充分发挥农村土地集体所有制和统分结合双层经营体制的优势，我国农民才能够在更高水平上实现共同富裕，才能够完全消除小农返贫的现象。

中国要富强，必须使农民富强起来；中国农民要富强，必须实现农民的再组织化。一方面，要依靠市场化的农民组织带领农民成为强势市场主体，最大限度地实现共同富裕；另一方面，要依靠农民组织的内生力量自主实现更有效、成本更低的精准帮扶，确保不让一个农民掉队。从经济、社会、文化、政治等任何角度来看，我国千千万万的小农都必须实现再组织化，这是毋庸置疑的。但为此必须首先解决两个问题：第一，如何实现小农的再组织化；第二，重建什么样的农民组织形式才是有效的。

如何才能把小农再组织起来呢？在中国历史上，要把一盘散沙的农民组织起来，无非在这样六种非常情形下：一是应对重大灾难时；二是在特殊年代出现领袖人物时；三是真正有信仰（包括宗教信仰和祖宗信仰）的人深入扎根农村时；四是阶级斗争成为政治工具时；五是当大规模战争来临时；六是政府以特殊政策和巨大利益加以引导时。在这六种组织农民的方式中，前五种属于非常态的组织方法，即常态下不可复制和大面积推广的方法，只有第六种组织方式在当下中国是可以复制和推广的，只要政府出钱出政策即可。但严格说来，第六种方式组织起来的可能并非真正意义上的农民组织，甚至有可能异化为"狼＋羊"组合模式。除此以外，难道就没有其他常规的、更有效的组织小农的方式方法了吗？答案是：有的。

笔者研究和探索如何在常态下把我国小农组织起来达数十年，认为最行之有效的办法就是：利用建立在农村土地集体所有制基础上的村社制度之优势，在村社内置入小农合作金融机制，创建一种以小农为主体的金融村社及联合社组织体系。在今天的中国农村，土地是集体所有制，在此基础上建立了以小农为主体的村社组织制度，但这一组织由于土地承包和集体经济的改制而变成了一副空架子，小农和村社组织之间失去了紧密的利益联系，导致小农已不是村社的小农，村社也不是小农的村社。如果在现有的村社组织中置入小农合作金融机制，就可以很容易地将分散的小农再次组织到村社组织中来，形成高度组织化、有金融支撑、有强大服务功能的小农村社共同体。

也就是说，村社内置合作金融机制，是实现小农再组织化的有效方式。

从事农村综合发展咨询服务的中国乡建院，自 8 年前就开始按照"三位一体"的顶层设计理念不断进行探索和实践，以村社内置合作金融的方式组织小农，并在全国 100 多个村庄协助小农创建了内置金融村社（或联合社），集金融服务、保险服务、统购统销服务、土地房屋托管服务、产权实现和交易服务、品牌技术服务、养老扶贫服务、文化服务等于一体，是一种标准的"三位一体"的农民组织形式。经过 8 年来的实验，这种组织形式在服务小农、富强小农、扶贫扶弱、治理农村等方面的功能和能力毫不逊色于日本的农协。创建这种内置金融村社联合社并不是要另起炉灶，而是对我党长期实践成果的巩固和发扬光大：既巩固了农村土地集体所有制和党领导下的村社制度，又完善了村民自治制度。在农村党支部的领导下，在政府提供的种子和资金的引导下，在已空心化的村社组织内置入合作金融机制，重新激活和做实村社组织，具有重大意义。在村社内置合作金融，可以实现以下目标：支持集体成员权和农户承包权抵押贷款；支持村社为内部成员提供统一采购和销售等服务；支撑农户承包地、闲置宅基地和房屋等产权成为"定期存款"或"股权"，实现土地、房屋等资源资产的重新集约经营；内设扶贫基金、养老基金，支撑精准扶贫、扶老和扶弱。

中国乡建院 8 年来的实验证明，内置金融村社联合社是我国当下服务小农、富强小农、扶贫扶弱、治理乡村的有效组织形式，是完全可以复制的。只要政府对每个行政村投入一定的内置金融村社建设资金，就可以引导广大小农重新进入党领导下的村社组织体系，使之走上共同富裕之路。到 2020 年之后，党和政府就可以通过内置金融村社联合社体系，建立起农民自主长效的反贫困机制，避免他们返贫或帮助返贫者重新脱贫。

在我国有一种根深蒂固的观点，那就是认为"城市化才是唯一的出路"。应该承认，城市化的确是解决农民出路的一个重要选项，但可惜的是，在我国城市化最有利的时期，我们并没能同步解决农民问题。在当前新的历史条件下，我国出现的一些新情况可能被人们忽视了，如城乡交通和通信等基础设施以及基本公共服务开始进入均等化时代，或许将来城乡业态也会出现均等化，城市有的业态在农村也会有，甚至农村业态会比城市更加多元化。在未来的 30 年，把小农重新组织起来，立足于在农村解决相当一部分小农的问题（如共同富裕和反贫困），或许比立足于城市化来解决这些问题（如市民化）要更简单而有效。保留 6 亿左右的农村人口，或许将成为我国现代化的新常态。

综上所述，无论是"消灭小农"论，还是"兼并小农"论，恐怕都解决不了中国的农民问题。如果只是"消灭小农"或"兼并小农"，恐怕不仅解决不了中国的农民问题，还可能导致严重的后果。"组织小农"论可能是解决中国农民问题的正确选择。在当下中国，以村社内置合作金融的方式将小农重新组织到村社体系中，创建内置金融村社联合社制度，以促进小农共同富裕，避免市场化造成小农返贫，应该成为我国"三农"工作的重中之重。

（此文发表在 2017 年第 3 期《当代世界社会主义问题》）

对话李昌平：要警惕赶农民进城留下土地的苗头

陶　叶

十八届三中全会通过的《中共中央关于全面深化改革若干重大问题的决定》（以下简称《决定》）中指出，要"健全城乡发展一体化体制机制"，让广大农民平等参与现代化进程、共同分享现代化成果。近日，新华网邀请到中国乡村规划设计院院长李昌平做客访谈间，为网友解读如何健全城乡发展一体化体制机制。

主持人：李院长，《决定》中有关城乡一体化的表述，您认为哪些方面是对过去最大的突破？

李昌平：我觉得《决定》在城乡一体化这个层面的表述还是很有新意的。比如说强调坚持家庭经营和合作经营在农业中的基础性地位。过去也强调家庭经营或者双层经营体制，但是对合作经营强调得不够。在2007年以前要办一个合作社还是违法的，现在中央特别强调合作经营，这是第一点突破。

第二就是强调要坚持集体所有制、壮大集体经济。坚持集体所有制一直在强调，但是对壮大集体经济以前强调得不够，这次《决定》中强调要壮大集体经济，我觉得也符合农村实际。

第三是允许财政资金向符合条件的合作社投入，并且要允许财政补助形成的资产转交合作社持有和管护，还要允许合作社开展信用合作。这次既给他们财政方面的支持，又允许他们搞信用合作，我觉得这个是比较新的。

还有一方面就是赋予农民对承包地的占有、使用、收益、流转及承包经营权的使用抵押担保的功能。

再有一点，要推进城乡各种要素的平等交换和公共资源的配置，特别强调要建立财政转移支付同农业转移人口城市化挂钩的机制，这是过去没有强调过的。

主持人：有专家认为说三中全会允许转包耕地、出让宅基地、农村集体建设用地和城市建设用地可同地同权同价是给农民发了"三个大红包"。您怎么看待这一观点？

李昌平：我觉得这三个方面应该说是对过去 30 年来的一个总结。比如说允许农民经营权进行转包，就是承包经营权的转包，这个从实行承包制的那天开始就是客观存在的。比如说在 1984 年和 1985 年大量农民之间互相流转土地，出现了一大批的种粮大户，中央也是一直鼓励的。比如从 1997 年到 2000 年，很多农民觉得种地亏本就进城打工了，也出现了很多种粮大户，后来情况好转了以后又有很多人回来承包土地，这个情况是一直存在的，中央是一直鼓励的。

再比如宅基地，宅基地在农民之间的流转也是长期存在的，只是说城市的人去拿农民的宅基地是不允许的。是不是将来允许城里的人买农民的宅基地，我并没有从文件中读出信息，但是中央说宅基地是可以流转的，在农民之间也一直是可以流转的，在过去是鼓励的，也没有禁止过，在法律上也是合法的。

主持人：它不是一个新的东西？

李昌平：对，城里人要去农村买农民的宅基地这个东西将来成不成为一个政策，决定中没有明确表达，所以不能过度解读。

日本、韩国，以及中国台湾地区也是禁止城市的人下乡买宅基地的，最近他们有所开放，但是也在检讨这个问题，所以我们要慎重对待这个问题。

再有农村的建设用地和城市的建设用地同权同地同价，这是新的说法，方向是对的，但是也不要过度地去解读，应该要看明年的一号文件怎么说这个事情。

我觉得农村和城市的建设用地同地同权同价，这个方向是对的，但现在短期里面我觉得还缺很多东西，一下还实现不了。

主持人：《决定》中提出，要推进农业转移人口市民化，逐步把符合条件的农业转移人口转为城镇居民，把进城落户农民完全纳入城镇住房和社会保障体系，在农村参加的养老保险和医疗保险规范接入城镇社保体系。那您认为在具体实施中的难点在哪里？在这个过程中应该注意的问题有哪些？能不能结合实例给我们谈一下？

李昌平：我觉得这是非常好的事情，但也是非常难的事情。难在哪里？首先我们要明白，中国的城市化远远落后于工业化，这是一个客观现实。一般来讲，在"亚洲四小龙"之前的所有先发国家或者地区，他们在工业化或者推动城市化的过程中工业化和城市化是同步的。到了我们中国大陆开始搞工业化、城市化的时候，发现城市化远远落后于工业化。我以前发明了一个词叫作"中国拐点"来解释城市化为什么落后于工业化。中国拐点是什么意思呢？指城镇化是梯度转移的，但是从"亚洲四小龙"转移到中国的时候制造业发生了根本性的逆转，从多数人为少数人搞制造逆转为少数人为多数人搞制造，"亚洲四小龙"100块钱 GDP 能够转化为国内收入70块，等中国加入制造业的时候100块钱的 GDP 职能只能转化为国民收入的不到30块钱。

所以"亚洲四小龙"之前的先发国家和地区，他们在搞工业化的时候，人均 GDP 4500美元的时候农业问题就解决了，所以他的工业化和城市化是同步的。我们搞了30年的改革开放和高速发展，制造出了两亿多农民。所以在现在这种发展模式下，农民市民化的过程可能是一个非常漫长的过程，我估计不是30年可以解决的问题。

第二就是我们国家的"刘易斯拐点"已经到来，特别是城市人口已经进入一个快速老龄化的阶段。我今年50多岁，等到我60多岁的时候领养老金的时候，中国大概有 4.5 亿左右的老人，可是给我们缴养老金的人口会急剧减少，因为我们现在的家庭结构是 4∶2∶1 的结构，在这样的人口结构下，工业化已经接近尾声了，人口也老化了，但是我们的社保体系并没有太多的积累。实际上后面交钱的人很少，领钱的人很多，这种情况可能是史无前例的难题。

我非常谨慎地认为，我们走"亚洲四小龙"之前的先发国家和地区的工业化和城市化的道路可能走不通了，我们需要探索中国特色的城乡一体化的道路。在世界范围里面，我觉得没有可以供我们学习的样板，我们必须要自己去探索。要做这个事情其实难度挺大的。

第三个方面，我们国家巨大的人口红利经过这么多年的释放，但是还没有多少积累到社保体系里面。我们国家过去的资源还算是丰富的，但是这些资源的红利我们也没有多少积累到社保体系里面去，现在的我们资源红利也出现了拐点。

高速发展了几十年的大好时机已经错过了，现在已经逐步进入了低增长和低红利的时代，现在要再统筹这个事情，我觉得是非常难的。难还要为，又不能妥协责任，所以我对三中全会是表示由衷的敬意。还有好几亿人口要进入到城市的体系里面来，我觉得我们也要看到问题的难度，不要有太高的期待。

我觉得这方面应该要研究一下农民的共同体，立足于他们自己来解决他们的就业问题、养老问题、教育问题和医疗问题。比方说现在全国有明星村也就是坚持集体经济的村庄大概 7000 多个，集体经济过亿的有一万多个村子，这些村子基本上读书是免费的、看病是免费的，社保养老也是免费的。如果把他们内部社区的养老体制跟国家的体制结合起来，以他们为主国家加以补充，我倒觉得可能是一个可行的办法。

主持人：那对此您有没有什么建议？

李昌平：关键是我们要在发展的过程中探索中国自己的模式，"亚洲四小龙"过去走过的道路我们在中国拐点出现以后可能已经走不通了，比如说养老，说句实在话，我很担心，我把钱交了人家已经领走了，等到我老的时候我能不能领到钱？

我在想我们能不能找到一个适合于我们国情的养老模式？比如说我们当前在搞新农村建设，那可不可以多建一些养老村，让城乡的一些老人到一些好村庄、生态养生养老村里面养老，这样成本可以大大降低，福祉可以大大提高。像养老村这种形式，既可以解决养老的问题又可以解决农民就业的问题，要逐步对这些有一个新的探索。

比如我们在发展的过程中，城镇化也好、新农村建设也好，有一些土地的增值收益，还有一些地下资源或者是地上资源，能不能转化成我们社保的一个积累？应该多积累到这里面去。

主持人：关于农民进城有些专家也有种担心，比如农民失去土地后在城市里能不能找到合适的工作？城市有没有足够的能力来容纳农业转移人口？您对此怎么看待的呢？

李昌平：我可能比较保守，我觉得中国的农业人口向城市转移，像美国说发达国家人口中有 5% ~ 8% 的农民，我觉得不能这么期待，因为我们现在有农村户籍的人口还有 9.4 亿，其中农民工有 2 亿多。中国高速发展了 30 年也没解决这 2 亿多农民工进城的问题，现在发展的速度越来越低了，一年解决 1500 万人进城这已经很高了，那十年呢？可能才 1.5 亿。20 年呢？才 3 亿。30 年才 4 亿多。将来还有一部分新增人口，那就是说将来在乡镇以下居住的人口有可能还有 5 亿 ~ 6 亿人，这是我乐观的估计，那就是说未来农村还是要生活很多人的。这些人进城了，是不是在城里面一定有工作？是不是"亚洲四小龙"之前走过的道路我们就可以走？我觉得在中国拐点出现以后我们可能要重新思考这方面的问题。

当我们的人口老化了以后，产业梯度转移要空心化了，就凭我们这么一点积累，说我们要到城市里面过很好的生活，我还是持一个怀疑的态度。将来可能会有大量的人口周一到周四在城市里面做点什么、周五到周日在农村里面做点什么，可能大量的人处于一种兼业状态，就是他在城乡之间往返，几天在城里就业生活、几天在农村的这种状态可能是存在的。

　　未来大量的人还会在农业领域里面谋求他自己所需要的就业机会，正因为如此，我们在土地制度上面要保守一点，要留有余地，让很多人在城乡之间有一个缓冲，当城市遇到危机的时候他还可以回去，所以不要急于搞土地的大规模的集并。这方面有日韩和菲律宾的两个模式：日韩这么多年土地制度一直没有变，他们也不主张资本下降兼并农民的土地。菲律宾曾经是亚洲的典范，1898 年以前是西班牙殖民地，1898 年以后是美国的殖民地，它是让资本家兼并农民的土地，农民进城打工，后来到 20 世纪 60 年代初期遇到经济危机，大量的农民工返回农村却得不到土地，所以在城市里面闹革命，菲律宾政变之后转型就遇到了很大的麻烦。最后怎么解决这个问题呢？菲律宾年轻的女孩子到大学学了很好的英语到海外当家政，就是所谓的菲佣。我觉得我们应该要吸取菲律宾的教训和日本的经验来重新思考这方面的问题。

　　主持人：您曾经四次担任乡镇党委书记、县农村工作部副部长，对基层的情况非常熟悉，《决定》提出建立城乡统一的建设用地市场，新赋予农民对土地承包经营权抵押、担保权能等财产权利，您认为这会对农民的生活产生怎样的影响？

　　李昌平：我比较保守，我认为建立城乡统一的建设用地的市场是一个漫长的过程，有可能会统一，但是这会是一个非常非常长期的一个过程。在很长的一个时期内，城乡两个用地市场是两个市场，会长期存在，或者很长一段时间内是存在的。我们可以把建设一个统一的市场作为一个长期的目标是正确的，但是要正视这是两个不同的市场的长期的客观存在的现实。

　　在中国台湾地区，日本，城乡建设用地就是两个不同的市场，它不是一个市场。我们要跟有城市生活经验的人讲明白一个道理，农村的建设用地是农民从事农业生产或在农村生活的配套建设用地，是配套的。比如我是农民我就必须要有宅基地，比如农产品要储备所以要建一个冷库，比如要修学校，比如要修农村的道路等等。所以它的建设用地是生产生活的配套用地。假如一个村庄有 2000 亩地，有 1000 人口，需要建设用地配套大概人均 0.5 亩左右，是要受指标控制的，如果不控制无限扩大建设用地，那耕地就没有了，所以这是要控制在一定的规模之内的。但农村的人口有一定的动态平衡，所以只有当农村的人口绝对减少，都进城了，比如 1000 人这里减少到只有 500 人了，他们的农业用地复垦，复垦以后国家要么补贴，因为我增加了城市用地，国家要给他们进城的人以补贴；如果没有钱补贴给你的话，那复垦的时候就有一个指标，比如你有 100 亩地转为建设地了，我给你这么一个指标，你可以在城乡在建设用地指标市场上进行交易，这种可能会存在，而不是说这个地可以直接在城乡对任何人进行买卖。

如果说我们现在大量的建设用地可以直接进入市场交易的话，我觉得会带来三个问题或者是弊端。

第一是会鼓励城市人口的逆向流动，我们之所以要搞城市化，就是要集约化利用土地，因为农村的用地可以随便买卖的话，就有很多城市的人买那个地，这时候就不能节约土地，城市占了地，农村也占了地。

第二，会鼓励很多农民非法农转非，大量减少耕地，因为耕地是不值钱的，只有建设用地是值钱的，既然建设地可以赚钱我就把农业用地转变成非农用地。这就会带来负面的作用，对 18 亿亩耕地红线会有影响。

第三，现在有很多非法的小产权房和非法用农用地建设的工厂，已经变成非法的建设用地了，这都是违法的，如果在所谓的同地同权同价的统一市场上可以交易，那么对经济秩序、法律秩序和金融安全也会构成很大的冲击，其实这是有问题的。你说我要建工厂，过去我用建设用地工厂放在这个地方了，是很正常的现象。如果你同地同权同价的经营可以抵押贷款，那比如我家里面有一块地是建设用地，那我跟人家一合作就可以抵押给银行，套出现金然后就走了，这是有很大漏洞的。

关于农村的宅基地、承包地的抵押问题，城市的人特别关注，其实农村的人并不一定完全关注这个事情，他的兴趣点不在这个地方。

我认为，只有当村舍内部的"内置金融——互助金融"建立起来了，农民用地的抵押贷款和农民的有偿退出才可以实现。所以现在的农民是比较关注自己的内部金融有没有建立起来，可以在内部金融里面抵押贷款。农民小规模的分散土地不可能成为正规银行的抵押品，如果想抵押也只有在农民内部金融里才能抵押。越南土地私有化已经22年了，也不能抵押贷款；韩国、日本，以及中国台湾地区的农民土地的抵押贷款也不是在银行里面抵押贷款的，是在农协农会的内部机构里面进行贷款的。韩国、日本，以及中国台湾地区用了100年的时间不允许资本下乡，只允许农会、农协办内部金融，目的就是要让小农的财产，也就是土地变为一个有效的抵押品。如果没有这个内部金融就不可能成为有效的抵押品。

所以今天中国的问题是在哪里呢？不是土地制度不适应金融制度，是金融制度不适宜土地制度。所以我们应该在金融制度的改革方面配套建立起适应农村农民，特别是小农的农地产权相适应的内置金融上面下功夫。

主持人：刚才也提到城乡一体化体制机制，您能不能给我们描述一下您所理解的城乡一体化体制机制？对于城乡"二元"结构您觉得需要什么改变或者增加什么政策？

李昌平：我觉得要理解城乡一体化是两个方面：一方面是基本国民待遇城乡均等化，你是城里人，我是农民，我们都叫国民，我们在教育、医疗、养老、就业这些基本的国民待遇方面应该平等，这是城乡一体化的一方面；另一方面是无论是城市的基础设施建设还是农村的基础设施建设，比如农业、农民生活的基础设施建设，就是城乡基础设施建设的体制要一体化，都应该纳入到国家的体制里面去。

但是我非常保守地认为，城乡一体化不等于不要城乡"二元"体制。我觉得城乡"二元"体制会长期存在，它是一个客观的存在，更重要的是因为"三农"是弱势的，所以它需要有一个城乡"二元"体制来保护"三农"。

比如说日本，城市的人是不能下乡买土地的；日本的农村金融只允许农舍办；日本水稻收购国家委托农协收购，农村的超市是农协的，农产品的产业化是农协的。

主持人：您说的这个农协是农业协会？

李昌平：对，日本的农业协会。中国台湾地区也一样，也是用了一个"二元"体制保护农业、农村和农民。所以，城乡一体化不是要破除"二元"体制，这是两个不同的概念，不能混为一谈，我们还要用城乡"二元"体制保护农民，而不是用这个去剥夺农民。所以今天的问题是要怎么利用好城乡"二元"体制保护"三农"，是我们的任务。

主持人：现在城镇化的问题也是很多专家争论的焦点。如何避免新一轮的城镇化变成新一轮的造城运动、房地产又成主角的造城运动呢？

李昌平：什么事情都不能站在资本可以主宰市场的角度去设计制度，这是很危险的，资本应该是为社会服务的，资本是应该受到节制的，资本不是无法无天、享有特权的。一个国家只有在资本为社会服务、在可控的条件下，资本才可以为所有人造福。

我们前30年的工业化和城镇化是"两要两不要"：城市化要农民的土地而不要失地农民；工业化要农民工的劳动力而不要农民这个人。我看这次十八届三中全会终结了这种模式，让人从心里觉得这个《决定》很好。

要想新型的城镇化避免农民的再次边缘化，我觉得最最关键的是要巩固和完善农民的村社共同体。国家要扶持农民的村社共同体，完善主体性。比如财政上要给合作社钱，要形成他们的资产，由合作社管理。由他们的共同体主导农业产业化，新农村建设和新型城镇化。只有由他们主导的时候，才能让农民分享产业化的收益，分享新型农村建设和新型城镇化的土地增值收益。农民才能避免再次被剥夺，如果他们是分散的，他们的命运一定是被剥夺的。

近代以来，农业的比较效益是下降的，现在可以用玉米来生产汽油了，也就是说农业已经成为能源产业的一部分，这有可能带来农业的比较效益跟着能源的比较效益走，就是农业的比较效益会上升。

第二，城市房地产的泡沫已经很大了，再投资城市的房地产获得收益的稳定性或者增长的空间会相对收窄。可能你投资农村的土地、占有农村更多的建设用地的资源，在未来的农业文明再次兴起的时候，获得收益的空间会更大也会更稳定。

以前是不要农民进城，当下有一种苗头是赶农民进城，留下土地，原来是只要土地不要人，现在是赶你们进城把土地留下。我觉得这种苗头是一种不好的兆头，应该要警惕。

所以一定要在农村农业的产业化，以及新型农村建设和新型城镇化过程中间，考虑到把农民组织起来，成为一个主导的力量，由他们分享这里面的收益和好处。20世纪80年代其实在这方面有很多的经验，比如80年代我们搞乡镇企业，又搞小城镇建设，怎么搞的呢？就是农民的组织主导搞的，比如我是中型村，在一个小镇子旁边，村与村之间可以换地，我用边缘村两亩地换你一亩地，用这个资产来建房子、搞乡镇企业，边缘农村也可以在小镇上得到一个城镇化的收益和乡镇企业发展的收益，这就是农民自己主导的。

20世纪80年代我们搞小城镇的时候，土地增值收益基本上是归农民的，80年代乡镇企业搞加工业、搞产业化都是农民搞的，收益也是归农民的。所以80年代的时候来讲，农民养一头牛有80亩地就是万元户，但现在就不行了，我们怎么再让农民产业化的收益给农民呢？

过去农民搞小城镇的时候，他是主导者、参与者、分享者，随着城镇土地的增值，随着城镇的发展，都富起来了。我觉得千万千万不能采取前30年城镇化"两要两不要"的办法搞今天的新型城镇化了。目前的房价很高，农民必须拿钱去买楼，结果住进去以后他又没有工作，还要付出很高的生活成本，还要逼他进城，留下土地，我觉得这是要吸取教训的。

主持人：您认为还是要探索出一个新型的模式？

李昌平：总的来讲这个模式核心的部分还是要让农民作为一个共同体，我们要扶持那个共同体，只有他成为一个共同体以后，组织起来以后才能主导这个东西，主导新型城镇化和产业化，这个时候才有希望，而不是把它搞得更加分散，资本下乡以后统筹一切。

农民在这次的新型城镇化的过程中如果再次被边缘化的话问题就更大

了，我们过去搞工业化、城市化搞出了两亿多农民工，如果再不吸取教训有可能搞出更多的进不了城又被赶出农村、没有工作岗位的农民。城里的生活成本很高，像菲律宾是国家小、人口少，可以搞800万菲佣到国外养活自己的家庭，我们这么多人走这条道路肯定是走不通的。

主持人：谢谢，我们非常感谢李院长做客我们的访谈间分享他的观点。也感谢各位网友的关注。

李昌平：谢谢，再见！

（原文刊载于2013年12月5日新华网）